LANDTAG VON BADEN-WÜRTTEMBERG

LANDTAG VON BADEN-WÜRTTEMBERG

15. Wahlperiode
2011 – 2016

2. Auflage

Redaktionsschluss: 13. August 2012

Landtag von Baden-Württemberg
Konrad-Adenauer-Straße 3
70173 Stuttgart
Telefon: 07 11 2063-0 (Durchwahl)
Telefax: 07 11 2063-299
E-Mail: post@landtag-bw.de
Internet: http://www.landtag-bw.de

Wahl zum Landtag von Baden-Württemberg
der 15. Wahlperiode: 27. März 2011
Dauer der Wahlperiode: 5 Jahre
Beginn der Wahlperiode: 1. Mai 2011
Ende der Wahlperiode: 30. April 2016

ISBN 978-3-87576-726-1
Herausgeber: Andreas Holzapfel
Redaktion: Andrea Gertig-Hadaschik

Bildnachweis: Landtag von Baden-Württemberg

Gesamtherstellung: GGP Media GmbH, Pößneck

INHALT

GUIDO WOLF MdL

Präsident des Landtags von Baden-Württemberg

VORWORT

Der Landtag von Baden-Württemberg ist ein Parlament, das seine Aufgabe nicht allein darin sieht, politische Entscheidungen zu treffen. Er will vielmehr auch transparent machen, wie seine Beschlüsse zustande kommen, will politische Kultur vermitteln, will Menschen für Politik begeistern. Umso erfreulicher ist es, dass die Arbeit des Landtags bei der Bevölkerung unseres Landes und vor allem bei jungen Menschen auf ein breites Interesse stößt. Dies zeigt sich nicht nur in der großen Zahl von Besuchern, die in das Haus des Landtags kommen, sondern auch in zahlreichen Anfragen von politisch engagierten und interessierten Bürgerinnen und Bürgern.

Das Parlament hat im demokratischen Staatswesen eine zentrale Gestaltungsaufgabe; denn hier werden öffentlich die Grundlinien der Politik erörtert und festgelegt. Mit der Landtagswahl am 27. März 2011 haben die Bürgerinnen und Bürger von Baden-Württemberg diese Aufgabe einem neuen Landesparlament übertragen. Dem 15. Landtag, dessen fünfjährige Wahlperiode am 1. Mai 2011 begonnen hat, gehören 138 Abgeordnete an. Diese verteilen sich auf vier Fraktionen.

In all seinem Wirken ist der Landtag mehr denn je in den Prozess der europäischen Integration eingebunden. Denn was Europa vor allem braucht, ist Subsidiarität, sind starke Regionen. Deshalb ist es von großer Bedeutung, dass der Landtag seine Mitwirkungsrechte in Sachen Europa erweitert hat. Konkret handelt es sich um eine Änderung der Landesverfassung, wonach die Landesregierung im Bundesrat bei EU-Vorhaben an Beschlüsse des Landtags gebunden ist. Dadurch wird auch die demokratische Legitimation der Europäischen Union gestärkt.

Mit dem vorliegenden Volkshandbuch will der Landtag seine Arbeit verständlich und darüber hinaus deutlich machen, dass die Abgeordneten als Vertreter des ganzen Volkes ihren Auftrag erfüllen.

Es ist deshalb mein Wunsch, dass diese traditionelle Publikation wieder den Anstoß gibt für eine intensive Beschäftigung mit dem Landesparlament als wesentlichem Teil unserer Demokratie.

Guido Wolf MdL
Präsident des Landtags von Baden-Württemberg

WAHL UND ARBEITSWEISE DES LANDTAGS

Als die Bundesrepublik Deutschland im Jahre 1949 gebildet wurde, bestanden im heutigen Landesgebiet von Baden-Württemberg die drei Länder Baden, Württemberg-Baden und Württemberg-Hohenzollern. Diese drei Länder waren im Jahre 1945 von der Besatzungsmacht auf dem Gebiet der früheren Länder Baden und Württemberg unter Einbeziehung des ehemals preußischen Regierungsbezirks Sigmaringen gebildet worden. Aufgrund einer Volksabstimmung, die vom Bundesgesetzgeber gemäß Artikel 118 GG angeordnet worden war, wurden die drei nach dem Krieg entstandenen Länder im Jahre 1952 zum neuen Bundesland Baden-Württemberg vereinigt. Die Volksabstimmung fand am 9. Dezember 1951 statt, eine Verfassunggebende Landesversammlung für Baden-Württemberg wurde am 9. März 1952 gewählt, und mit der Bildung einer vorläufigen Regierung ist das Land Baden-Württemberg am 25. April 1952 ins Leben getreten. Die Verfassunggebende Landesversammlung hat nach Erfüllung ihres Auftrags – die Verfassung des Landes Baden-Württemberg ist dort im November 1953 verabschiedet worden, sie ist am 19. November 1953 in Kraft getreten – bis zum Jahre 1956 als erster Landtag des Landes Baden-Württemberg weiter amtiert.

Die Wahlperiode des 15. Landtags hat am 1. Mai 2011 begonnen und dauert fünf Jahre.

Die Wahl des Landtags

Bei der Wahl am 27. März 2011 haben die Parteien folgende Stimmenanteile erreicht: CDU 39,0 %, GRÜNE 24,2 %, SPD 23,1 % und FDP/DVP 5,3 %. Entsprechend diesem Stimmenergebnis entfallen im 15. Landtag auf die CDU 60 Sitze, auf die GRÜNEN 36, auf die SPD 35 und auf die FDP/DVP 7 Sitze. Die Wahlbeteiligung betrug 66,3 % (vorangegangene Landtagswahl: 53,4 %).

Wahlberechtigt und wählbar sind bei Landtagswahlen alle Deutschen, die am Wahltag das 18. Lebensjahr vollendet haben und seit drei Monaten in Baden-Württemberg ihre Wohnung (bei mehreren Wohnungen ihre Hauptwohnung) oder sonst einen gewöhnlichen Aufenthalt haben.

Das Wahlsystem ist eine Verbindung von Verhältniswahl und Persönlichkeitswahl: Das Sitzverhältnis der Parteien im Landtag richtet sich nach dem Stimmenverhältnis der Parteien im Land (Verhältniswahl), die Zuteilung dieser Parlamentssitze an die einzelnen Bewerber richtet sich nach den Stimmen, die diese Bewerber in ihrem jeweiligen Wahlkreis errungen haben (Persönlichkeitswahl). Es gibt nur Wahlkreisbewerber, d. h. jeder Kandidat muss sich in einem der 70 Wahlkreise des Landes zur Wahl stellen. Der Wähler hat bei diesem Wahlsystem – anders als bei der Bundestagswahl – nicht zwei Stimmen, sondern nur eine Stimme, die er für einen Kandidaten in seinem Wahlkreis abgibt; diese eine Stimme wird jedoch zweimal gewertet, einmal bei der Ermittlung, wie viele Sitze einer Partei im Landtag zustehen, zum Zweiten bei der Feststellung, welche Bewerber dieser Partei einen Parlamentssitz erhalten.

Genauer besehen stellt sich dieses Wahlsystem wie folgt dar:

1. 120 Abgeordnetensitze, das ist die Mindestzahl der Mitglieder des Landtags, werden auf die Parteien im Verhältnis ihrer Gesamtstimmenzahl im Land verteilt. Für jede Partei werden dazu alle Stimmen zusammengezählt, die auf ihre Wahlkreisbewerber im ganzen Land entfallen sind. Auf diese Weise wurde bei der Landtagswahl 2011 entsprechend dem Stimmenverhältnis der Parteien zunächst folgende Sitzverteilung im Landtag ermittelt: CDU 51, GRÜNE 32, SPD 30, FDP/DVP 7 Sitze. Dies ist also das Ergebnis des Verhältniswahl-Grundsatzes.

   Es werden bei dieser Zuteilung von Parlamentssitzen nach dem Verhältniswahlprinzip nur solche Parteien berücksichtigt, die auf Landesebene mindestens 5 v. H. der Stimmen erreicht haben (5-Prozent-Klausel).

   Anschließend werden die errechneten Sitze auf die vier Regierungsbezirke (Stuttgart, Karlsruhe, Freiburg, Tübingen) verteilt, um eine regionale Ausgewogenheit über das ganze Land hinweg zu gewährleisten. Dies geschieht gesondert für jede Partei auf Grundlage der von ihr in den Regierungsbezirken erlangten Stimmen. Eine Partei, die in einem Regierungsbezirk besonders stark ist, erhält daher in diesem Regierungsbezirk auch verhältnismäßig viele Mandate. Bei der letzten Landtagswahl ergab sich folgende Verteilung (jeweils Regierungsbezirk Stuttgart / Karlsruhe / Freiburg / Tübingen): CDU 19 / 12 / 10 / 10, GRÜNE 12 / 8 / 7 / 5, SPD 11 / 8 / 6 / 5, FDP/DVP 3 / 2 / 1 / 1.

2. Zweitens muss ermittelt werden, welche Kandidaten die Sitze erhalten, die einer Partei im jeweiligen Regierungsbezirk zustehen. Zunächst kommen diejenigen Bewerber zum Zuge, die einen Wahlkreis gewonnen haben, die also unter den Bewerbern ihres Wahlkreises die meisten Stimmen erhalten haben (relative Mehrheit); man spricht hier von „Direktmandaten". Die übrigen Sitze dieser Partei – die sogenannten Zweitmandate – gehen an diejenigen Bewerber, die zwar kein Direktmandat erringen konnten, aber im Verhältnis zu den übrigen Bewerbern ihrer Partei im betreffenden Regierungsbezirk die höchsten Stimmen-

anteile erhalten haben. Maßgeblich für die Zuteilung der Zweitmandate in einem Regierungsbezirk war bislang die absolute Stimmenzahl, die ein Kandidat in seinem Wahlkreis erreichte und damit zum Gesamtergebnis seiner Partei beitrug. Gegenüber kleinen war es deshalb in großen Wahlkreisen mit vielen Stimmberechtigten leichter, ein Zweitmandat zu erlangen. Um die Auswirkung unterschiedlicher Wahlkreisgrößen auf die Wahlchancen zu beschränken, wurde das Landtagswahlgesetz 2009 geändert. Zum einen wurden die Wahlkreisgrößen angeglichen, zum anderen ist nun der prozentuale Stimmenanteil eines Kandidaten für die Vergabe des Zweitmandats ausschlaggebend.

Die CDU hat alle ihre Mandate im 15. Landtag als Direktmandate erworben. Die Grünen errangen 9 Direktmandate, die SPD 1 Direktmandat, die übrigen Mandate sind jeweils Zweitmandate. Die FDP/DVP-Fraktion hat ausschließlich Zweitmandate.

Die Gesamtzahl der Direktmandate im Land entspricht der Zahl der Wahlkreise und beträgt daher 70. Auf Grund der Mindestgröße des Landtags von 120 Abgeordneten werden mindestens 50 weitere Mandate als Zweitmandate vergeben.

Konnten die Bewerber einer Partei in einem Regierungsbezirk mehr Direktmandate erringen als ihrer Partei dort nach dem Stimmenverhältnis Sitze zustehen („Überhangmandate"), erhöht sich die Gesamtzahl der Sitze im Landtag entsprechend; die erfolgreichen Bewerber können ihre Sitze also behalten. Zum Ausgleich erhalten die übrigen Parteien im selben Regierungsbezirk so viele zusätzliche Sitze – sogenannte Ausgleichsmandate – bis der Proporz im Regierungsbezirk wieder hergestellt ist; die Ausgleichsmandate führen ebenfalls zu einer Vergrößerung des Landtags.

Bei der Landtagswahl vom 27. März 2011 hat die CDU insgesamt 9 Überhangmandate errungen, davon je 4 in den Regierungsbezirken Stuttgart und Karlsruhe und 1 im Regierungsbezirk Freiburg. Die übrigen Parteien haben hierfür insgesamt 9 Ausgleichsmandate erhalten (jeweils Regierungsbezirk Stuttgart / Karlsruhe / Freiburg): GRÜNE 2 / 1 / 1, SPD 3 / 2 / 0, FDP/DVP 0 / 0 / 0. Durch Überhang- und Ausgleichsmandate zählt der 15. Landtag folglich 138 Mitglieder.

3. Die Parteien können in jedem Wahlkreis neben dem Bewerber einen Ersatzbewerber – von den Parteien meist „Zweitkandidat" genannt – aufstellen, der in den Landtag nachrückt, wenn der (Haupt-)Bewerber vorzeitig ausscheidet.

Soweit die Grundzüge des Wahlsystems. Die Landtagswahl ist in Baden-Württemberg – um dies nochmals hervorzuheben – durchgehend Persönlichkeitswahl, weil niemand in den Landtag gelangt, der sich nicht in einem Wahlkreis bewirbt und dort nicht eine entsprechend hohe Stimmenzahl erreicht hat, um damit ein Direktmandat oder aber ein Zweitmandat zu erringen. Darin liegt ein wesentlicher Unterschied gegenüber der Bundestagswahl. Dort wird nur die Hälfte der Abgeordneten durch Persönlichkeitswahl gewählt, die andere Hälfte gelangt durch Listenwahl, nämlich über die Landeslisten in den Bundestag.

Die Bürger wählen den Landtag nicht nur, sie können ihn auch durch Volksabstimmung vorzeitig auflösen. Eine solche Volksabstimmung findet statt, wenn sie in einem Volksbegehren von einem Sechstel der Wahlberechtigten verlangt wird.

Präsident, Präsidium, Schriftführer

Unter den Vertretungs- und Leitungsorganen des Landtags sind zu unterscheiden:

Der *Präsident* vertritt den Landtag nach außen, auch im Verhältnis zu anderen Staatsorganen und Behörden. Er sorgt für die geschäftsordnungsmäßige Behandlung aller Vorlagen, Initiativen und Eingaben, er wirkt auf eine sachgerechte Gestaltung der Parlamentsarbeit hin, er führt – gegebenenfalls im Zusammenwirken mit dem Präsidium – die Parlamentsgeschäfte. Der Präsident tritt dafür ein, dass die Rechte des Landtags durch die übrigen Gewalten gewahrt werden. In den Räumen des Landtags übt er das Hausrecht und die Polizeigewalt aus. Zur Wahrung der Entscheidungsfreiheit des Parlaments bedürfen öffentliche Versammlungen unter freiem Himmel und Aufzüge innerhalb eines gesetzlich festgelegten Umkreises um das Landtagsgebäude – der „Bannmeile" – einer Ausnahmeerlaubnis, die vom Innenministerium nur im Einvernehmen mit dem Landtagspräsidenten erteilt werden kann. Dem Präsidenten untersteht schließlich die Landtagsverwaltung. Im Rahmen des Haushaltsplans weist er die Einnahmen und Ausgaben an. Das Vorschlagsrecht für die Wahl des Präsidenten steht herkömmlich der größten Fraktion zu.

Der Präsident wird von einer Vizepräsidentin und einem Vizepräsidenten vertreten.

Das *Präsidium* ist das Steuerungsgremium für den Ablauf der Parlamentsarbeit. Ihm gehören neben dem Präsidenten und seinen Stellvertretern auch die Spitzen der Fraktionen an (Zusammensetzung vgl. S. 180). Im Präsidium wird der Ablauf der Plenarsitzungen abgesprochen, ihm obliegt die Aufstellung des Arbeits- und Terminplans des Landtags; dieses Gremium berät ferner über Angelegenheiten, die für die Stellung des Parlaments und für seine Arbeit von grundsätzlicher Bedeutung sind. In den parlamentarischen Angelegenheiten entscheidet das Präsidium in der Regel einvernehmlich, nicht durch Mehrheitsbeschluss. Des Weiteren unterstützt das Präsidium den Präsidenten bei den Aufgaben der Parlamentsverwaltung. Das Präsidium stellt auch den Entwurf des Haushaltsplans für den Bereich des Parlaments auf. Für die Ernennung und Entlassung der Beamten des Landtags bedarf der Präsident des Einvernehmens des Präsidiums.

Von diesem Leitungsgremium ist der *Sitzungsvorstand* in den Plenarsitzungen des Landtags zu unterscheiden, der sich zusammensetzt aus dem jeweils amtierenden Präsidenten und zwei *Schriftführern*. Der Landtag hat zu diesem Zweck 19 Abgeordnete als Schriftführer gewählt (vgl. S. 180).

Fraktionen

Die Fraktionen sind die politischen Gliederungen des Parlaments, in denen die Abgeordneten derselben Partei zusammengeschlossen sind. In den Fraktionen formiert sich die politische Haltung der Abgeordneten einer Partei zu den im Plenum und in den Ausschüssen anstehenden Entscheidungen und Debatten. Aus den Fraktionen geht ein großer Teil der politischen Initiativen für die Parlamentsarbeit hervor. Der Landtag hat die Rechtsstellung und die Finanzierung der Fraktionen durch ein besonderes Fraktionsgesetz, das am 1. 1. 1995 in Kraft getreten ist, geregelt.

Auch in organisatorischer Hinsicht sind die Parlamentsfraktionen wichtige Einheiten, ohne die das Parlament nicht arbeitsfähig wäre. Die Planung und Steuerung der Parlamentsarbeit beruht weithin auf Absprachen unter den Parlamentsfraktionen. Auch der Ablauf der Debatten im Plenum ist in weitgehendem Maße nach Fraktionen geordnet, z.B. wenn das Wort dem Redner dort für eine Fraktion oder im Rahmen des Redezeitkontingents seiner Fraktion erteilt wird. Äußerlich wird die Gliederung in Fraktionen in der Sitzordnung des Plenums sichtbar (vgl. S. 30/31; dabei ist die Einordnung der Fraktionen in „rechts" und „links" traditionell vom Präsidium her gesehen). Die Fraktionen haben das Vorschlagsrecht oder Benennungsrecht bei einer Vielzahl von Personalentscheidungen wie z.B. für die Besetzung der Landtagsausschüsse, für den Vorsitz in den Ausschüssen, für die Wahl des Präsidenten und der Vizepräsidenten und anderes mehr. Sie sind initiativberechtigt, d.h. sie können Gesetzentwürfe und andere Anträge einbringen, die vom Fraktionsvorsitzenden namens der Fraktion unterzeichnet sind.

Für die verschiedenen Sachgebiete der Landespolitik haben die Fraktionen Arbeitskreise gebildet, die vor allem Initiativen der Fraktionen vorbereiten und die Beratungen der Ausschüsse begleiten. Die Fraktionen verfügen über einen Stab von Mitarbeitern und Beratern. Im Haushalt des Landtags stehen den Fraktionen zu diesem Zweck 44 Beamtenstellen des höheren Dienstes für Parlamentarische Berater zur Verfügung, von denen 16 der CDU, je 11 den GRÜNEN und der SPD sowie 6 der FDP/DVP zugewiesen sind. Daneben erhalten die Fraktionen aus dem Landeshaushalt finanzielle Zuschüsse von rund 4,9 Mio. Euro, bei deren Aufteilung die Oppositionsfraktionen bevorzugt berücksichtigt werden. Des Weiteren leisten die Abgeordneten Beiträge an ihre Fraktion.

Die Zusammensetzung der vier Fraktionen des gegenwärtigen Landtags und ihrer jeweiligen Vorstände ist auf S. 175 ff. dargestellt.

Die Opposition

In der parlamentarischen Demokratie nimmt die Opposition, obwohl die Verfassung sie gar nicht erwähnt, eine wichtige Funktion wahr; normalerweise ist unsere parlamentarische Demokratie ohne Opposition nicht denkbar. Die Opposition hat einen wichtigen Anteil an der Kontrolle der Regierung. Die Handlungsmöglichkeiten der Opposition sind durch eine Reihe von Minderheitenrechten in Verfassung, Parlamentsgeschäftsordnung und parlamentsrechtlichen Gesetzen abgesichert. Dazu gehören u.a. die Einsetzung von Untersuchungsausschüssen und Enquetekommissionen, die Durchsetzung von Sondersitzungen des Landtags sowie die Einbringung eines Misstrauensantrags gegen den Ministerpräsidenten oder einen Minister.

Im Übrigen versucht die Geschäftsordnung, auch in Bezug auf den Debattenablauf im Plenum, die Opposition in angemessener Weise zur Geltung zu bringen. Auf Debattenbeiträge des Ministerpräsidenten hat die Opposition ein unmittelbares Entgegnungsrecht. Desgleichen kommt auch in der Aussprache zu einer Regierungserklärung als erstes die Opposition zu Wort. Bei der Aufstellung der Plenartagesordnungen haben die Oppositionsfraktionen in gleicher Weise wie die Regierungsfraktionen Anspruch darauf, bevorzugte Plätze an vorderer Stelle der Tagesordnung zu belegen, wofür in der Geschäftsordnung ein rollierendes System unter den Fraktionen festgelegt ist.

In der 15. Wahlperiode steht den beiden Regierungsfraktionen GRÜNE und SPD mit 71 Mitgliedern (GRÜNE 36, SPD 35) eine starke Zahl von Oppositionsabgeordneten mit zusammen 67 Mitgliedern (CDU 60, FDP/DVP 7) gegenüber.

Die finanzielle und personelle Ausstattung der Fraktionen, durch die den kleinen Fraktionen und insbesondere der Opposition eine Grundausstattung zugutekommt, wurde bereits erwähnt.

Sitzungen des Plenums

Die Beschlüsse des Landtags werden vom Plenum, der Vollversammlung des Parlaments, in öffentlicher Sitzung gefasst. Das Plenum ist zugleich das Forum für die öffentliche politische Debatte, für wichtige politische Aussagen der Fraktionen und der Regierung. Das Publikum hat im Rahmen der zur Verfügung stehenden Plätze im Zuhörerraum Zutritt. Auf der Pressetribüne haben die Parlamentsjournalisten ihre festen Plätze. Rundfunk und Fernsehen können unmittelbar aus dem Plenarsaal senden. Alle Plenarsitzungen werden im Internet live übertragen (www.landtag-bw.de). Über die Plenarsitzungen wird von den Landtagsstenografen ein Wortprotokoll aufgenommen, das der Allgemeinheit – ebenso wie die Beratungsvorlagen des Plenums (Drucksachen) – zugänglich ist.

In der Regel finden monatlich drei Plenarsitzungen statt, davon zwei ganztags und eine halbtags. In den fünf Jahren der 14. Wahlperiode waren es 112 Plenarsitzungen. Es wäre allerdings verfehlt, den Umfang der Parlamentsarbeit allein nach der Zahl der öffentlichen Plenarsitzungen zu beurteilen. Die Beschlüsse des Plenums werden auf unterschiedlichen Ebenen intensiv vorbereitet, insbesondere in den Landtagsausschüssen und in den Beratungsgremien der Fraktionen. So geht jeder Entscheidung des Plenums in der Regel eine Vielzahl von Vorberatungen in anderen Gremien voraus.

Die Plenarsitzung wird vom Präsidenten oder einem Vizepräsidenten im Wechsel geleitet. Ihm sitzen zwei Abgeordnete als Schriftführer zur Seite, die den amtierenden Präsidenten bei der Verhandlungsleitung und bei der Durchführung der Abstimmungen unterstützen. Der amtierende Präsident erteilt das Wort, wobei nicht allein die Reihenfolge der Wortmeldungen ausschlaggebend ist, sondern auch das Bestreben, die gegensätzlichen politischen Standpunkte in der Debatte einander gegenübertreten zu lassen. Mitglieder der Regierung und ihre Beauftragten (z.B. politische Staatssekretäre) müssen auf ihr Verlangen zu jeder Zeit das Wort erhalten, auch außerhalb der Rednerliste und außerhalb der Tagesordnung. Im Interesse einer lebendigen politischen Debatte steht den Vorsitzenden der Oppositionsfraktionen ein unmittelbares Entgegnungsrecht zu, wenn der Ministerpräsident in einer Aussprache das Wort ergreift.

Die Tagesordnungen der Plenarsitzungen werden vom Präsidium aufgestellt. Die vom Präsidium festgelegte Tagesordnung kann allerdings vom Landtag selbst auf Vorschlag einer Fraktion oder des Präsidenten geändert werden. Dasselbe gilt für die vom Präsidium festgelegten Redezeiten. Grundsätzlich haben die Fraktionen eine gleiche Grundredezeit, jedoch werden auf Verlangen einer Fraktion Redezeitzuschläge festgelegt, die sich nach der Fraktionsstärke richten. Das Präsidium hat indes auch die Möglichkeit, von der Festlegung von Redezeiten abzusehen.

Die Ausschüsse

Die Parlamentsausschüsse haben die Aufgabe, die Beschlüsse des Plenums vorzubereiten. Sie sind der Ort für eine gründliche und detaillierte Beratung unter den Experten der Fraktionen. Die Sitzungen der Landtagsausschüsse finden weitgehend nichtöffentlich statt. Zu ihrer Information können die Ausschüsse öffentliche oder nichtöffentliche Anhörungen zu einem ihnen überwiesenen Beratungsgegenstand durchführen, in welchen Sachverständige, Vertreter der interessierten Kreise oder Sprecher der von einer Vorlage Betroffenen zu Wort kommen. Dieses in den Vereinigten Staaten gebräuchliche Mittel des öffentlichen Hearings hat sich in der deutschen Parlamentspraxis immer mehr eingebürgert.

Die Ausschüsse haben das Recht, durch Mehrheitsbeschluss auch sonst öffentlich zu tagen. Ebenso muss öffentlich getagt werden, wenn zwei Fraktionen dies beantragen. Die Geschäftsordnung des baden-württembergischen Landtags gibt auch gewisse Möglichkeiten, bestimmte Debatten vom Plenum in eine öffentliche Ausschusssitzung zu verlagern (z.B. Besprechung Großer Anfragen, Beratung von Fraktionsanträgen).

Die Landtagsausschüsse befassen sich mit Angelegenheiten, die ihnen – in der Regel vom Plenum – im Einzelfall überwiesen worden sind. Darüber hinaus können sie auch andere Fragen aus ihrem Geschäftsbereich beraten und dem Landtag zur Entscheidung vorlegen (Selbstbefassungsrecht). Die Ausschüsse handeln also nicht nach außen, sondern sind Organe der Entscheidungsvorbereitung für das Plenum. Eine Ausnahme bilden z.B. bestimmte gesetzlich festgelegte Mitwirkungsrechte des zuständigen Ausschusses beim Haushaltsvollzug. Es gibt daneben Ausschüsse, die unter bestimmten Voraussetzungen an die Stelle des Gesamtlandtags treten können: der Ständige Ausschuss, der als „Zwischenparlament" nach Ablauf der Wahlperiode oder nach einer vorzeitigen Landtagsauflösung bis zum Zusammentritt des neuen Landtags die Rechte des Parlaments gegenüber der Regierung wahrt (während der Wahlperiode hat der Ständige Ausschuss die Aufgaben eines Fachausschusses für Verfassungs- und Rechtsfragen); ferner das für den Notstandsfall (Art. 62 der Verfassung) gebildete, aus 19 Abgeordneten bestehende Notparlament. Ein Landtagsausschuss mit verselbstständigten Aufgaben ist auch das Gremium nach Artikel 10 Grundgesetz, dem die parlamentarische Kontrolle der Regierung bei Maßnahmen der Post- und Telekommunikationsüberwachung nach dem Gesetz zu Artikel 10 Grundgesetz obliegt.

Der Landtag hat elf ständige Fachausschüsse sowie den Petitionsausschuss gebildet. Dabei wurde von dem Grundsatz ausgegangen, dass jedem Fachministerium im Landtag ein Ausschuss ge-

genübersteht, der auch Gesprächspartner und „Kontrolleur" des betreffenden Ministeriums ist. Die Ausschusssitzungen der zwölf Ausschüsse sind auf zwei aufeinanderfolgende Wochen verteilt, in denen auch Fraktionssitzungen und Sitzungen der den Ausschüssen zugeordneten Fraktionsarbeitskreise stattfinden.

Alle Ausschüsse und das Präsidium zählen 19 Mitglieder. Ausnahmen: der Finanz- und Wirtschaftsausschuss sowie der Petitionsausschuss mit je 23 Mitgliedern.

In den Ausschüssen sind jeweils alle vier Fraktionen vertreten, und zwar entsprechend ihrer Stärke im Landtag, so dass sich die Mehrheitsverhältnisse des Plenums auf der Ausschussebene widerspiegeln. So ist gewährleistet, dass alle Fraktionen bereits in den vorbereitenden Beratungen der Ausschüsse zur Geltung kommen und dass die Ausschussempfehlungen in der Regel im Plenum des Landtags bestätigt werden. Für diese proportionale Aufteilung der Ausschusssitze auf die Fraktionen gibt es unterschiedliche Berechnungsverfahren. In der Geschäftsordnung des Landtags ist das Höchstzahlverfahren nach Sainte-Laguë/Schepers als Regelverfahren verankert (§ 17a). Danach werden zunächst die Mitgliederzahlen der einzelnen Fraktionen nacheinander durch die Zahlen 1, 3, 5, 7 usf. geteilt. Die zu vergebenden Ausschusssitze werden sodann an die einzelnen Fraktionen in der Reihenfolge der auf sie entfallenden höchsten Quotienten („Höchstzahlen") zugeteilt. Dies ergibt bei den 19er Ausschüssen folgende Zusammensetzung: CDU 8, GRÜNE und SPD je 5 Sitze und FDP/DVP 1 Sitz.

Dieses Berechnungsverfahren, das auch beim Deutschen Bundestag zur Anwendung kommt, führt zu einer strengeren mathematischen Proportion als etwa das bekannte Höchstzahlverfahren nach d'Hondt und kann unter bestimmten Voraussetzungen, namentlich bei kleineren Ausschüssen, für kleinere Fraktionen vorteilhaft sein.

Petitionsausschuss

Jedermann hat das verfassungsmäßig gewährleistete Recht, sich einzeln oder in Gemeinschaft mit anderen schriftlich mit Bitten oder Beschwerden (Petitionen) an den Landtag zu wenden, und zwar ohne Rücksicht auf Wohnsitz, Staatsangehörigkeit, Volljährigkeit usw. Seit 2011 können Petitionen auch online eingereicht werden (www.landtag-bw.de/cms/home/service/petitionen.html).

Strafgefangenen sowie Personen, die zwangsweise in einem Zentrum für Psychiatrie untergebracht sind, steht das Petitionsrecht ebenfalls zu. Ihre Petitionen sind dem Landtag nach einer Anweisung ungeöffnet zuzuleiten. Der Landtag ist für die Behandlung der Petition zuständig, soweit das Begehren oder die Beschwerde den

Aufgabenbereich des Landes berührt. Dies ist z.b. der Fall, wenn der Petent sich gegen Entscheidungen einer Behörde des Landes oder einer unter seiner Aufsicht stehenden Einrichtung wendet. Über jede zulässige Petition entscheidet das Landtagsplenum. Zur Vorbereitung seiner Entscheidungen in Petitionsangelegenheiten hat der Landtag den Petitionsausschuss gebildet, der auch in der Landesverfassung rechtlich verankert ist (Art. 35a). Ausnahmsweise können Petitionen auch an einen anderen Ausschuss überwiesen werden, beispielsweise im Zusammenhang mit anhängigen Gesetzesberatungen. Der Petitionsausschuss ergreift die zur Aufklärung des Sachverhalts erforderlichen Maßnahmen. Er besitzt dafür besondere gesetzliche Aufklärungsbefugnisse wie das Recht auf Aktenvorlage, Auskunft und Zutritt zu den Einrichtungen des Landes. Das Auskunfts- und Zutrittsrecht besitzt er unmittelbar auch gegenüber den nachgeordneten Behörden, während die Anforderung von Akten über das zuständige Ministerium erfolgt. Der Petitionsausschuss holt zu jeder Petition eine schriftliche Stellungnahme der Regierung ein, und er bittet erforderlichenfalls Vertreter der Regierung und der Behörden zu seinen Sitzungen. Er kann ferner Ortsbesichtigungen vornehmen und in besonderen Fällen den Petenten mündlich anhören.

Der Petitionsausschuss schließt die Bearbeitung der Petition mit einem Antrag ab (zum Inhalt vgl. § 68 Abs. 2 GeschO), über den das Plenum beschließt. Durch ein besonderes Verfahren ist sichergestellt, dass die Regierung die Ausführung von Beschlüssen, in denen der Landtag Petitionen zur Berücksichtigung überweist, nicht ablehnt, wenn sie nicht zuvor im Ausschuss einem dahin gehenden Antrag widersprochen hat. Im Übrigen wacht der Petitionsausschuss bei solchen Beschlüssen und anderen Ersuchen an die Regierung über ihre Erledigung.

Die Inanspruchnahme des Petitionsausschusses ist erheblich. Rund 5570 Petitionen sind in der letzten Wahlperiode 2006–2011 vom Petitionsausschuss bearbeitet worden. Gut ein Fünftel der Petitionen war ganz oder teilweise erfolgreich. Dabei ist zu berücksichtigen, dass schon während des Petitionsverfahrens zahlreiche Eingaben Erfolg haben, weil die Regierung aufgrund der vom Petitionsausschuss veranlassten Überprüfung von sich aus Abhilfe schafft. Insgesamt gesehen erfüllt der Petitionsausschuss eine wichtige Mittlerfunktion zwischen Bürger und Staat.

Untersuchungsausschüsse und Enquetekommissionen

Zur Untersuchung einzelner Sachverhalte kann der Landtag von Fall zu Fall Untersuchungsausschüsse einsetzen, die mit besonderen Aufklärungsbefugnissen ausgestattet sind. Solche Ausschüsse können unmittelbar auch bei den unteren Behörden Akten anfordern und Auskünfte einholen, sie haben Zutritt zu allen Einrichtungen des Landes und der unter seiner Aufsicht stehenden Verwaltungsträger, sie können beim Gericht Beschlagnahme- und Durchsuchungsanordnungen erwirken. Zeugen und Sachverständige sind gesetzlich zum Erscheinen vor Untersuchungsausschüssen verpflichtet. Eine Falschaussage vor dem Untersuchungsausschuss (und zwar auch die uneidliche Aussage) ist ebenso strafbar wie falsche Aussagen vor Gericht. Besondere Schutzvorschriften bestehen für den von der Untersuchung Betroffenen, etwa in Gestalt erweiterter Aussageverweigerungsrechte und bestimmter Beteiligungsrechte im Untersuchungsverfahren.

Während die Regierung sonst zu allen Ausschusssitzungen unbeschränkt Zutritt hat, können die Regierungsmitglieder und -beauftragten von der Teilnahme an Sitzungen der Untersuchungsausschüsse bei der Beweisaufnahme unter bestimmten Voraussetzungen ausgeschlossen werden, z.B. wenn dies durch überwiegende Interessen eines Zeugen oder zur Erlangung einer wahrheitsgemäßen Aussage geboten ist. Ferner ist ihr Zutritt zu Beratungssitzungen gesetzlich eingeschränkt.

Das parlamentarische Untersuchungsrecht ist in starkem Maß als Waffe der Parlamentsminderheit ausgestaltet. Eine Minderheit im Landtag (nämlich ein Viertel der Mitglieder oder zwei Fraktionen) kann die Einsetzung eines Untersuchungsausschusses erzwingen, wobei die Minderheit auch über die Festlegung des Untersuchungsthemas allein bestimmt. Der Landtag ist verpflichtet, den von der Minderheit beantragten Ausschuss einzusetzen. Die von den Unterzeichnern eines solchen Minderheitsantrags beantragten Beweise müssen vom Ausschuss erhoben werden. Der Minderheitsschutz setzt sich innerhalb des Untersuchungsausschusses fort: Der Untersuchungsausschuss ist grundsätzlich zur Erhebung von Beweisen verpflichtet, die von der Minderheit im Ausschuss beantragt werden. Solche Beweisanträge können nur in engen Grenzen, nämlich entsprechend den Regelungen über die Zurückweisung von Beweisanträgen im Strafprozess, abgelehnt werden. Die Minderheit im Ausschuss kann auch die Einberufung einer Sitzung des Untersuchungsausschusses verlangen. Bei der Berichterstattung an das Plenum kann die Minderheit, ja jedes Ausschussmitglied, dem Bericht des Untersuchungsausschusses einen abweichenden Bericht anschließen.

Das Verfahren der Untersuchungsausschüsse ist in einem besonderen Gesetz geregelt, das zur Ausführung des Artikel 35 der Verfassung ergangen ist. Das gesamte Recht der Untersuchungsausschüsse ist in Baden-Württemberg Anfang des Jahres 1976 reformiert worden mit dem Bestreben, die Erfordernisse einer möglichst wirkungsvollen Arbeit von Untersuchungsausschüssen zu verbinden mit den Belangen eines rechtsstaatlichen Verfahrens, das insbesondere mit Rücksicht auf die berechtigten Interessen der Betroffenen und Zeugen geboten ist.

Im Jahr 1992 hat der Landtag das Instrument der Enquetekommission in seine Geschäftsordnung aufgenommen, das es beim Bundestag und einigen Landesparlamenten schon länger gab. Den Enquetekommissionen gehören – im Unterschied zu Untersuchungsausschüssen – auch Nichtparlamentarier an, also vor allem Sachverständige. Dementsprechend unterscheiden sich die beiden Formen auch in ihrem Zweck: Enquetekommissionen eignen sich insbesondere für Themen, die einer grundsätzlichen bzw. wissenschaftlichen Aufbereitung bedürfen.

Die Einsetzung einer Enquetekommission ist ebenfalls als ein Recht der Minderheit ausgestaltet.

Die Gesetzgebung

Das Recht, beim Parlament Gesetzentwürfe einzubringen (Gesetzesinitiativrecht), steht der Regierung und den Abgeordneten zu. In der Praxis macht allerdings die Regierung von ihrem Initiativrecht in größerem Umfang Gebrauch als die Abgeordneten.

Gesetzentwürfe im Landtag von Baden-Württemberg

	13. Wahlp. 2001–2006	14. Wahlp. 2006–2011
Regierungsentwürfe	113	137
Entwürfe von Abgeordneten und Fraktionen	58	43
zusammen	171	180
verabschiedete Gesetze	132	152

Gesetzentwürfe aus der Mitte des Landtags müssen von mindestens acht Abgeordneten oder von einer Fraktion unterzeichnet sein. Auf das Gesetzesinitiativrecht des Volkes wird im Weiteren gesondert eingegangen.

Die Gesetzentwürfe werden im Plenum in zwei oder drei Beratungen (Lesungen) behandelt. Die Erste Lesung dient der Darlegung und der Erörterung der Grundsätze der Vorlage. Über den Inhalt des Entwurfs wird hier noch nicht beschlossen. Auch die Ablehnung des Gesetzentwurfs ist in der Ersten Lesung noch nicht möglich, so dass jeder Gesetzentwurf mindestens zwei Lesungen unterzogen wird.

Im Anschluss an die Erste Lesung wird der Gesetzentwurf an den fachlich zuständigen Ausschuss überwiesen (unterbleibt die Ausschussüberweisung, so schließt sich als nächstes die Zweite Lesung im Plenum an), oder auch an mehrere Ausschüsse, wobei ein Ausschuss als federführend bestimmt wird. Der Ausschuss kann dem Plenum einzelne Änderungen des Entwurfs empfehlen, oder er empfiehlt die unveränderte Annahme des Gesetzes oder die Ablehnung.

Mit der Ausschussempfehlung gelangt der Gesetzentwurf wieder in das Plenum des Landtags, wo die abschließende Zweite Lesung folgt. Bei dieser Lesung wird im Plenum auf der Grundlage des Vorschlags des Ausschusses nach einer nochmaligen Grundsatzaussprache über die einzelnen Paragrafen des Gesetzentwurfs beraten und abgestimmt. Jeder Abgeordnete kann hier Änderungsanträge stellen. Bei besonders bedeutsamen Gesetzentwürfen, nämlich bei Verfassungsänderungen und bei Haushaltsgesetzen, muss im Plenum eine weitere Lesung stattfinden (die Dritte Beratung), in der nochmals jede Einzelvorschrift aufgerufen und zur Abstimmung gestellt wird. Auch bei anderen Gesetzen wird eine Dritte Beratung durchgeführt, wenn der Landtag dies bei der Ersten Lesung beschlossen hat.

Das Gesetzgebungsverfahren im Landtag endet mit einer „Schlussabstimmung" über das gesamte Gesetz, dem eigentlichen parlamentarischen Gesetzesbeschluss. Das Gesetz wird mit der Mehrheit der abgegebenen Stimmen beschlossen. Bei verfassungsändernden Gesetzen ist in der Schlussabstimmung eine qualifizierte Mehrheit erforderlich (Artikel 64 Abs. 2 der Verfassung). Die verfassungsmäßig zustande gekommenen Gesetze werden sodann vom Ministerpräsidenten ausgefertigt und im Gesetzblatt des Landes verkündet.

Das Verfahren der mehrmaligen Lesung vor dem Parlamentsplenum und der dazwischenliegenden Ausschussberatungen, wobei noch weitere Verfahrensvarianten möglich sind, mag umständlich erscheinen. Es ermöglicht aber eine sorgfältige Vorbereitung der Gesetzesentscheidungen des Parlaments, die als generelle Norm auch auf nicht voraussehbare Fallgestaltungen passen müssen.

Im Jahr 1974 ist durch eine Verfassungsänderung neben der Regierung und den Abgeordneten auch dem Volk das Recht der Gesetzesinitiative gegenüber dem Landtag gegeben worden. Ein solcher Volksgesetzentwurf wird durch Volksbegehren beim Landtag eingebracht. Voraussetzung für die Einbringung beim Landtag ist die Unterstützung durch mindestens ein Sechstel der Wahlberechtigten (d.h. gegenwärtig rund 1,27 Millionen). Stimmt der Landtag der vom Volk eingebrachten Gesetzesvorlage nicht unverändert zu, so findet eine Volksabstimmung über den Entwurf statt, bei welcher das Volk entscheidet, ob der Entwurf Gesetz werden soll oder ob er abgelehnt wird. Hier wird also das Staatsvolk unmittelbar als Gesetzgeber tätig.

Kontrolle der Regierung

Das Parlament ist nicht nur Träger der gesetzgebenden Gewalt, also der Legislative, ihm obliegt vielmehr auch die Regierungskontrolle.

Wesentliches Merkmal des parlamentarischen Regierungssystems ist die parlamentarische Verantwortlichkeit der Regierung. Sie kommt in allererster Linie zum Ausdruck in der Kompetenz des Parlaments, den Regierungschef zu wählen und ihn zu stürzen. Das Letztere, die Abwahl des Ministerpräsidenten, ist nach der Landesverfassung – entsprechend dem Vorbild des Grundgesetzes – nur in der Form des sogenannten konstruktiven Misstrauensvotums möglich, d.h. in der Weise, dass der Landtag einen Nachfolger für den Ministerpräsidenten, den er ablösen will, wählt und dessen Regierung bestätigt. Überhaupt bedarf jede Berufung eines Ministers seitens des Ministerpräsidenten der Bestätigung durch den Landtag. Außerdem kann der Landtag mit einer Mehrheit von zwei Dritteln der Abgeordneten den Ministerpräsidenten zwingen, ein Mitglied seiner Regierung zu entlassen. Dem Landtag ist von der Verfassung damit – anders als dem Bundestag – eine unmittelbare Mitsprache auch bei der Zusammensetzung der Regierung eingeräumt.

Der Landtag kontrolliert das Handeln der Regierung. Dieser Verfassungsauftrag macht einen wesentlichen Anteil des Alltagsgeschehens im Landesparlament aus. Dem Landtag steht hierfür ein vielfältiges Instrumentarium an Einwirkungsmöglichkeiten zur Verfügung, etwa das Recht des Plenums und der Landtagsausschüsse, Regierungsmitglieder herbeizuzitieren, damit diese dem Parlament Rede und Antwort stehen. Hierher gehören ferner die verschiedenen, in der Geschäftsordnung näher geregelten Formen des parlamentarischen Fragerechts: Jeder Abgeordnete kann an die Regierung Kleine Anfragen richten – diese werden schriftlich beantwortet – oder Mündliche Anfragen, die die Regierung in einer Fragestunde vor dem Plenum des Landtags mündlich beantwortet. Zudem haben die Abgeordneten die Möglichkeit, im Rahmen einer Regierungsbefragung an die Landesregierung Fragen von aktuellem Interesse zu richten. Große Anfragen werden von mindestens 15 Abgeordneten oder von einer Fraktion zu politisch bedeutsamen Themen eingebracht und können, nach vorheriger schriftlicher Stellungnahme der Regierung, zu einer Debatte im Plenum führen. Zu Themen von aktuellem und allgemeinem Interesse kann von einer Fraktion – auch kurzfristig – eine Aktuelle Debatte vor dem Plenum beantragt werden. Ein gebräuchliches Mittel der Einwirkung auf das Handeln der Regierung sind schließlich Anträge aus der Mitte des Hauses, die darauf abzielen, die Regierung um bestimmte Maßnahmen zu ersuchen (das Beratungsverfahren für solche Anträge, die von einer Fraktion oder wenigstens fünf Abgeordneten unterzeichnet sein müssen, ist in §§ 54, 57 der Geschäftsordnung näher geregelt). Zum Bereich der Regierungskontrolle gehören schließlich die oben erwähnten Untersuchungsausschüsse und die Beschlüsse des Landtags auf Petitionen.

Der Landtag war in der Vergangenheit bemüht, sich in seinem geschäftsordnungsmäßigen Verfahren an gewandelte Gegebenheiten anzupassen und neue Handlungsformen zu entwickeln, wo dies durch die Entwicklung geboten war. So ist beispielsweise in verschiedenen Bereichen eine frühzeitige Beteiligung des Landtags an Planungen der Exekutive oder bei Verhandlungen über Staatsverträge sichergestellt worden. Aufgrund einer Absprache mit der Landesregierung wird der Landtag darüber hinaus über die Beratungen der Ministerkonferenzen der Bundesländer informiert, in welchen unter den jeweiligen Fachministern auf vielen Gebieten ein gemeinsames Vorgehen der Länder abgesprochen wird. Eine rechtzeitige Einschaltung des Parlaments in diesen Bereichen und die frühzeitige Information sollen vor allem verhindern, dass das Parlament durch Entscheidungen der Exekutive präjudiziert wird. Im herkömmlichen parlamentarischen System lassen sich diese neuen Mitwirkungsformen am ehesten als Maßnahmen der präventiven Regierungskontrolle (im Gegensatz zu einer nachvollziehenden Kontrolle) einordnen.

Das Etatrecht des Parlaments

Der Landtag hat das Recht der Haushaltsbewilligung. Er beschließt über den Staatshaushaltsplan, in welchem alle Einnahmen und Ausgaben des Landes auszuweisen sind. Der Landtag erteilt dem Haushaltsplan seine Zustimmung in der Form eines Gesetzes, durch das Haushaltsgesetz. Nach der Verfassung soll dieses Gesetz vor Beginn des betreffenden Rechnungsjahres verabschiedet sein, was sich allerdings, wie die Praxis zeigt, schwer einhalten lässt. Die Beratungen über den Entwurf des Haushaltsplans, der von der Regierung aufgestellt und eingebracht wird, geben dem Parlament Gelegenheit, alle Bereiche der Landespolitik zu debattieren. Die Beratungen über den Haushalt werden eingeleitet durch die Haushaltsrede des Finanzministers vor dem Landtag, zuweilen geht dieser Haushaltsrede eine allgemeine Regierungserklärung des Ministerpräsidenten voran. Im Anschluss daran führt der Landtag in einer Ersten Lesung des Haushalts zunächst eine Generalaussprache über die Regierungspolitik. Die Haushaltsberatungen nehmen den Landtag und vor allem den Finanz- und Wirtschaftsausschuss, der jeweils mehrere Wochen lang die einzelnen Positionen des Haushaltsentwurfs berät, zeitlich in erheblichem Umfang in Anspruch.

Das finanzielle Gesamtvolumen des Landeshaushalts beläuft sich im Jahr 2012 auf rund 38,8 Milliarden Euro. Hiervon nehmen allerdings die Personalausgaben des Landes allein knapp 40 % in Anspruch, ein weiterer Ausgabenblock von über 50 % ist durch gesetzliche Verpflichtungen festgelegt oder aus anderen Gründen zwingend. Der Anteil des Etatvolumens, der für den Haushaltsgesetzgeber als frei verfügbar angesehen werden kann, macht – wie diese Zahlen zeigen – nur wenige Prozent aus.

Normalerweise wird der Staatshaushaltsplan jeweils für den Zeitraum eines Jahres beschlossen. In den vergangenen Jahren ist wiederholt ein sogenannter Doppelhaushalt mit einer Laufzeit von zwei Jahren von der Regierung vorgelegt und vom Landtag verabschiedet worden. Bei einem solchen Zweijahreshaushalt findet im Landtag nur alle zwei Jahre die umfassende Haushaltsberatung über sämtliche Ausgabenpositionen statt. Die in der Zwischenzeit notwendig werdenden Korrekturen werden hier durch weniger umfangreiche Nachtragshaushalte vorgenommen, die sowohl bei der Entwurfsvorbereitung seitens der Regierung als auch bei der parlamentarischen Beratung weniger Arbeitsaufwand erfordern. Der Doppelhaushalt kann über die zweijährige Laufzeit hinweg größeren Unsicherheiten hinsichtlich der Einnahme- und Ausgabenentwicklung (z.B. durch unvorhergesehene Konjunktur- und Kostenbewegungen) ausgesetzt sein als die auf ein Jahr beschränkte Haushaltsplanung.

Zum Budgetrecht (Etatrecht) des Landtags gehört neben der Haushaltsbewilligung ferner die Kontrolle über den Haushaltsvollzug. Anhand der vom Finanzminister erstellten Haushaltsrechnung überprüft der Landtag jeweils für ein abgeschlossenes Haushaltsjahr das Finanzgebaren der Behörden. Er stützt sich dabei vor allem auf die Prüfungsberichte des Landesrechnungshofs, einer unabhängigen Behörde, deren Prüfungstätigkeit eine wesentliche Voraussetzung für eine wirksame politische Kontrolle seitens des Parlaments darstellt. Im Einzelnen wird die Denkschrift des Rechnungshofs im zuständigen Landtagsausschuss sehr intensiv beraten, bevor der Landtag der Regierung die Entlastung erteilt. Der Landtag kann auch einzelne Sachverhalte zur weiteren Aufklärung an den Rechnungshof zurückverweisen, er kann der Regierung bestimmte Maßnahmen aufgeben, über deren Vollzug sie dem Landtag zu berichten hat, oder bestimmte Sachverhalte missbilligen.

Mitwirkung des Landtags in Angelegenheiten der Europäischen Union sowie in grenzüberschreitenden Gremien

Zu einem Schwerpunkt der Tätigkeit des Landtags hat sich in den vergangenen Wahlperioden die Europapolitik entwickelt. Der Landtag steht durch die zunehmende europäische Integration vor neuen Herausforderungen. Die Übertragung von Gesetzgebungskompetenzen der Länder auf die Europäische Union trifft gerade den Landtag in seinem eigenständigen gesetzgeberischen Gestaltungsspielraum.

Das Landesparlament hat deshalb frühzeitig eine eigene Mitwirkung in Angelegenheiten der damals noch so genannten Europäischen Gemeinschaft angestrebt. Schon 1989 wurde sichergestellt, dass die Landesregierung den Landtag über alle Vorhaben der Europäischen Gemeinschaft unterrichtet, die für das Land von herausragender politischer Bedeutung sind oder ganz bzw. teilweise die Gesetzgebungszuständigkeit der Länder berühren. Seit 1995 sind die Informations- und Mitwirkungsrechte des Landtags in der Landesverfassung verankert (Artikel 34 a).

Diese Mitwirkungsrechte hat das Landesparlament im Jahr 2011 nochmals kraftvoll erweitert und damit bundesweit unter den Landtagen eine Vorreiterrolle übernommen. Konkret geht es darum, dass die Landesregierung im Bundesrat bei EU-Vorhaben, die ausschließliche Gesetzgebungszuständigkeiten der Länder betreffen, an Beschlüsse des Landtags gebunden ist.

Zur Stärkung seiner Europafähigkeit hat bereits der 14. Landtag einen eigenen Europaausschuss eingerichtet. Diesem Ausschuss kommt bei der Wahrnehmung der Rechte in Europaangelegenheiten nach Artikel 34 a Landesverfassung eine maßgebliche Rolle zu.

Die dem Landtag von der Landesregierung zugeleiteten Vorhaben der Europäischen Union werden dem Ausschuss für Europa und Internationales bzw. den Fachausschüssen zur Beratung überwiesen. Institutionelle und Querschnittsthemen sowie die Subsidiaritätskontrolle beim „Frühwarnsystem" werden vom Ausschuss für Europa und Internationales, fachbezogene Vorhaben federführend vom zuständigen Fachausschuss behandelt. Die Ausschüsse beraten die Vorlage und fassen eine Beschlussempfehlung, über die das Landtagsplenum entscheidet; in Eilfällen kann der Ausschuss auch eine abschließende Stellungnahme zu einem EU-Vorhaben abgeben.

Ziel dieses Beteiligungsverfahrens in Angelegenheiten der Europäischen Union ist es, auf die Willensbildung der Landesregierung und deren Abstimmung im Bundesrat Einfluss zu nehmen.

Die bisherigen Erfahrungen mit den Beteiligungsverfahren haben gezeigt, welch starke Bedeutung die Rechtssetzungstätigkeit der Europäischen Union für die Länder hat. So berührten rund ein Viertel der bisher dem Landtag zugeleiteten EU-Vorhaben die Gesetzgebungskompetenz der Länder, insbesondere in den Bereichen Umwelt- und Naturschutz sowie Bildungs- und Kulturpolitik.

Das europapolitische Engagement des Landtags zeigt sich im Übrigen in der Mitwirkung in wichtigen europäischen Gremien der interregionalen Zusammenarbeit.

So ist das Land Baden-Württemberg im Ausschuss der Regionen der Europäischen Union in Brüssel durch den Landtagsabgeordneten Prof. Dr. Wolfgang Reinhart vertreten. Der Ausschuss, der durch den Maastrichter Vertrag geschaffen wurde und seit 1994 arbeitet, ist ein wichtiger Schritt auf dem Weg zu einer besseren Vertretung der Regionen bei der Europäischen Union. Zudem nimmt die stellvertretende Landtagspräsidentin Brigitte Lösch im Kongress der Gemeinden und Regionen beim Europarat in Straßburg die Interessen des Landes wahr. Der Kongress ist ein beratendes Gremium, das sich insbesondere für die Stärkung der lokalen und regionalen Demokratie in den 47 Mitgliedstaaten des Europarates einsetzt.

Der Landtag engagiert sich zudem in der grenzüberschreitenden Zusammenarbeit und hat dazu mit den Nachbarn des Landes parlamentarische Partnerschaften geknüpft. Mit dem Elsass verbindet Baden-Württemberg die längste Zusammenarbeit dieser Art. Sie hat sich mittlerweile verfestigt im „Oberrheinrat". Die Mitglieder kommen aus dem Elsass, aus Baden-Württemberg, der Nordwestschweiz und Rheinland-Pfalz. Die Beteiligten wollen, dass sich das Oberrheingebiet zu einer grenzüberschreitenden europäischen Modellregion entwickelt – in Übereinstimmung mit ihren jeweiligen Regierungen. Aus Baden-Württemberg gehören dem Gremium 16 Landtagsabgeordnete an sowie sieben Landräte und drei Oberbürgermeister aus der Region.

Zu einem ständigen Beratungsgremium haben sich ferner die Parlamente der Bodensee-Anrainerländer in der „Parlamentarier-Konferenz Bodensee" zusammengefunden. Ziel ist, die Regierungs-Kooperation rund um den Bodensee zu unterstützen, weitere Anregungen zu geben und bei den Bürgern für ein grenzüberschreitendes, gemeinsames Bodensee-Bewusstsein zu werben.

Die Stellung des Abgeordneten

Der Überblick über die Arbeitsweise des Landtags zeigt bereits, wie vielfältig die parlamentarischen Aufgaben eines Abgeordneten im Plenum, in den Ausschüssen, in den Fraktionen und deren Arbeitskreisen sind. Hinzu kommen Verpflichtungen des Abgeordneten im öffentlichen Leben und seine Verpflichtungen im Wahlkreis, wo man erwartet, dass die dortigen Abgeordneten für die Bevölkerung erreichbar sind. Trotzdem ist der Abgeordnete nicht nur Repräsentant eines Wahlkreises, ebenso wie er im Landtag nicht nur Vertreter seiner Partei ist, sondern nach dem Auftrag der Verfassung „Vertreter des ganzen Volkes".

Durch Verfassungsvorschriften und Gesetze wird die Unabhängigkeit und die Entscheidungsfreiheit des Abgeordneten besonders abgesichert. Dazu gehört etwa der Schutz des Abgeordneten vor Kündigung oder anderen Benachteiligungen in seinem privaten Arbeitsverhältnis wegen des Landtagsmandats (Artikel 29 der Verfassung) oder das Berufsgeheimnis des Abgeordneten (Artikel 39). Die Freiheit der Abstimmung und die Redefreiheit im Parlament sind durch die sogenannte Indemnität geschützt; dies bedeutet, dass der Abgeordnete wegen einer Abstimmung im Landtag oder wegen einer Äußerung in Ausübung des Landtagsmandats nicht außerhalb des Landtags zur Verantwortung gezogen, also zum Beispiel gerichtlich verfolgt werden darf (Artikel 37). Für Handlungen, die keinen solchen Bezug zum Abgeordnetenmandat haben, etwa Verkehrsdelikte, kann ein Abgeordneter nicht strafrechtlich verfolgt werden (sogenannte Immunität, Artikel 38), es sei denn, der Landtag hat hierin eingewilligt. Für bestimmte Bereiche hat der Landtag diese Genehmigung in allgemeiner Form erteilt. Auf die Immunität kann ein Abgeordneter nicht verzichten, sie ist nicht ein persönliches Privileg des Abgeordneten, sondern will die Funktionsfähigkeit des Parlaments insgesamt gewährleisten.

Auch die Abgeordnetenentschädigung hat den Zweck, die Unabhängigkeit des Abgeordneten zu sichern. Die Einzelheiten sind im Abgeordnetengesetz geregelt. Heute erhält der Landtagsabgeordnete eine steuerpflichtige Entschädigung von monatlich 6.975 Euro. Erhöhte Entschädigungen erhalten der Präsident, die Vizepräsidenten, die Fraktionsvorsitzenden und die parlamentarischen Geschäftsführer.

Für allgemeine Kosten wie Wahlkreisbüro, Porto, Mehraufwendungen am Sitz des Landtags und bei parlamentarisch bedingten Reisen erhält der Abgeordnete eine monatliche Pauschale in Höhe von 1.483 Euro. Reisekosten werden auf Nachweis erstattet. Das Land zahlt dem Abgeordneten auch die tatsächlich entstandenen Kosten für Mitarbeiter oder mandatsbedingte Werk- oder Dienstleistungen bis zu einer bestimmten Höhe. Als Alternative ist aber auch eine monatliche Pauschale von 400 Euro möglich. Zur Aufwandsentschädigung gehört ferner, dass dem Abgeordneten Telefon, Fax und Internet im Landtag kostenlos zur Verfügung stehen. Im Übrigen kann er die Deutsche Bahn innerhalb Baden-Württembergs frei nutzen.

Nach dem Ausscheiden aus dem Landtag steht dem Abgeordneten Übergangsgeld zu. Die Dauer der Zahlung hängt davon ab, wie lange er im Parlament war. Um ihre Altersvorsorge müssen sich die Abgeordneten selbst kümmern. Hierfür erhalten sie einen steuerpflichtigen Vorsorgebeitrag in Höhe von monatlich 1.589 Euro.

Krankheitsfürsorge erhalten die Abgeordneten entweder durch einen Zuschuss nach den beamtenrechtlichen Beihilfevorschriften oder durch einen „Arbeitgeberanteil" zu ihren Krankenversicherungsbeiträgen.

Das Landtagsmandat schließt eine berufliche Tätigkeit nicht aus. Berufliche Praxis und berufliche Erfahrung können für das Amt des Abgeordneten durchaus von Vorteil sein. Der Gesetzgeber hat jedoch eine Reihe von staatlichen Ämtern aus Gründen der Gewaltenteilung und wegen der Gefahr von Interessenkollisionen für unvereinbar mit dem Landtagsmandat erklärt (Inkompatibilität). Dies gilt für Ämter im Bereich der Justiz, nämlich für Richter, Staatsanwälte und Amtsanwälte. Die Inkompatibilität besteht ferner für Beamte und Angestellte bei bestimmten übergeordneten Behörden von einem bestimmten Dienstrang ab, nämlich für Bedienstete der Regierungspräsidien, der Landesoberbehörden (z.B. Landesamt für Geoinformation und Landentwicklung, Statistisches Landesamt) und der obersten Landesbehörden (z. B. Ministerien), jeweils im Range vom Amtmann aufwärts. Inhaber solcher Ämter müssen mit der Wahl in den Landtag aus ihrem bisherigen Amt ausscheiden. Sonstige Beamte haben, wenn sie in den Landtag gewählt werden, einen Anspruch auf Arbeitszeitermäßigung mit entsprechender Kürzung ihrer Bezüge oder auf Beurlaubung ohne Besoldung.

Es bestehen für Abgeordnete übrigens sehr detaillierte Anzeigepflichten, wonach Berufe, Tätigkeiten in Unternehmensorganen oder vergütete und ehrenamtliche Verbandsfunktionen auf überregionaler Ebene zu veröffentlichen und andere entgeltliche Tätigkeiten (z.B. Beratung, Gutachtenerstellung) sowie politische Spenden dem Präsidenten anzuzeigen sind. Die Offenlegung der beruflichen Verhältnisse und möglicher Interessenkollisionen dient der Verdeutlichung des freien Mandats.

Die Landtagsverwaltung

Die Verwaltung des Landtags umfasst die eigenen Beratungs-, Unterstützungs- und Informationsdienste des Parlaments. Mit 149,5 Stellen handelt es sich um eine kleine Verwaltung, die aber jederzeit in der Lage sein muss, die Bedingungen für eine reibungslose Arbeit des Parlaments zu gewährleisten. Dienstvorgesetzter dieser Verwaltung, die dem Parlament als solchem und gleichermaßen allen Fraktionen dient, ist der Landtagspräsident, nicht die Regierung. Zur Parlamentsverwaltung, die vom Landtagsdirektor geleitet wird, gehören der Plenar- und Ausschussdienst, der die Plenarsitzungen vorbereitet und die Geschäfte der Ausschüsse führt, der Stenografische Dienst, der für die Protokollierung zuständig ist und die Ausschussberichte vorbereitet, und das Petitionsbüro, dem die geschäftsmäßige Behandlung der an den Landtag gerichteten Eingaben obliegt. Weiter sind im Stab des Parlaments der Juristische Dienst, die Parlamentspressestelle, das Protokoll, der Besucherdienst und der Informationsdienst eingerichtet. In der Verwaltungsabteilung finden sich die klassischen Bereiche Personal, Haushalt, Gebäudemanagement sowie ein Referat für die Angelegenheiten der Abgeordneten. Schließlich verfügt der Landtag über ein infrastrukturelles Gebäudemanagement, zu dem u.a. der Ordnungs- und Sitzungsdienst, die Boten und die Pförtner gehören, ein technisches Gebäudemanagement sowie eine eigene Druckerei.

Die Landtagsverwaltung hat auch ein Sachgebiet „Informations- und Kommunikationstechnik", das den Landtag bei der Nutzung der Datenverarbeitung im Bereich der Parlamentsverwaltung unterstützt. Das Dokumentations- und Auskunftssystem über die Landtagsdrucksachen und Landtagsprotokolle wird beim Landtag von Baden-Württemberg bereits seit 1976 in automatisierter Form geführt und ist im Internet für jedermann verfügbar. Die für die Arbeit von Parlament und Regierung interessierenden Datenbanken des Landes sind im „Landesinformationssystem" zusammengefasst. Dieses Datenbanksystem, eine gemeinsame Informationseinrichtung von Landtag und Landesregierung, bietet Zugriff auf eine Vielzahl von Daten aus den Bereichen Statistik, Schulwesen, Hochschulen, Umwelt, also auf Informationen, die für die Parlamentsarbeit von Bedeutung sind. Es ist über die Website des Statistischen Landesamts zugänglich.

Der Landtag im Internet

Der Landtag von Baden-Württemberg ist im Internet mit einem umfangreichen Angebot vertreten. Unter der Adresse „www.landtag-bw.de" kann alles Wissenswerte über das Parlament, die Fraktionen und die einzelnen Abgeordneten abgerufen werden. Außerdem enthalten die Web-Seiten aktuelle Informationen über parlamentarische Initiativen, Sitzungspläne, Tagesordnungen und Veranstaltungen. Plenardebatten werden live übertragen und stehen dann in einer Mediathek als Videos zur Verfügung. Auch die Anmeldung zu Besuchen im Landtag kann online erfolgen.

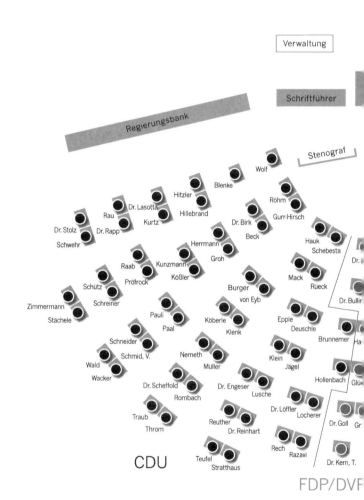

Verwaltung

Schriftführer

Regierungsbank

Stenograf

Wolf

Blenke

Hitzler

Dr. Lasotta

Röhm

Rau

Hillebrand

Gurr-Hirsch

Dr. Stolz

Kurtz

Dr. Birk

Dr. Rapp

Beck

Hauk

Schwehr

Schebesta

Herrmann

Dr.

Groh

Raab

Kunzmann

Mack

Pröfrock

Kößler

Rüeck

Schütz

Dr. Bullir

Burger

Schreiner

von Eyb

Zimmermann

Epple

Stächele

Pauli

Köberle

Deuschle

Paal

Klenk

Brunnemer Ha

Schneider

Schmid, V.

Nemeth

Klein

Wald

Müller

Jägel

Wacker

Hollenbach Glü

Dr. Scheffold

Dr. Engeser

Rombach

Lusche

Dr. Löffler

Locherer

Traub

Reuther

Dr. Goll Gr

Throm

Dr. Reinhart

Rech

Razavi

CDU

Teufel

Dr. Kern, T.

Stratthaus

FDP/DVF

30

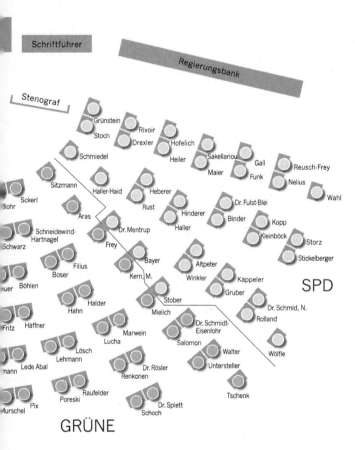

Direktor

Schriftführer

Regierungsbank

Stenograf

Grünstein
Stoch
Rivoir
Drexler
Hofelich
Schmiedel
Heiler
Sakellariou
Gall
Maier
Funk
Reusch-Frey
Nelius
Wahl
Sitzmann
Haller-Haid
Heberer
Rust
Hinderer
Dr. Fulst-Blei
Binder
Sckerl
...lohr
Aras
Dr. Mentrup
Haller
Kopp
Kleinböck
Storz
Schneidewind-Hartnagel
Schwarz
Frey
Bayer
Kern, M.
Altpeter
Winkler
Käppeler
Stickelberger
SPD
Filius
Boser
...uer
Böhlen
Gruber
Dr. Schmid, N.
Halder
Hahn
Stober
Mielich
Rolland
Fritz
Häffner
Lucha
Marwein
Dr. Schmidt-Eisenlohr
Salomon
Walter
Wölfle
Lösch
Lehmann
Lede Abal
...mann
Dr. Rösler
Renkonen
Untersteller
Pix
Poreski
Raufelder
Murschel
Dr. Splett
Schoch
Tschenk

GRÜNE

Hinweis: Die Abgeordneten des Landtags sitzen mit Ausnahme der Fraktionsvorstände in der Regel in alphabetischer Reihenfolge.

31

Vorbemerkung zum biografischen Teil

Biografien und Bilder der Abgeordneten werden auf den folgenden Seiten in alphabetischer Reihenfolge veröffentlicht. Die Anzahl der Sterne (*) nach dem Parteinamen besagt, in wie vielen Wahlperioden ein Abgeordneter Mitglied des baden-württembergischen Landtags war bzw. ist; das bedeutet allerdings weder, dass die Mitgliedschaft während der ganzen Wahlperiode, noch dass sie ununterbrochen bestanden hat.

ALTPETER, Katrin
Sozialministerin
Lehrerin für Pflegeberufe

Bühlweg 18
71336 Waiblingen
Wahlkreisbüro:
Heinrich-Küderli-Str. 1
71332 Waiblingen
Telefon 07151 966044
Telefax 07151 966046
E-Mail: buergerbuero@katrin-altpeter.de
Internet: www.katrin-altpeter.de

Fraktion der SPD
Zweitmandat im Wahlkreis 15
Waiblingen

Persönliche Angaben:
Geboren am 6. November 1963 in Waiblingen; evangelisch, eine Tochter.

Ausbildung, Berufslaufbahn, berufliche Funktionen:
Grundschule in Waiblingen-Neustadt. Salier-Gymnasium Waiblingen. 1984 bis 1986 Ausbildung zur staatlich anerkannten Altenpflegerin. Verschiedene Tätigkeiten in der ambulanten und stationären Pflege. 1990 bis 1992 Weiterbildung zur Lehrerin für Pflegeberufe. 1992 bis 2001 Berufstätigkeit als Leiterin eines ambulanten Pflegedienstes und als Lehrerin für Pflegeberufe an einer Altenpflegeschule.

Politische Funktionen:
Mitglied des Landtags von Baden-Württemberg seit 17. April 2001.

Sonstige Funktionen und Mitgliedschaften:
Stellv. Vorsitzende des Stiftungsrats der Stiftung Kinderland Baden-Württemberg gGmbH. Mitglied bei ver.di. Mitgliedschaften in verschiedenen örtlichen Vereinen.

Angaben nach Teil I der Offenlegungsregeln:
Ministerin für Arbeit und Sozialordnung, Familie, Frauen und Senioren. Lehrerin für Pflegeberufe beim Berufsfortbildungswerk des DGB (bfw) in Stuttgart (ruhendes Arbeitsverhältnis ohne Bezüge). Mitglied des Verwaltungsrats der Landeskreditbank Baden-Württemberg – Förderbank. Mitglied des Aufsichtsrats der Baden-Württemberg Stiftung gGmbH.

ARAS, Muhterem
Dipl.-Ökonomin, Steuerberaterin

Büro Stuttgart
Telefon 0711 2063-661
Telefax 0711 2063-660
E-Mail:
muhterem.aras@gruene.landtag-bw.de
Internet:
www.muhterem-aras.de

Fraktion GRÜNE
Direktmandat im Wahlkreis 1
Stuttgart I

Persönliche Angaben:
Geboren 1966 in Anatolien/Türkei; verheiratet, zwei Kinder.

Ausbildung, Berufslaufbahn, berufliche Funktionen:
Mittlere Reife in Nürtingen. 1989 Abitur am beruflichen Gymnasium
Friedrich-von-Cotta-Schule in Stuttgart. Studium der Wirtschaftswissenschaften in Hohenheim. Arbeit in der Fraktionsgeschäftsstelle
der Grünen im Stuttgarter Rathaus (studienbegleitend). 1994 bis 1999
Angestellte im steuerberatenden Bereich. Seit 1999 eigene Steuerbe-
raterkanzlei in Stuttgart-Mitte.

Politische Funktionen:
Seit 1992 Mitglied bei Bündnis 90/Die Grünen. 1999 bis 2011 Mit-
glied des Stuttgarter Gemeinderats; ab 2007 Fraktionsvorsitzende
der Grünen.
Mitglied des Landtags von Baden-Württemberg seit 11. April 2011.
Mitglied des Bildungsausschusses. Vorsitzende des Arbeitskreises
Finanzen und Wirtschaft und finanzpolitische Sprecherin der Land-
tagsfraktion GRÜNE.

Sonstige Funktionen und Mitgliedschaften:
Mitgliedschaften: Heinrich-Böll-Stiftung Baden-Württemberg e. V.,
Bund für Umwelt und Naturschutz Deutschland (BUND), Tollhaus e. V.
(Eltern-Kind-Initiative), Freunde und Förderer des Altenzentrums
Zamenhof und Haus Hasenberg e. V., Förderverein der Nesin-Stif-
tung (FöNeS) e. V., MTV Stuttgart 1843 e. V.

Angaben nach Teil I der Offenlegungsregeln:
Selbständige Steuerberaterin. Mitglied des Aufsichtsrats der Staatli-
chen Toto-Lotto GmbH. Mitglied des Beirats Süd der SV Sparkassen-
Versicherungen.

BAUER, Theresia
Ministerin für Wissenschaft,
Forschung und Kunst
Politikwissenschaftlerin

Poststraße 18-20
69115 Heidelberg
Telefon 06221 9146618
E-Mail:
theresia.bauer@gruene.landtag-bw.de
Internet:
www.theresia-bauer.de

Fraktion GRÜNE
Direktmandat im Wahlkreis 34
Heidelberg

Persönliche Angaben:
Geboren am 6. April 1965 in Zweibrücken/Pfalz; verheiratet, zwei
Söhne.

Ausbildung, Berufslaufbahn, berufliche Funktionen:
Gymnasium und Abitur in Homburg/Saar. Studium der Politikwis-
senschaft, Volkswirtschaftslehre und Germanistik in Mannheim und
Heidelberg. 1993 Magisterabschluss. 1993 bis 2001 Referentin und
anschließend Geschäftsführerin der Heinrich-Böll-Stiftung Baden-
Württemberg.

Politische Funktionen:
Seit 1987 Mitglied der Grünen. Seit 2001 Mitglied des Kreisvorstands
der Grünen Heidelberg.
Mitglied des Landtags von Baden-Württemberg seit 11. April 2001.

Sonstige Funktionen und Mitgliedschaften:
Vorsitzende der Stiftungsverwaltung der Carl-Zeiss-Stiftung. Mitglied des Aufsichtsrats der Dualen Hochschule Baden-Württemberg.

Angaben nach Teil I der Offenlegungsregeln:
Ministerin für Wissenschaft, Forschung und Kunst. Geschäftsführerin
der Heinrich-Böll-Stiftung Baden-Württemberg (ruhendes Arbeitsverhältnis). Stellv. Vorsitzende des Aufsichtsrats von Baden-Württemberg International – Gesellschaft für internationale wirtschaftliche
und wissenschaftliche Zusammenarbeit mbH. Stellv. Vorsitzende des
Aufsichtsrats der BioPro Baden-Württemberg GmbH. Vorsitzende des
Aufsichtsrats der e-mobil BW GmbH. Stellv. Vorsitzende des Aufsichtsrats der Staatlichen Toto-Lotto GmbH. Mitglied des Aufsichtsrats der
Baden-Württemberg Stiftung gGmbH.

BAYER, Christoph
Diplompädagoge

Kandelstraße 2
79261 Gutach
Telefon 07681 23005
Bürgerbüro Bayer
Bahnhofstraße 19,
79189 Bad Krozingen
Telefon 07633 938614
Telefax 07633 938615
E-Mail: christoph@team-bayer.de
Internet: www.team-bayer.de

Fraktion der SPD
Zweitmandat im Wahlkreis 48
Breisgau

Persönliche Angaben:
Geboren am 6. November 1948 in Freiburg; römisch-katholisch, verheiratet, drei Kinder.

Ausbildung, Berufslaufbahn, berufliche Funktionen:
Volksschule, Gymnasium, Abitur in Freiburg. Studium Katholische Theologie und Sozialarbeit in Freiburg und Heidelberg. Studium Diplompädagogik an der PH Freiburg. Ausbildung zum systemischen Familientherapeuten. Berufliche Tätigkeiten bei der Stadt Freiburg (Kinder- und Jugendarbeit), bei der Landeszentrale für politische Bildung Baden-Württemberg, beim Internationalen Bund für Sozialarbeit und beim Landratsamt Breisgau-Hochschwarzwald (Jugendhilfeplanung).

Politische Funktionen:
Mitglied des Landtags von Baden-Württemberg seit 20. April 2001. Mitglied der Enquetekommissionen „Demografischer Wandel – Herausforderungen an die Landespolitik" (13. Wahlperiode) und „Fit fürs Leben in der Wissensgesellschaft – berufliche Schulen, Aus- und Weiterbildung" (14. Wahlperiode) sowie des Sonderausschusses „Konsequenzen aus dem Amoklauf in Winnenden und Wendlingen: Jugendgefährdung und Jugendgewalt" (14. Wahlperiode).

Sonstige Funktionen und Mitgliedschaften:
Vorsitzender des DLRG Bezirks Breisgau. Gründungsmitglied des Trinationalen Atomschutzverbands TRAS. Mitglied des Diözesanrats der Katholiken in der Erzdiözese Freiburg.

Angaben nach Teil I der Offenlegungsregeln:
–

BECK, Norbert
Bürgermeister a. D.
Diplom-Verwaltungswirt (FH)

Alte Reichenbacher Straße 75
72270 Baiersbronn
Wahlkreisbüro:
Oberdorfstraße 2
72270 Baiersbronn
Telefon 07442 122636
Telefax 07442 122698
E-Mail: info@norbert-beck.com
Internet: www.norbert-beck.com

Fraktion der CDU
Direktmandat im Wahlkreis 45
Freudenstadt

Persönliche Angaben:
Geboren am 26. Juli 1954 in Renningen; evangelisch, verheiratet, zwei Töchter.

Ausbildung, Berufslaufbahn, berufliche Funktionen:
1973 Abitur am Johannes-Kepler-Gymnasium in Leonberg. 1973 bis 1974 Wehrdienst. 1974 bis 1978 Ausbildung zum Diplom-Verwaltungswirt (FH) bei der Stadt Leonberg, der Gemeinde Renningen und der Fachhochschule für öffentliche Verwaltung in Stuttgart. 1978 bis 1983 Leiter des Ordnungs-, Kultur- und Sportamtes der Stadt Renningen. 1983 bis 1988 Leiter des Hauptamtes der Stadt Renningen. 1989 bis 31. August 2011 Bürgermeister der Gemeinde Baiersbronn.

Politische Funktionen:
Seit 1994 Mitglied des Kreistags des Landkreises Freudenstadt. Mitglied des Landtags von Baden-Württemberg seit 19. September 2007.

Sonstige Funktionen und Mitgliedschaften:
Mitglied in verschiedenen örtlichen Vereinen, z.B . Heimat- und Kulturverein der Gesamtgemeinde Baiersbronn e. V.

Angaben nach Teil I der Offenlegungsregeln:
Stellv. Vorsitzender des Aufsichtsrats der Volksbank Baiersbronn eG. Mitglied des Aufsichtsrats der Kreisbaugenossenschaft Freudenstadt eG.

BINDER, Sascha
Rechtsanwalt

Wahlkreisbüro
Hohenstaufenstraße 29
73312 Geislingen
Telefon 07331 7153225
Telefax 07331 7154335
E-Mail: info@saschabinder.de

Fraktion der SPD
Zweitmandat im Wahlkreis 11
Geislingen

Persönliche Angaben:
Geboren am 4. März 1983; römisch-katholisch, ledig.

Ausbildung, Berufslaufbahn, berufliche Funktionen:
Schule und Abitur in Geislingen a. d. Steige. 2002 bis 2003 Zivildienst beim Stadtjugendring Geislingen. 2003 bis 2008 Studium der Rechtswissenschaften an der Eberhard-Karls-Universität Tübingen; Erstes Staatsexamen. 2006 bis 2009 wissenschaftlicher Mitarbeiter bei Bundesminister a. D. Walter Riester. 2008 bis 2010 Referendariat am Landgericht Ulm; Zweites Staatsexamen. Seit 2010 Rechtsanwalt in der Kanzlei Vogl Rechtsanwälte, Göppingen.

Politische Funktionen:
1999 bis 2001 Mitglied und Sprecher des Jugendgemeinderats Geislingen. 2005 bis 2007 Vorsitzender des Juso-Kreisverbands Göppingen. 2005 bis 2011 Mitglied des Juso-Landesausschusses Baden-Württemberg. Seit 2007 Vorsitzender des SPD-Kreisverbands Göppingen. Seit 2007 Mitglied des Vorstands der SPD Region Stuttgart. Seit 2009 Kreisrat im Landkreis Göppingen; stellv. Vorsitzender der SPD-Kreistagsfraktion.
Mitglied des Landtags von Baden-Württemberg seit 14. April 2011.

Sonstige Funktionen und Mitgliedschaften:
Mitglied des Verwaltungsrats des Kreisjugendrings Göppingen e. V.
Mitglied des Stiftungsrats der Hohenstaufenstiftung, Göppingen.
Mitgliedschaften: TG Geislingen, Sport-Club 1900 Geislingen e. V., Tennisclub Bad Überkingen e. V., Arbeiterwohlfahrt e. V. , ver.di, Uganda-Freundeskreis e. V., VfB Stuttgart 1893 e. V., Naturfreunde e. V.

Angaben nach Teil I der Offenlegungsregeln:
Angestellter Rechtsanwalt in der Kanzlei Vogl Rechtsanwälte, Göppingen. Mitglied des Aufsichtsrats der Gesundheitszentren Landkreis Göppingen GmbH. Mitglied des Beirats des Alb-Elektrizitätswerks Geislingen-Steige eG.

BIRK, Dr. Dietrich
Diplomkaufmann, Staatssekretär a. D.
Landtagsbüro

Haus des Landtags
Konrad-Adenauer-Str. 3
70173 Stuttgart
Telefon 0711 2063-987
Telefax 0711 2063-14987
Dr.-Engel-Weg 11
73035 Göppingen
Telefon 07161 43033
Telefax 07161 43035
E-Mail: dietrich.birk@cdu.landtag-bw.de
Internet: www.dietrich-birk.de

Fraktion der CDU
Direktmandat im Wahlkreis 10
Göppingen

Persönliche Angaben:
Geboren am 2. März 1967 in Göppingen; evangelisch; verheiratet,
zwei Kinder.

Ausbildung, Berufslaufbahn, berufliche Funktionen:
Mörike-Gymnasium Göppingen, 1986 Abitur. 1986 bis 1987 Wehrdienst. 1987 bis 1992 Studium der Betriebswirtschaftslehre in
Tübingen, Diplomprüfung 1992, anschließend Promotion zum Dr. rer.
pol. 1992 bis 1994 Assistent eines Bundestagsabgeordneten. 1995 bis
2000 Produktmanager in der Telekommunikationswirtschaft. 2001
bis 2005 Konzernbevollmächtigter in der Energiewirtschaft. 2005
bis 2006 Landesgeschäftsführer der CDU Baden-Württemberg. Juni
2006 bis Mai 2011 politischer Staatssekretär im Ministerium für Wissenschaft, Forschung und Kunst Baden-Württemberg.

Politische Funktionen:
1990 bis 1994 Kreisvorsitzender der Jungen Union Göppingen. 1994
bis 1999 Bezirksvorsitzender der Jungen Union Nordwürttemberg.
Seit 1986 Mitglied der CDU. Seit 1993 stellv. Kreisvorsitzender der
CDU Göppingen. Seit 1997 Mitglied des Bezirksvorstands der CDU
Nordwürttemberg, 2001 bis 2005 Pressesprecher, seit 2005 stellv.
Bezirksvorsitzender. 2009 bis 2011 stellv. Landesvorsitzender der
CDU Baden-Württemberg. 1994 bis 2006 Mitglied der Regionalver-
sammlung des Verbands Region Stuttgart.
Mitglied des Landtags von Baden-Württemberg seit 15. April 1996.

Sonstige Funktionen und Mitgliedschaften:
Mitglied in diversen Kuratorien im Kultur- und Kunstbereich. Aktives Mitglied der Freiwilligen Feuerwehr Göppingen-Jebenhausen.

Angaben nach Teil I der Offenlegungsregeln:
Selbstständiger Unternehmensberater.

BLENKE, Thomas
Volljurist

Bergwaldstraße 40
75391 Gechingen
Telefon 07056 966525
Telefax 07056 966527
E-Mail:
Thomas.Blenke@cdu.landtag-bw.de
Internet:
www.Thomas-Blenke.de

Fraktion der CDU
Direktmandat im Wahlkreis 43
Calw

Persönliche Angaben:
Geboren am 17. April 1960 in Ludwigshafen/Rhein; evangelisch, verheiratet.

Ausbildung, Berufslaufbahn, berufliche Funktionen:
Grundschule Gechingen, Hermann-Hesse-Gymnasium Calw, Abitur am Wirtschaftsgymnasium Calw. Banklehre bei der Deutschen Bank, Stuttgart. Studium der Rechtswissenschaft in Tübingen, 1988 erstes Staatsexamen, 1991 Assessorexamen. 1991 bis 1993 Regierungspräsidium Tübingen. 1993 bis 1995 Verkehrsministerium Baden-Württemberg. 1995 bis 2001 Parlamentarischer Berater der CDU-Fraktion im Landtag von Baden-Württemberg, Parlamentsrat a. D. 2002 bis 2005 ehrenamtlicher Rektor und Geschäftsführer der Fachhochschule Calw gGmbH, Hochschule für Wirtschaft und Medien.

Politische Funktionen:
Seit 1978 Mitglied der CDU. Seit 1995 Vorsitzender des CDU-Kreisverbandes Calw und Mitglied im Bezirksvorstand der CDU Nordbaden. Seit 1995 Mitglied der Mittelstandsvereinigung der CDU. 1984 bis 1991 und erneut seit 2004 Gemeinderat in Gechingen. Erster stellv. Bürgermeister der Gemeinde Gechingen. Seit 2005 Mitglied des Kreistags des Landkreises Calw; dort stellv. Vorsitzender der CDU-Fraktion. Mitglied des Landtags von Baden-Württemberg seit 17. April 2001.

Sonstige Funktionen und Mitgliedschaften:
Mitgliedschaft und Ehrenämter in Vereinen und Organisationen. Mitglied im Kuratorium des Internationalen Forums Burg Liebenzell. Vorsitzender des Freundeskreises Baden-Württemberg – Kroatien e. V.

Angaben nach Teil I der Offenlegungsregeln:
Parlamentsrat a. D. (Dienstverhältnis ruht wegen Mandats). Mitglied der Verbandsversammlung des Zweckverbands Stadt- und Kreissparkasse Pforzheim Enzkreis Calw. Stellv. Mitglied des Verwaltungsrats der Sparkasse Pforzheim Calw.

BÖHLEN, Beate
Landtagsabgeordnete

Hahnhofstr. 1
76530 Baden-Baden
Telefon 07221 9708-175
Telefax 07221 9708-165
E-Mail:
beate.boehlen@gruene.landtag-bw.de
Internet:
www.gruene-ra-bad.de

Fraktion GRÜNE
Zweitmandat im Wahlkreis 33
Baden-Baden

Persönliche Angaben:
Geboren am 29. November 1966 in Baden-Baden; verheiratet, zwei Kinder.

Ausbildung, Berufslaufbahn, berufliche Funktionen:
Ausbildung zur staatlich anerkannten Erzieherin an der Elly-Heuss-Knapp-Schule in Bühl. Arbeit mit Menschen mit Behinderung und in einem Kinder- und Jugendheim in Baden-Baden. Studium der Sozialarbeit an der Katholischen Fachhochschule in Freiburg im Breisgau. Bis Ende 2011 selbstständige Kauffrau (Fachgeschäft in Baden-Baden).

Politische Funktionen:
Seit 1995 Mitglied von Bündnis 90/Die Grünen. Seit 1996 Mitglied des Arbeitskreises Wirtschaft des Kreisverbands Rastatt/Baden-Baden. 1999 bis 2004 Vorsitzende des Ortsverbands Baden-Baden. 2002 Bundestagskandidatin im Wahlkreis Rastatt. 2001 bis 2003 Vorsitzende des Kreisverbands Rastatt/Baden-Baden. Seit 2004 Stadträtin im Gemeinderat der Stadt Baden-Baden. 2006 Landtagskandidatin im Wahlkreis 33 Baden-Baden. Seit 2007 Vorsitzende der Fraktion Bündnis 90/Die Grünen im Gemeinderat der Stadt Baden-Baden; dort Mitglied des Ältestenrats, des Haupt- bzw. Finanzausschusses, des Bauausschusses, des Jugendhilfeausschusses und der Spielplatzkommission. Mitglied des Oberrheinrats.
Mitglied des Landtags von Baden-Württemberg seit 12. April 2011. Seit November 2011 Vorsitzende des Petitionsausschusses. Mitglied des Europaausschusses.

Sonstige Funktionen und Mitgliedschaften:
Gründungsmitglied der Bürgerinitiative Bertholdbad, des Tagesmuttervereins Maxi & Moritz e. V. und des Fördervereins Jugendbegegnungsstätte Baden-Baden e. V.

Angaben nach Teil I der Offenlegungsregeln:
Mitglied der Aufsichtsräte der GSE Gesellschaft für Stadterneuerung und Stadtentwicklung Baden-Baden mbH, der Gewerbeentwicklung Baden-Baden GmbH (GEBB), der Baden-Baden Kur & Tourismus GmbH und der Kongresshaus Baden-Baden Betriebsgesellschaft mbH.

BOSER, Sandra
Diplom-Betriebswirtin

Grabenstraße 12
77709 Wolfach
E-Mail:
sandra.boser@gruene.landtag-bw.de
Internet:
www.sandra-boser.de

Fraktion GRÜNE
Zweitmandat im Wahlkreis 50
Lahr

Persönliche Angaben:
Geboren am 20. Juni 1976 in Spaichingen; verheiratet, zwei Kinder.

Ausbildung, Berufslaufbahn, berufliche Funktionen:
Grundschule Wolfach. Realschule Wolfach. Wirtschaftsgymnasium und Abitur in Hausach. 1995 bis 1998 Studium an der Berufsakademie in Mannheim zur Diplom-Betriebswirtin. 1995 bis 2008 bei der SV Sparkassenversicherung Mannheim. Praktische Ausbildung während des Studiums, Maklervertrieb. 2010 bis 2011 Mitarbeiterin im Abgeordnetenbüro von Alexander Bonde MdB.

Politische Funktionen:
2008 bis 2011 Geschäftsführerin des Kreisverbands Ortenau von Bündnis 90/Die Grünen.
Mitglied des Landtags von Baden-Württemberg seit 11. April 2011.

Sonstige Funktionen und Mitgliedschaften:
Mitglied des Stiftungsrats der Stiftung Kinderland Baden-Württemberg gGmbH. Stellv. Mitglied des Verwaltungsrats des Badischen Staatstheaters Karlsruhe. Mitglied des Kuratoriums der Bundesakademie für musikalische Jugendbildung Trossingen e. V. Mitglied des Beirats für den Schülerwettbewerb des Landtags von Baden-Württemberg zur Förderung der politischen Bildung. Mitglied des Beirats der Stiftung Singen mit Kindern. Mitglied des Vereins Kultur im Schloss Wolfach e. V. Mitglied des Elternbeirats des Katholischen Kindergartens St. Laurentius Wolfach.

Angaben nach Teil I der Offenlegungsregeln:
Mitglied des Beirats der Verbraucherzentrale Baden-Württemberg e. V.

BRUNNEMER, Elke
Oberstudienrätin

Mittelstraße 25
74889 Sinsheim-Adersbach
Telefon 07261 12612
Telefax 07261 8070
E-Mail: elke@brunnemer.de
Internet: www.elkebrunnemer.de

Fraktion der CDU
Direktmandat im Wahlkreis 41
Sinsheim

Persönliche Angaben:
Geboren am 1. Oktober 1952 in Neckarbischofsheim; evangelisch, verheiratet, drei erwachsene Kinder.

Ausbildung, Berufslaufbahn, berufliche Funktionen:
Grundschule in Adersbach. Gymnasium in Neckarbischofsheim, 1971 Abitur. Studium der Fächer Biologie und Sport an der Universität Heidelberg. 1976 erstes Staatsexamen. Referendariat in Heidelberg und Wiesloch. 1978 zweites Staatsexamen. 1978 bis 1995 am Auguste-Pattberg-Gymnasium Neckarelz. Seit 1995 am Wilhelmi-Gymnasium Sinsheim. Nach der Landtagswahl im März 2001 beurlaubt.

Politische Funktionen:
Seit 1990 Vorsitzende des CDU-Ortsverbands Adersbach. Seit 1993 Mitglied des Kreisvorstands und seit 2005 stellv. Kreisvorsitzende der CDU Rhein-Neckar. Mitglied des Bezirksvorstands Nordbaden. Mitglied des Landtags von Baden-Württemberg seit 12. April 2001.

Sonstige Funktionen und Mitgliedschaften:
Vorsitzende der Arbeitsgemeinschaft Ländliche Erwachsenenbildung (ALEB) Baden-Württemberg e. V. Mitglied des Kuratoriums der Landeszentrale für politische Bildung Baden-Württemberg.

Angaben nach Teil I der Offenlegungsregeln:
Oberstudienrätin am Wilhelmi-Gymnasium in Sinsheim (beurlaubt). Mitglied des Aufsichtsrats der Baden-Württemberg Stiftung gGmbH. Mitglied des Verwaltungsrats der Verbraucherzentrale Baden-Württemberg e. V.

BULLINGER, Dr. Friedrich
Ministerialdirektor a. D.
Landtagsabgeordneter

Wahlkreisbüro
Roßfelder Straße 65/5
74564 Crailsheim
Telefon 07951 4691550
Telefax 07951 4691551
E-Mail: buergerbuero@fdp-sha.de
Telefon Landtag 0711 2063-929
Telefax Landtag 0711 2063-610
E-Mail:
friedrich.bullinger@fdp.landtag-bw.de
Internet: www.friedrich-bullinger.de

Fraktion der FDP/DVP
Zweitmandat im Wahlkreis 22
Schwäbisch Hall

Persönliche Angaben:
Geboren am 25. Juli 1953 in Schwäbisch Hall; evangelisch, verheiratet, drei Kinder.

Ausbildung, Berufslaufbahn, berufliche Funktionen:
Grund- und Hauptschule, Berufsaufbauschule, Fachhochschule, Universität. 3-jährige Lehre als praktischer Landwirt mit Gesellenprüfung. 5 Jahre Studium des Landbaus, der Rechts- und Agrarwissenschaften in Nürtingen, Heidelberg und Göttingen; Ing.-grad. Dipl.-Ing. agrar. 1982 Große Staatsprüfung mit höherem Lehramt in München. 1984 externe Promotion zum Dr. sc. agr. an der Universität Göttingen. 1982 bis 1988 Berater für Betriebswirtschaft in Mittelfranken, Landwirtschaftsoberrat. 1988 bis 1996 Parl. Berater im Landtag von Baden-Württemberg; Parlamentsrat. 1996 bis 1998 Zentralstelle des Wirtschaftsministeriums Baden-Württemberg; Ministerialrat. 1998 bis 2003 Landesgewerbeamt Baden-Württemberg; Präsident. 1. Januar 2004 bis 15. April 2006 Amtschef des Wirtschaftsministeriums; Ministerialdirektor. 1. Januar 2008 bis 30. Juni 2011 Verbandsdirektor beim vbw Verband baden-württembergischer Wohnungs- und Immobilienunternehmen e. V.

Politische Funktionen:
Seit 1976 Mitglied der FDP. Seit 1980 stellv. Kreisvorsitzender und Delegierter für Landes- und Bundesparteitage des FDP-Kreisverbands Schwäbisch Hall. 10 Jahre Ortschaftsrat Reubach. Seit 1989 Gemeinderat in Rot am See. Seit 1999 Mitglied des Kreistags Schwäbisch Hall.
Mitglied des Landtags von Baden-Württemberg seit 16. April 2006. Stellv. Vorsitzender und Parlamentarischer Geschäftsführer der FDP/DVP-Landtagsfraktion.

Sonstige Funktionen und Mitgliedschaften:
Mitglied des Vorstands der Umweltstiftung Westernach. Vorsitzender des Turngau Hohenlohe e. V. Mitglied in zahlreichen Kuratorien und Fördervereinen in der Region Heilbronn – Franken.

Angaben nach Teil I der Offenlegungsregeln:
Ministerialdirektor a. D. (Dienstverhältnis ruht wegen Mandats). Mitglied des Beirats der Wirtschaftsförderungsgesellschaft Schwäbisch Hall mbH.

BURGER, Klaus Martin
Bankkaufmann,
Geschäftsführer

Karlstr. 28
72488 Sigmaringen
Telefon 07571 7317000
Telefax 07572 763666
E-Mail:
klaus.burger@cdu.landtag-bw.de
Internet:
www.Klaus-Martin-Burger.de

*Fraktion der CDU
Nachfolger im Direktmandat
im Wahlkreis 70
Sigmaringen*

Persönliche Angaben:
Geboren am 7. August 1958 in Mengen; katholisch, verheiratet, drei Kinder.

Ausbildung, Berufslaufbahn, berufliche Funktionen:
Grund- und Hauptschule Hohentengen. Mittlere Reife. Kaufmännische Berufsschule Bad Saulgau. 1977 Abschluss der Lehre zum Bankkaufmann. 1977 bis 1978 Wehrdienst in der 1. PzGrenBtl 281 Dornstadt. 1978 bis 2002 Bankkaufmann, Filialleiter. Ab 2003 Geschäftsstellenleiter des Bauernverbands Biberach-Sigmaringen e. V., seit 1. April 2011 Kreisgeschäftsführer.

Politische Funktionen:
Seit 1994 Gemeinderat, seit 1999 stellv. Bürgermeister der Gemeinde Hohentengen. Seit 2002 Vorsitzender des CDU-Gemeindeverbands Hohentengen-Göge. Seit 2009 Kreisrat im Landkreis Sigmaringen. Seit 2012 stellv. Vorsitzender des CDU-Kreisverbands Sigmaringen. Mitglied des Bezirksfachausschusses Ländlicher Raum und Landwirtschaft des CDU-Bezirksverbands Württemberg-Hohenzollern. Mitglied des Landesfachausschusses Ländlicher Raum der CDU Baden-Württemberg. Mitglied des Landtags von Baden-Württemberg seit 3. Juli 2012.

Sonstige Funktionen und Mitgliedschaften:
Mitglied der LEADER-Aktionsgruppe Oberschwaben. Schatzmeister des Vereins der Freunde und Förderer Oberschwäbischer Pilgerweg e. V.

Angaben nach Teil I der Offenlegungsregeln:
Kreisgeschäftsführer des Bauernverbands Biberach-Sigmaringen e. V. Mitglied der Vertreterversammlung der Volksbank Bad Saulgau eG. Mitglied des Werksausschusses des Eigenbetriebs „Kreisabfallwirtschaft Sigmaringen". Mitglied der Verbandsversammlung des Zweckverbands TAD Thermische Abfallverwertung Donautal.

Eingetreten am 3. Juli 2012
für die ausgeschiedene Abg. Tanja Gönner.

DEUSCHLE, Andreas
Rechtsanwalt und Syndikus

Bahnhofstraße 27
73728 Esslingen am Neckar
Telefon Wahlkreis: 0711 350545
Telefax Wahlkreis: 0711 3509246
E-Mail: post@andreas-deuschle.de
Internet: www.andreas-deuschle.de

*Fraktion der CDU
Direktmandat im Wahlkreis 7
Esslingen*

Persönliche Angaben:
Geboren am 18. November 1978 in Nürtingen; wohnhaft in Esslingen a. N.; evangelisch, ledig.

Ausbildung, Berufslaufbahn, berufliche Funktionen:
1998 Abitur in Esslingen. Zivildienst beim Evangelischen Jugendwerk Bezirk Esslingen. 1999 bis 2005 Studium der Rechtswissenschaften an der Eberhard-Karls-Universität Tübingen. 2005 Erstes juristisches Staatsexamen. Referendariat in Esslingen, Stuttgart, Berlin. 2007 Assessorexamen. Seit 2007 als Syndikus beim Energieversorger EnBW AG. Seit 2010 Mitarbeiter im Stab der Geschäftsführung der EnBW Erneuerbare Energien GmbH. Seit 2008 Rechtsanwalt in eigener Kanzlei.

Politische Funktionen:
2003 bis 2008 Mitglied des Landesvorstands der Jungen Union Baden-Württemberg. 2008 bis 2010 Vorsitzender Richter am Landesschiedsgericht der Jungen Union. Kooptiertes Mitglied des Kreisvorstands der CDU Esslingen sowie des CDU-Stadtverbands Esslingen a. N. Mitglied des Landtags von Baden-Württemberg seit 12. April 2011.

Sonstige Funktionen und Mitgliedschaften:
Mitglied des Deutschen Roten Kreuzes – Kreisverband Esslingen e. V. Mitglied der Rechtsanwaltskammer Stuttgart. Stellv. Mitglied des Landeskuratoriums für außerschulische Jugendbildung des Landes Baden-Württemberg.

Angaben nach Teil I der Offenlegungsregeln:
Syndikus bei der EnBW Erneuerbaren Energien GmbH (Schwerpunkt). Selbständiger Rechtsanwalt.

DREXLER, Wolfgang
Oberamtsanwalt a. D.
Stellv. Landtagspräsident

Bärenwiesenweg 15
73732 Esslingen
Telefon 0711 2063-230
Telefax 0711 2063-712
E-Mail:
Wolfgang.Drexler@spd.landtag-bw.de
Internet:
www.wolfgang-drexler.de

Fraktion der SPD
Zweitmandat im Wahlkreis 7
Esslingen

Persönliche Angaben:
Geboren am 29. März 1946 in Esslingen; katholisch, verheiratet, eine Tochter.

Ausbildung, Berufslaufbahn, berufliche Funktionen:
Höhere Handelsschule in Esslingen. 1967 Diplom-Rechtspfleger (FH). Danach Ausbildung zum Amtsanwalt in Tübingen und Düsseldorf; 1970 Amtsanwaltsexamen. 1982 bis 2011 Oberamtsanwalt bei der Staatsanwaltschaft Stuttgart.

Politische Funktionen:
Seit 1971 Kreisrat, seit 1975 Stadtrat in Esslingen. 1977 bis 2001 Generalsekretär der SPD Baden-Württemberg. 1981 bis 2001 Vorsitzender der SPD-Kreistagsfraktion Esslingen und der Esslinger Sozialdemokraten.
Mitglied des Landtags von Baden-Württemberg seit 16. April 1988. 2001 bis 2006 Vorsitzender der SPD-Landtagsfraktion. Seit 13. Juni 2006 stellvertretender Präsident des Landtags.

Sonstige Funktionen und Mitgliedschaften:
Mitglied im Deutschen Amtsanwaltsverein. Mitglied der Gewerkschaft ver.di, der VHS Esslingen, der Gustav-Heinemann-Initiative, der West-Ost-Gesellschaft, des Bundes für Umwelt und Naturschutz Deutschland und des Sozialverbands VdK Baden-Württemberg. Vorsitzender des Fördervereins Esslingen-Nord e. V. (ehrenamtlich). Mitglied des Beirats des Esslinger Kabaretts „Galgenstricke" (ehrenamtlich). 1. Vorsitzender des FC Esslingen (ehrenamtlich).

Angaben nach Teil I der Offenlegungsregeln:
Mitglied des Verwaltungsrats der Kreissparkasse Esslingen. Mitglied des Verwaltungsrats des Südwestrundfunks und damit Mitglied des Aufsichtsrats der SWR Media Services GmbH.

ENGESER, Dr. Marianne
Apothekerin

Gustav-Rau-Str. 21
75173 Pforzheim
Telefon 07231 104778
Telefax 07231 104777
E-Mail:
marianne.engeser@cdu.landtag-bw.de
Internet:
www.marianne-engeser.de

Fraktion der CDU
Nachfolgerin im Direktmandat
im Wahlkreis 42
Pforzheim

Persönliche Angaben:
Geboren 1957; katholisch, verheiratet, vier Kinder im Alter von 18
bis 25 Jahren.

Ausbildung, Berufslaufbahn, berufliche Funktionen:
Abitur am Reuchlin-Gymnasium in Pforzheim. 1976 bis 1981 Phar-
maziestudium an der Universität Heidelberg. Anschließend Berufstätigkeit als Apothekerin. 1986 Promotion zum Dr. rer. nat. an der
Universität Marburg.

Politische Funktionen:
Seit 1998 Mitglied der CDU und der Frauen Union. Vorsitzende der
Frauen Union Enzkreis/Pforzheim. Mitglied des Gemeinderats der
Stadt Pforzheim mit Arbeitsschwerpunkt Schul- und Sozialpolitik;
Sprecherin der CDU-Fraktion im Schulausschuss.
Mitglied des Landtags von Baden-Württemberg seit 1. September
2011.

Sonstige Funktionen und Mitgliedschaften:
Vorsitzende des Fördervereins Hospiz Pforzheim e. V.

Angaben nach Teil I der Offenlegungsregeln:
Mitglied des Aufsichtsrats der SWP Stadtwerke Pforzheim GmbH &
Co KG. Mitglied des Aufsichtsrats der Baugenossenschaft Familien-
heim Pforzheim eG. Mitglied des Aufsichtsrats der Gesellschaft für
Beschäftigung und berufliche Eingliederung mbH Pforzheim (GBE).
Mitglied des Beirats der Q-Prints & Service gemeinnützige GmbH.

Eingetreten am 1. September 2011
für den ausgeschiedenen Abg. Stefan Mappus

EPPLE, Konrad
Schlossermeister

Dornierstraße 25
71254 Ditzingen
Telefon 07156 35999210
Telefax 07156 35999219
E-Mail: info@konrad-epple.de
Internet: www.konrad-epple.de

*Fraktion der CDU
Direktmandat im Wahlkreis 13
Vaihingen*

Persönliche Angaben:
Geboren am 4. August 1963 in Stuttgart; evangelisch, ledig.

Ausbildung, Berufslaufbahn, berufliche Funktionen:
Grundschule und Hauptschule in Ditzingen. 1979 bis 1982 Lehre als Schlosser. 1982 bis 1987 Facharbeiter. 1987 bis 1988 Meisterschule, 1988 Schlossermeister. Seit 2004 selbstständiger Schlossermeister.

Politische Funktionen:
Seit 1977 Mitglied der Jungen Union. Seit 1979 Mitglied der CDU. 1983 bis 1994 Vorsitzender der Jungen Union Ditzingen. Seit 1995 Mitglied des Vorstands des CDU-Kreisverbands Ludwigsburg. Seit 1997 Vorsitzender des CDU-Stadtverbands Ditzingen. Seit 1988 Gemeinderat der Stadt Ditzingen. Seit 1996 Mitglied des Kreistags Ludwigsburg. Seit 1999 Erster Ehrenamtlicher Stellv. Oberbürgermeister der Stadt Ditzingen. 2004 bis 2009 Mitglied der Verbandsversammlung des Verbands Region Stuttgart.
Mitglied des Landtags von Baden-Württemberg seit 11. April 2011.

Sonstige Funktionen und Mitgliedschaften:
Seit 1982 aktives Mitglied der Freiwilligen Feuerwehr, seit 1997 stellv. Abteilungskommandant. Mitglied in vielen Ditzinger Vereinen.

Angaben nach Teil I der Offenlegungsregeln:
Selbstständiger Schlossermeister Metallbau – Sanitäre Anlagen. Stellv. Mitglied des Aufsichtsrats der Abfallverwertungsgesellschaft des Landkreises Ludwigsburg mbH (AVL).

FREIHERR VON EYB, Arnulf
Rechtsanwalt
Fachanwalt für Arbeitsrecht

Schloß Eyb
74677 Dörzbach
Telefon 07937 803310
Telefax 07937 8033120
E-Mail: info@arnulf-von-eyb.de
Internet: www.arnulf-von-eyb.de

*Fraktion der CDU
Direktmandat im Wahlkreis 21
Hohenlohe*

Persönliche Angaben:
Geboren am 10. Februar 1955 in Heidelberg; evangelisch, verheiratet.

Ausbildung, Berufslaufbahn, berufliche Funktionen:
Volksschule Dörzbach. Realschule Krautheim. Internatsaufenthalte. Abschluss Realschule Schloß Schwarzenberg. Fachoberschule Aschaffenburg. Zwei Jahre Bundeswehr, Ausbildung zum Reserveoffizier Luftwaffe, Oberstleutnant d. R. Studium der Betriebswirtschaftslehre in Nürnberg und Frankfurt, Diplom-Betriebswirt. Studium der Rechtswissenschaften in Heidelberg. Referendariat am Landgericht Heilbronn. Seit 1990 Rechtsanwalt, seit 1991 selbstständig; seit 2001 Fachanwalt für Arbeitsrecht.

Politische Funktionen:
Vorsitzender des Rings Christlich-Demokratischer Studenten (RCDS) an der Fachhochschule Frankfurt. CDU-Mitglied seit 1. April 1990. Mitglied des Vorstands der Mittelstandsvereinigung der CDU (MIT) Hohenlohe und des Wirtschaftsrats Hohenlohe-Schwäbisch Hall. Seit 2010 Vorsitzender des CDU-Kreisverbands Hohenlohe.
Mitglied des Landtags von Baden-Württemberg seit 12. April 2011.

Sonstige Funktionen und Mitgliedschaften:
Mitglied diverser Vereine.

Angaben nach Teil I der Offenlegungsregeln:
Selbstständiger Rechtsanwalt, Fachanwalt für Arbeitsrecht. Lehrbeauftragter an der Hochschule Heilbronn (15 Stunden pro Semester).

FILIUS, Jürgen
Rechtsanwalt

Bockgasse 2
89073 Ulm
Telefon 0731 6027643
Telefax 0731 37830619
E-Mail:
juergen.filius@gruene.landtag-bw.de
Internet: www.juergen-filius.de

Fraktion GRÜNE
Zweitmandat im Wahlkreis 64
Ulm

Persönliche Angaben:
Geboren am 5. Oktober 1960 in Berlin; katholisch, verheiratet, drei Kinder.

Ausbildung, Berufslaufbahn, berufliche Funktionen:
1981 Abitur am Humboldt-Gymnasium Ulm. Zivildienst im Kinderheim Guter Hirte. 1983 bis 1989 Studium der Rechtswissenschaften an der Ruprecht-Karls-Universität in Heidelberg. Seit 1992 als Rechtsanwalt in Ulm tätig, seit 1998 in eigener Kanzlei. Sozius der Kanzlei Filius, Brosch, Bodenmüller, Mayer, Ruß & Kollegen.

Politische Funktionen:
1990 Sprecher der Bürgerinitiative Neue Straße (für eine oberirdische Lösung), Ulm. 1997 bis 2009 Stadtrat in Ulm, 2009 Fraktionsvorsitzender. Seit 2009 Mitglied des Kreisvorstands von Bündnis 90/ Die Grünen Ulm, Juli 2009 bis September 2011 als Kreisvorsitzender. Mitglied des Landtags von Baden-Württemberg seit 13. April 2011.

Sonstige Funktionen und Mitgliedschaften:
Mitbegründer und Mitglied des Anwaltsnotdienstes für Strafsachen in Ulm. Mitglied des Trägervereins des Zentrums Guter Hirte, Ulm. Vorsitzender des Vereins FortSchritt Ulm/Neu-Ulm, Hilfe für das hirngeschädigte Kind e. V. Mitglied des Kuratoriums der Landesstiftung Opferschutz. Gesellschafter der ROXY gGmbH, Ulm. Mitglied folgender Vereine: SSV Ulm 1846 Fußball e. V., Bund für Umwelt und Naturschutz Deutschland (BUND), Verkehrsclub Deutschland (VCD), Verein Ulmer Weltladen e. V., Deutscher Anwaltverein e. V.

Angaben nach Teil I der Offenlegungsregeln:
Selbstständiger Rechtsanwalt.

FREY, Josef
Diplom-Sozialpädagoge (FH)

Wahlkreisbüro
Haagener Str. 14
79539 Lörrach
Telefon 07621 5839520
Telefax 0711 2063-14645
E-Mail:
Josef.Frey@gruene.landtag-bw.de
Internet:
www.josha-frey.de

Fraktion GRÜNE
Zweitmandat im Wahlkreis 58
Lörrach

Persönliche Angaben:
Geboren am 18. März 1959 in Heidelberg; römisch-katholisch, verheiratet, ein Sohn.

Ausbildung, Berufslaufbahn, berufliche Funktionen:
Grundschule in Schwarzach/Odw. Gymnasium und Abitur in Mosbach. 1980 bis 1985 Studium zum Diplom-Sozialpädagogen (FH) an der Katholischen Fachhochschule für Sozialwesen, Freiburg/Brsg. 1985 bis 1987 Mitarbeiter beim Caritasverband für den Ortenaukreis. 1987 bis 1994 Mitarbeiter in diversen Drogenhilfeeinrichtungen in Basel (CH). 1994 bis 2001 Mitarbeiter im kantonalen Jugendamt Basel. 2001 bis 2009 Beauftragter für Suchtprävention im Kanton Basel-Stadt. 2010 bis 2011 Leiter der Koordinationsstelle Freiwilligenarbeit des Kantons Basel-Stadt.

Politische Funktionen:
Mitglied des Landtags von Baden-Württemberg seit 11. April 2011.

Sonstige Funktionen und Mitgliedschaften:
Präsident des Euro-Instituts (Kehl). Mitglied beim Deutschen Roten Kreuz, bei der Interessengemeinschaft Velo im Landkreis Lörrach e. V. (IG Velo) und beim Bund für Umwelt und Naturschutz Deutschland (BUND).

Angaben nach Teil 1 der Offenlegungsregeln:
–

FRITZ, Jörg Matthias
Dozent

Schützenstraße 24
73033 Göppingen
Telefon 07161 29009-62
Telefax 07161 29009-64
E-Mail:
Joerg.Fritz@gruene.landtag-bw.de
Joerg.Fritz.wk@gruene.landtag-bw.de
Internet:
www.Joerg-Matthias-Fritz.de

*Fraktion GRÜNE
Zweitmandat im Wahlkreis 10
Göppingen*

Persönliche Angaben:
Geboren am 25. Januar 1960 in Tiengen/Hochrhein; römisch-katholisch, zwei Kinder.

Ausbildung, Berufslaufbahn, berufliche Funktionen:
Grundschule in Tiengen/Hochrhein und Nürtingen. Max-Planck-Gymnasium und Abitur in Nürtingen. 1981 bis 1982 Zivildienst im Kreiskrankenhaus Nürtingen. 1982 bis 1987 Studium der Politischen Wissenschaften, Zeitgeschichte und Germanistik an der Universität Tübingen (ohne Abschluss). 1988 bis 1990 Büroleiter bei Dr. Ursula Eid (MdB). 1991 bis 2011 freiberuflicher Dozent in der Erwachsenenbildung.

Politische Funktionen:
1979 Gründungsmitglied Die Grünen. 1980 bis 1984 Mitglied des Ortsverbands Die Grünen, Nürtingen. 1984 bis 1989 Gemeinderat der Großen Kreisstadt Nürtingen. 1984 bis 1989 Kreisrat im Landkreis Esslingen. 2009 bis 2011 Vorsitzender des Ortsverbands Göppingen von Bündnis 90/DIE GRÜNEN.
Mitglied des Landtags von Baden-Württemberg seit 14. April 2011.

Sonstige Funktionen und Mitgliedschaften:
Mitglied des Landeskuratoriums des Internationalen Bundes (IB) in Baden-Württemberg. Mitglied des Beirats für den Schülerwettbewerb des Landtags von Baden-Württemberg zur Förderung der politischen Bildung. Mitglied des Kuratoriums der Landeszentrale für politische Bildung Baden-Württemberg. Mitglied des Kuratoriums der Akademie für gesprochenes Wort.

Angaben nach Teil I der Offenlegungsregeln:
Freiberuflicher Dozent in der Erwachsenenbildung.

FULST-BLEI, Dr. Stefan
Berufsschullehrer

Wahlkreisbüro Mannheim-Nord
Hans-Böckler-Str. 1
68161 Mannheim
Telefon 0621 862487-22
Telefax 0621 862487-27
E-Mail:
stefan.fulst-blei@spd.landtag-bw.de
Internet:
www.fulst-blei.de

*Fraktion der SPD
Direktmandat im Wahlkreis 35
Mannheim I*

Persönliche Angaben:
Geboren am 7. Juni 1968 in Mannheim; verheiratet, zwei Kinder.

Ausbildung, Berufslaufbahn, berufliche Funktionen:
Realschule in Mannheim-Feudenheim. 1984 bis 1987 Ausbildung zum Bankkaufmann bei der Sparkasse Mannheim. 1990 Abitur (Zweiter Bildungsweg) am Staatlichen Kolleg zur Erlangung der Hochschulreife, Mannheim. 1990 bis 1995 Studium der Wirtschaftspädagogik und Politikwissenschaft an der Universität Mannheim. 1994/1995 Studium der Betriebswirtschaft am Trinity College Dublin, Irland. 1995 bis 2001 Gewerkschaftssekretär der Gewerkschaft Öffentliche Dienste, Transport und Verkehr (ÖTV), zuletzt im Referat für europäische und internationale Zusammenarbeit. 2001 bis 2003 Referendariat an der Max-Hachenburg-Schule (kfm. Berufsschule), Mannheim, seit 2003 dort Berufsschullehrer. 2003 Promotion zum Doktor der Wirtschaftswissenschaften der Universität Mannheim.

Politische Funktionen:
Seit 2004 Mitglied des Gemeinderats der Stadt Mannheim, 2006 bis 2011 Vorsitzender der SPD-Gemeinderatsfraktion. Mitglied der Verbandsversammlung der Metropolregion Rhein-Neckar.
Mitglied des Landtags von Baden-Württemberg seit 12. April 2011.

Sonstige Funktionen und Mitgliedschaften:
Stellv. Vorsitzender des Regionalverbands Mannheim/Rhein-Neckar des Arbeiter-Samariter-Bundes Landesverband Baden-Württemberg e. V. (ASB). Mitgliedschaft in zahlreichen Mannheimer Vereinen. Mitglied der Gewerkschaft Erziehung und Wissenschaft.

Angaben nach Teil I der Offenlegungsregeln:
Berufsschullehrer (Oberstudienrat) an der Max-Hachenburg-Schule, kaufmännische Berufsschule, Mannheim. Mitglied des Aufsichtsrats der GBG – Mannheimer Wohnungsbaugesellschaft mbH. Mitglied des Verwaltungsrats der Mannheimer Abendakademie und Volkshochschule Mannheim GmbH. Vorsitzender des Beirats der BIOTOPIA Arbeitsförderungsbetriebe Mannheim gGmbH.

FUNK, Thomas
Schulungsreferent

Egerlandstr. 8
74889 Sinsheim
Telefon 07261 9335030
Telefax 03212 1066516
E-Mail: buero@thomas-funk-spd.de
Internet: www.thomas-funk-spd.de

Fraktion der SPD
Zweitmandat im Wahlkreis 41
Sinsheim

Persönliche Angaben:
Geboren am 24. November 1962 in Bad Wimpfen; evangelisch, verheiratet, zwei Kinder.

Ausbildung, Berufslaufbahn, berufliche Funktionen:
Grundschule in Epfenbach. Abitur am Adolf-Schmitthenner-Gym-
nasium in Neckarbischofsheim. Nach Wehrdienst und Praktika Studium der Geschichte und Politikwissenschaft an der Ruprecht-Karls-
Universität Heidelberg. Ab 1990 Vertriebs- und Schulungsfunktionen
in der Versicherungswirtschaft. Leiter eines Abgeordnetenbüros.
Zuletzt Schulungsreferent in der beruflichen Weiterbildung.

Politische Funktionen:
Seit 1982 Mitglied der SPD; diverse Vorstandsämter auf Ortsvereins-
ebene, seit 2006 Ortsvereinsvorsitzender. 2003 Mitglied des Kreisvorstands der SPD Rhein-Neckar, seit 2009 Kreisvorsitzender. 1989
bis 2003 Mitglied des Gemeinderats der Gemeinde Epfenbach, davon
neun Jahre als Fraktionsvorsitzender der SPD-Gemeinderatsfraktion. 1994 bis 2003 Erster Bürgermeister-Stellvertreter von Epfenbach. Seit 1990 Mitglied des Vorstands der Sozialdemokratischen
Gemeinschaft für Kommunalpolitik (SGK) im Rhein-Neckar-Kreis,
1996 bis 2006 SGK-Kreisvorsitzender.
Mitglied des Landtags von Baden-Württemberg seit 12. April 2011.
Beauftragter der Fraktion für Angelegenheiten der Streitkräfte.

Sonstige Funktionen und Mitgliedschaften:
Mitglied der Arbeiterwohlfahrt Bezirksverband Baden e. V., des
Deutschen Mieterbundes Baden-Württemberg e. V. und des Kuratoriums der DLRG Deutsche Lebens-Rettungs-Gesellschaft Landesverband Württemberg e. V.

Angaben nach Teil I der Offenlegungsregeln:
–

GALL, Reinhold
Innenminister
Fernmeldehandwerker

Taläckerstraße 5/1
74182 Obersulm
Telefon 07131 783630
Telefax 07131 783632
E-Mail: info@reinhold-gall.de
Internet: www.reinhold-gall.de

Fraktion der SPD
Zweitmandat im Wahlkreis 20
Neckarsulm

Persönliche Angaben:
Geboren am 31. Oktober 1956 in Sülzbach/Kreis Heilbronn; verheiratet, zwei Kinder.

Ausbildung, Berufslaufbahn, berufliche Funktionen:
Gelernter Fernmeldehandwerker, Ausbilder; später freigestellter Personalrat. Regionalgeschäftsführer der SPD bis August 2001. September 2001 bis Mai 2007 Landesgeschäftsführer der Sozialdemokratischen Gemeinschaft für Kommunalpolitik (SGK).

Politische Funktionen:
Gemeinderat in Obersulm. Ortsvorsteher in Obersulm-Sülzbach. Vorsitzender der SPD-Kreistagsfraktion im Landkreis Heilbronn. Mitglied der Verbandsversammlung des Regionalverbands Heilbronn-Franken.
Mitglied des Landtags von Baden-Württemberg seit 17. April 2001.

Sonstige Funktionen und Mitgliedschaften:
Vorsitzender des Stiftungsrats der Stiftung Donauschwäbisches Zentralmuseum. Vorsitzender des Kreisfeuerwehrverbands Heilbronn e. V. Vorsitzender der Anton Pecoroni Kameradschaftshilfe der Feuerwehren des Landkreises und der Stadt Heilbronn e. V. Beirat des Vereins Baden-Württembergisches Feuerwehrheim. Vorsitzender des Vereins „Die Förderer der Michael-Beheim-Schule". Mitglied der IG Metall. Mitglied in vielen örtlichen Vereinen.

Angaben nach Teil I der Offenlegungsregeln:
Innenminister. Mitglied des Verwaltungsrats der Landeskreditbank Baden-Württemberg – Förderbank. Mitglied des Aufsichtsrats der Baden-Württemberg Stiftung gGmbH.

GLÜCK, Andreas
Facharzt für Chirurgie

Ulmenweg 9
72525 Münsingen
Telefon 07381 932634
Telefax 07381 932635
E-Mail: mail@andreas-glueck.de
Internet: www.andreas-glueck.de

*Fraktion der FDP/DVP
Zweitmandat im Wahlkreis 61
Hechingen-Münsingen*

Persönliche Angaben:
Geboren am 8. März 1975 in Münsingen; verheiratet, ein Kind, evangelisch.

Ausbildung, Berufslaufbahn, berufliche Funktionen:
Realschule und Gymnasium in Münsingen, 1995 Abitur in Münsingen. 1997 bis 2004 Studium der Humanmedizin an der Eberhard-Karls-Universität Tübingen. 2004 bis 2009 Assistenzarzt an den Kreiskliniken Reutlingen und Ausbildung zum Facharzt für Chirurgie, derzeit Weiterbildung zur Erlangung der Zusatzbezeichnung Unfallchirurgie. Derzeit als Chirurg an den Kreiskliniken Reutlingen beschäftigt.

Politische Funktionen:
Mitglied des Gemeinderats Münsingen seit 2009.
Mitglied des Landtags von Baden-Württemberg seit 12. April 2011.

Sonstige Funktionen und Mitgliedschaften:
Mitglied des Stiftungsrats der Stiftung Entwicklungs-Zusammenarbeit Baden-Württemberg. Mitglied des Verwaltungsrats der Reinhold-Maier-Stiftung. Mitglied des Stiftungsrats der Stiftung „Zeit für Menschen". Vertreter im Stiftungsrat der Donauschwäbischen Kulturstiftung des Landes Baden-Württemberg. Stellv. Mitglied des Landesbeirats für Natur- und Umweltschutz. Stellv. Mitglied des Stiftungsrats der Stiftung Naturschutzfonds. Schirmherr von „Kinder brauchen Frieden e. V.". Vorstand des „Dottinger Pistolenschützen e. V.". Mitglied des „Schwäbische Alb-Bahn e. V.".

Angaben nach Teil I der Offenlegungsregeln:
Facharzt für Chirurgie bei der Kreiskliniken Reutlingen GmbH. Mitglied des Beirats des Holzenergie Fachverbandes Baden-Württemberg e. V.

GÖNNER, Tanja
Ministerin a. D., Rechtsanwältin

Karlstr. 28
72488 Sigmaringen
Telefon 07571 7317000
Telefax 07571 7316999

E-Mail:
tanja.goenner@cdu.landtag-bw.de
Internet:
www.tanja-goenner.de

Fraktion der CDU
Direktmandat im Wahlkreis 70
Sigmaringen

Persönliche Angaben:
Geboren am 23. Juli 1969 in Sigmaringen; katholisch, ledig.

Ausbildung, Berufslaufbahn, berufliche Funktionen:
Grundschule in Bingen. Gymnasium und Abitur an der Liebfrauenschule in Sigmaringen. 1989 bis 1992 Ausbildung im gehobenen Justizdienst als Diplom-Rechtspflegerin. 1993 bis 1997 Studium der Rechtswissenschaften in Tübingen, Erstes Staatsexamen. 1997 bis 1999 Referendariat am Landgericht Ravensburg, Assessorexamen. 1992 bis 1995 Mitarbeit in einem Betriebsberatungsbüro. 1996 bis 1999 Mitarbeit in einer Rechtsanwaltskanzlei. 1999 bis 2004 Zulassung als Rechtsanwältin, Partnerin in einer Anwaltskanzlei. September 2002 bis Juli 2004 Mitglied des Deutschen Bundestages. Juli 2004 bis April 2005 Sozialministerin des Landes Baden-Württemberg. April 2005 bis Februar 2010 Umweltministerin des Landes Baden-Württemberg. Februar 2010 bis Mai 2011 Ministerin für Umwelt, Naturschutz und Verkehr des Landes Baden-Württemberg.

Politische Funktionen:
1998 bis 2002 stellv. Bundesvorsitzende der Jungen Union Deutschlands. Seit 2000 Mitglied des Bundesvorstands der Christlich Demokratischen Union. Seit 2001 Vorsitzende des CDU-Kreisverbands Sigmaringen. Seit 2005 Mitglied des CDU-Landesvorstands. Stellv. Vorsitzende des Bundesfachausschusses „Klima-, Umwelt- und Energiepolitik" der CDU.
Mitglied des Landtags von Baden-Württemberg seit 14. April 2011.

Sonstige Funktionen und Mitgliedschaften:
Vorsitzende des Vereins der Freunde der Erzabtei St. Martin e. V., Benediktinerkloster Beuron. Mitglied des Kuratoriums der Stiftung Im Miteinander für das Alter. Mitglied des Beirats der Jungen Philharmonie Oberschwaben e. V. Mitglied des Vorstands der Stiftung des Württembergischen Landessportbundes. Mitglied des Stiftungsrats der Sto-Stiftung. Mitglied des Stiftungsrats Lebendige Stadt (derzeit ruhend).

Angaben nach Teil I der Offenlegungsregeln:
Mitglied des Verwaltungsrats der Landeskreditbank Baden-Württemberg – Förderbank.

Mandat niedergelegt mit Ablauf des 30. Juni 2012.
Nachfolger: Klaus Burger.

GOLL, Dr. Ulrich
Justizminister a. D.
Rechtsanwalt (Zulassung ruht)

Wahlkreisbüro:
Schwabstraße 31
71332 Waiblingen
Telefon 07151 9858653
Telefax 07151 9858654
E-Mail:
ulrich.goll@fdp.landtag-bw.de
Internet:
www.ulrich-goll.de

Fraktion der FDP/DVP
Zweitmandat im Wahlkreis 15
Waiblingen

Persönliche Angaben:
Geboren am 2. Mai 1950 in Überlingen am Bodensee; katholisch, verheiratet, fünf Kinder.

Ausbildung, Berufslaufbahn, berufliche Funktionen:
Gymnasium und Abitur in Freiburg im Breisgau. Studium der Rechtswissenschaften in Freiburg im Breisgau, Erstes Staatsexamen 1975, Assessorexamen 1977. Promotion auf dem Gebiet des Arbeitsrechts an der Universität Konstanz. 1979 bis 1982 beim Landratsamt Bodenseekreis. 1982 Professor an der Staatlichen Fachhochschule Ravensburg-Weingarten. 1995 bis 1996 Personalleiter beim Südwestfunk Baden-Baden. 1996 bis 2002 Justizminister und Ausländerbeauftragter der Landesregierung. 2003 bis 2004 Rechtsanwalt (Zulassung ruht). 2004 bis 2011 Justizminister und Ausländerbeauftragter bzw. Integrationsbeauftragter der Landesregierung.

Politische Funktionen:
1984 bis 1995 Gemeinderat in Salem. 1984 bis 1989 Mitglied der Verbandsversammlung des Regionalverbands Bodensee-Oberschwaben. 1988 bis 1992 Mitglied des Landtags und stellv. Vorsitzender der FDP/DVP-Fraktion. 1994 bis 1995 Mitglied des Kreistags des Bodenseekreises.
Mitglied des Landtags von Baden-Württemberg von 1988 bis 1992 und seit 10. April 2006.

Sonstige Funktionen und Mitgliedschaften:
Vorsitzender der Reinhold-Maier-Stiftung. Gründungsvorsitzender von Projekt Chance e. V. Mitglied des Vorstands Forum Region Stuttgart e. V.

Angaben nach Teil I der Offenlegungsregeln:
Rechtsanwalt (Zulassung ruht). Mitglied des Aufsichtsrats der Landesmesse Stuttgart GmbH.

GRIMM, Leopold
Geschäftsführender Gesellschafter

Dellingerweg 25
78549 Spaichingen
Telefon 07424 9014230
Telefax 07424 9014235
E-Mail:
fdp-wahlkreisbuero@leo-grimm.de
Internet:
www.leo-grimm.de

Fraktion der FDP/DVP
Zweitmandat im Wahlkreis 55
Tuttlingen-Donaueschingen

Persönliche Angaben:
Geboren am 16. November 1962; katholisch, ledig.

Ausbildung, Berufslaufbahn, berufliche Funktionen:
1980 bis 1984 Ausbildung zum Werkzeugmacher. 1984 bis 1986 Bundeswehr in Pfullendorf. 1986 bis 1989 Tätigkeit als Werkzeugmacher. 1989 Gründung eines international tätigen Unternehmens im Bereich Sondermaschinenbau mit heute 40 Mitarbeitern.

Politische Funktionen:
2007 bis 2011 FDP-Stadtverbandsvorsitzender in Spaichingen. Seit 2009 Stadtrat und Fraktionsvorsitzender der FDP in Spaichingen. Seit 2009 Kreisrat und stellvertretender Fraktionsvorsitzender der FDP in Tuttlingen.
Mitglied des Landtags von Baden-Württemberg seit 12. April 2011.

Sonstige Funktionen und Mitgliedschaften:
Mitglied des Tierschutzvereins Spaichingen. Vorsitzender des Gewerbevereins Spaichingen.

Angaben nach Teil I der Offenlegungsregeln:
Geschäftsführender Gesellschafter der Grimm Zuführtechnik GmbH & Co. KG (Maschinenbau). Mitglied des Verwaltungsrats der Kreissparkasse Tuttlingen.

GROH, Manfred
Bürgermeister a. D.

Wendtstraße 10
76185 Karlsruhe
Telefon 0721 849347
Telefax 0721 8307982
E-Mail: Mail@manfred-groh.de
Internet: www.manfred-groh.de

*Fraktion der CDU
Direktmandat im Wahlkreis 27
Karlsruhe I*

Persönliche Angaben:
Geboren am 23. Dezember 1948 in Karlsruhe-Durlach; römisch-katholisch, verheiratet seit 1971 mit Ehefrau Monika, eine Tochter.

Ausbildung, Berufslaufbahn, berufliche Funktionen:
Volksschule und Realschule in Durlach. 1962 Vorbereitungsdienst für den gehobenen nichttechnischen Dienst, allgemeine Finanzverwaltung. 1970 Staatsexamen. Dipl.-Finanzwirt (FH). Tätigkeiten bei den Staatlichen Liegenschaftsämtern Karlsruhe und Heidelberg, bei der Oberfinanzdirektion Karlsruhe, dem Finanzministerium Baden-Württemberg und dem Rechnungshof Baden-Württemberg. 1987 Teilnahme am Lehrgang für den höheren Dienst. 1996 Ernennung zum Regierungsdirektor. 1994 bis 2000 beurlaubt für eine Tätigkeit als Prokurist bei der landeseigenen Parkraumgesellschaft Baden-Württemberg mbH. 1993 bis 1994 Dozent und Mitglied des Prüfungsausschusses der Fachhochschule für öffentliche Verwaltung Kehl, öffentliches Finanzwesen. 2000 bis 2006 Bürgermeister der Stadt Karlsruhe für Wirtschaft und Finanzen.

Politische Funktionen:
Seit 1999 Mitglied des Kreisvorstands der CDU Karlsruhe-Stadt. 1999 bis 2000 Stadtrat CDU-Fraktion Karlsruhe. 1999 bis 2003 Mitglied der Verbandsversammlung des Regionalverbands Mittlerer Oberrhein, ab 2005 Vorsitzender der CDU-Fraktion.
Mitglied des Landtags von Baden-Württemberg seit 12. April 2006.

Sonstige Funktionen und Mitgliedschaften:
Mitglied des Vorstands des CyberForum e. V., Karlsruhe. Mitglied des Hochschulrats der Dualen Hochschule Baden-Württemberg Karlsruhe. Mitglied des Vorstands der Deutschen Verkehrswacht Karlsruhe.

Angaben nach Teil I der Offenlegungsregeln:
Selbstständiger Unternehmensberater. Mitglied des Gesprächskreises „Öffentliche Hand" Region Südwest der Deutschen Bank AG.

GRUBER, Gernot
Diplom-Mathematiker
Politikwissenschaftler

Hegelstraße 5
71522 Backnang
Bürgerbüro:
Am Schillerplatz 3
71522 Backnang
Telefon 07191 9145547
E-Mail: info@gernotgruber.de
Internet: www.GernotGruber.de

Fraktion der SPD
Zweitmandat im Wahlkreis 17
Backnang

Persönliche Angaben:
Geboren am 15. Januar 1963 in Murrhardt; evangelisch, nicht-eheliche
Lebensgemeinschaft (seit 1991), eine Tochter, aktiver Langstreckenläu-
fer.

Ausbildung, Berufslaufbahn, berufliche Funktionen:
1982 Abitur, Studium Mathematik und Politikwissenschaft an der Universität Tübingen und der Universität of Sussex (Brighton). 1. Staatsexamen
1989, Diplom in Mathematik 1991 (mit Auszeichnung). Seit Mai 1991 als
Mathematiker bei der Allianz, seit 2003 Referatsleiter im Rechnungswesen der Allianz Deutschland AG, seit 2008 leitender Angestellter (Prokurist). 1993 bis 2000 nebenberuflich Lehrbeauftragter an der Hochschule
für Technik in Stuttgart.

Politische Funktionen:
1982 Eintritt in die SPD. Juso-Sprecher Murrhardt. Seit 2000 Vorsitzender
des SPD-Ortsvereins Backnang. Mitglied des Sport- und des Umweltbeirats der SPD Baden-Württemberg. Seit 2004 Kreisrat im Rems-Murr-
Kreis.
Mitglied des Landtags von Baden-Württemberg seit 13. April 2011.
Klimaschutzpolitischer Sprecher der SPD-Landtagsfraktion.

Sonstige Funktionen und Mitgliedschaften:
Mitglied in verschiedenen Sport-, Kultur- und Umweltvereinen, Bürger-
initiativen und Freundeskreisen. Mitglied bei der Arbeiterwohlfahrt, den
Naturfreunden, ver.di, Greenpeace, Bundesverband Windenergie, Gen-
technikfreie Landkreise Ludwigsburg-Rems-Murr, Förderer der deutschen Welthungerhilfe. Mitglied von Bürger-Energiegenossenschaften
in Backnang, Murrhardt und Welzheim.

Angaben nach Teil I der Offenlegungsregeln:
Referent in der Abteilung Rechnungswesen der Allianz Deutschland AG
(in Teilzeit).

GRÜNSTEIN, Rosa
Landtagsabgeordnete

Ziegelstraße 4
68804 Altlußheim
Telefon 06205 38324
Telefax 06205 37541
E-Mail:
rosa.gruenstein@spd.landtag-bw.de
Internet:
www.rosa-gruenstein.de

*Fraktion der SPD
Zweitmandat im Wahlkreis 40
Schwetzingen*

Persönliche Angaben:
Geboren am 24. August 1948 in Berlin; evangelisch, verwitwet, zwei Kinder.

Ausbildung, Berufslaufbahn, berufliche Funktionen:
Grundschule und Technische Oberschule in Berlin. Neusprachliches Mädchengymnasium in Weiden/Oberpfalz. Sachbearbeiterin beim Arbeitsamt Schwandorf. Mitarbeit bei Prof. Kauss, Fachbereich Biologie der Universität Kaiserslautern.

Politische Funktionen:
1979 bis 1983 Gemeinde- und Samtgemeinderätin in Dransfeld/ Niedersachsen. 1989 bis 1998 Kreisvorsitzende der Arbeitsgemeinschaft sozialdemokratischer Frauen (AsF). 1993 bis 1999 Mitglied des Vorstands der AsF Baden-Württemberg. 1994 bis 2006 Mitglied des Vorstands der Sozialdemokratischen Gemeinschaft für Kommunalpolitik Rhein-Neckar. 1999 bis 2001 Mitglied des SPD-Landesvorstands.
Mitglied des Landtags von Baden-Württemberg seit 4. Januar 2000.

Sonstige Funktionen und Mitgliedschaften:
Mitglied des Vorstands der Carlo-Schmid-Stiftung. Mitglied des Medienrats der Landesanstalt für Kommunikation Baden-Württemberg. Mitglied der Arbeiterwohlfahrt. Mitglied der Deutsch-Israelischen Gesellschaft Pfalz/Speyer. Mitglied des Fördervereins der Verbraucherzentrale Baden-Württemberg und des Fördervereins des „Theaters am Puls" in Schwetzingen.

Angaben nach Teil I der Offenlegungsregeln:
–

GURR-HIRSCH, Friedlinde
Politische Staatssekretärin a. D.
Studienrätin

Entenstraße 12
74199 Untergruppenbach
Telefon 07131 701541
Telefax 07131 797052
E-Mail: info@gurr-hirsch.de
Internet: www.gurr-hirsch.de

Fraktion der CDU
Direktmandat im Wahlkreis 19
Eppingen

Persönliche Angaben:
Geboren am 21. Juni 1954 in Untergruppenbach; evangelisch, verheiratet, drei Kinder.

Ausbildung, Berufslaufbahn, berufliche Funktionen:
Volksschule in Untergruppenbach. Realschule. Oberstufe des Justinus-Kerner-Gymnasiums, Heilbronn; Abitur. Studium für das Lehramt an beruflichen Schulen an der Berufspädagogischen Hochschule in Hohenheim mit den Fächern Volks- und Betriebswirtschaft, Politik und evangelische Theologie. Lehrtätigkeit an der Andreas-Schneider-Schule, Heilbronn (Kaufm. Kreisberufsschule). 2004 bis 2011 politische Staatssekretärin im Ministerium für Ländlichen Raum, Ernährung und Verbraucherschutz.

Politische Funktionen:
1980 bis 2004 Gemeinderätin in Untergruppenbach, dort seit 1983 Fraktionsvorsitzende der CDU-Bürgerliste. 1984 bis 2004 Mitglied des Kreistags, dort stellv. Fraktionsvorsitzende. Seit 1985 stellv. Kreisvorsitzende des CDU-Kreisverbands Heilbronn. 1994 bis 2004 Mitglied der Regionalverbandsversammlung (Planungsausschuss). Stellv. Fraktionsvorsitzende der CDU-Regionalverbandsfraktion. Mitglied des Landtags von Baden-Württemberg seit 18. April 2001.

Sonstige Funktionen und Mitgliedschaften:
Seit 2001 1. Vorsitzende des Blasmusik-Kreisverbands Heilbronn e. V. Seit April 2011 1. Vorsitzende des Arbeitskreises Heimatpflege im Regierungsbezirk Stuttgart e. V.

Angaben nach Teil I der Offenlegungsregeln:
–

HÄFFNER, Petra
Heilpraktikerin und
Physiotherapeutin

Heinrich-Rorbeck-Weg 12/1
73614 Schorndorf
Telefon 07181 9344422
Telefax 07181 9344418
E-Mail:
petra.haeffner@gruene.landtag-bw.de

Fraktion GRÜNE
Zweitmandat im Wahlkreis 16
Schorndorf

Persönliche Angaben:
Geboren am 2. Mai 1964 in Schorndorf; verwitwet, zwei Kinder.

Ausbildung, Berufslaufbahn, berufliche Funktionen:
1984 Staatsexamen zur Sport- und Gymnastiklehrerin. Bis 1992
Sportlehrerin im Christopherusheim in Welzheim. 1994 Staatsexamen Physiotherapie an der Schule für Krankengymnastik in Neustadt
an der Weinstraße. 1994 bis 1998 Physiotherapeutin am Krankenhaus
Bethel in Welzheim, zuletzt als Leitende Physiotherapeutin. Bis 2001
freie Mitarbeiterin in einer Physiotherapiepraxis. 2001 Abschluss der
Heilpraktikerausbildung. Seit 2001 selbständige Heilpraktikerin in
eigener Praxis. 2001 bis 2011 Lehrerin an der VPT Physiotherapeutenschule e. V. in Fellbach-Schmiden.

Politische Funktionen:
Seit 2004 Stadträtin in Schorndorf.
Mitglied des Landtags von Baden-Württemberg seit 17. April 2011.

Sonstige Funktionen und Mitgliedschaften:
Mitglied im Bund für Umwelt und Naturschutz Deutschland (BUND).
Stellv. Präsidentin des „Politik mit Frauen e. V." im Rems-Murr-Kreis.

Angaben nach Teil I der Offenlegungsregeln:
Selbständige Heilpraktikerin. Mitglied des Aufsichtsrats der Stadtwerke Schorndorf GmbH.

HAHN, Martin
Landwirt

Helchenhof
88662 Überlingen-Bonndorf
Wahlkreisbüro:
Owinger Str. 4
88662 Überlingen
Telefon 07551 9891192
Telefax 07551 9893763
E-Mail:
martin.hahn.wk@gruene.landtag-bw.de
Internet:
www.martin-hahn-mdl.de
Fraktion GRÜNE
Zweitmandat im Wahlkreis 67
Bodensee

Persönliche Angaben:
Geboren am 13. Oktober 1963 in Stockach; katholisch, vier Kinder.

Ausbildung, Berufslaufbahn, berufliche Funktionen:
1970 bis 1980 Grundschule und Realschule mit Abschluss Mittlere Reife in Stockach. 1980 bis 1986 Landwirtschaftliche Ausbildung bis zum Landwirtschaftsmeister. Seitdem Landwirt.

Politische Funktionen:
1979 bis 1984 Jugendarbeit „Freies Jugendhaus Stockach". 1983 Freie Grüne Liste Überlingen. 1985 bis 1995 Mitglied Landesarbeitsgemeinschaft Landwirtschaft. 1986 bis 1995 Mitglied Bundesarbeitsgemeinschaft Landwirtschaft. 1989 bis 1991 Mitglied des Landesvorstands der Grünen Baden-Württemberg. 1991 bis 1993 Sprecher der Bundesarbeitsgemeinschaft Landwirtschaft. 1992 bis 2010 LBU-Gemeinderat in Überlingen. 1994 Bundestagskandidatur im Wahlkreis 197 Ravensburg-Bodensee. Seit 2004 Mitglied im Kreistag Bodensee.2006 Landtagskandidatur im Wahlkreis 67. Seit 2009 Fraktionsvorsitzender Bündnis 90/Grüne im Kreistag Bodensee. Mitglied des Landtags von Baden-Württemberg seit 12. April 2011.

Sonstige Funktionen und Mitgliedschaften:
Mitglied des BUND. Mitglied des Nabu. Mitglied des Badischen Landwirtschaftlichen Hauptverbands e. V. (BLHV). Mitglied der ABL – Arbeitsgemeinschaft bäuerliche Landwirtschaft.

Angaben nach Teil I der Offenlegungsregeln:
Selbstständiger Landwirt. Mitglied des Aufsichtsrats der Volksbank eG Überlingen.

HALDER, Wilhelm
Buchhändler

Gereut 4
71364 Winnenden
Telefon 0711 2063-625
Telefax 0711 2063-660
E-Mail:
wilhelm.halder@gruene.landtag-bw.de
Internet:
www.willihalder.de

*Fraktion GRÜNE
Zweitmandat im Wahlkreis 15
Waiblingen*

Persönliche Angaben:
Geboren am 13. Juli 1958 in Leutkirch im Allgäu; eine Tochter, eine Enkeltochter.

Ausbildung, Berufslaufbahn, berufliche Funktionen:
Grund- und Hauptschule in Leutkirch/Allgäu. Handelsfachschule in Isny/Allgäu. 1975 Ausbildung zum Verlagskaufmann in Stuttgart. 1978 Umzug nach Winnenden, Tätigkeit bei der Buchhandlung Wittwer und der Klett Verlagsauslieferung. Seit 1982 selbständiger Buchhändler in Fellbach und Winnenden.

Politische Funktionen:
Seit 1992 Gemeinderat in Winnenden, bis 2011 Fraktionsvorsitzender. Ehrenamtlicher Stellvertreter des Oberbürgermeisters. Seit 1994 Kreisrat im Rems-Murr-Kreis, bis 2011 Fraktionsvorsitzender und ehrenamtlicher Stellvertreter des Landrats.
Mitglied des Landtags von Baden-Württemberg seit 11. April 2011.

Sonstige Funktionen und Mitgliedschaften:
Ehrenamtliche Tätigkeiten: Schöffe bei der Jugendkammer am Landgericht. Beirat für Wirtschaftsförderung im Rems-Murr-Kreis. Beirat für den BUND bei Hitradio Antenne 1. Fachbeirat Rechtsextremismus im Rems-Murr-Kreis. Arbeitskreis Rückkehr der Albertville-Realschule Winnenden. Spendenkreis für die Opfer des 11. März. Gutachterausschuss der Stadt Winnenden. Mitglied der Deutsch-Albanischen Gesellschaft.

Angaben nach Teil I der Offenlegungsregeln:
Buchhändler und selbständiger Buchhalter. Mitglied des Verwaltungsrats der Kreissparkasse Waiblingen. Mitglied des Beirats der Remstal Werkstätten GmbH.

67

HALLER, Hans-Martin
Oberstudienrat, Bäckermeister
Oberbürgermeister a. D.

Johannes-Conzelmann-Straße 31
72461 Albstadt
Telefon 07432 13983
Telefax 07432 170341
E-Mail: UH.Haller@t-online.de
Internet: www.hansmartin-haller.de

Fraktion der SPD
Zweitmandat im Wahlkreis 63
Balingen

Persönliche Angaben:
Geboren am 11. August 1949; evangelisch, verheiratet, zwei erwachsene Kinder.

Ausbildung, Berufslaufbahn, berufliche Funktionen:
1969 Abitur. Studium (Geschichte, Geografie, Jura, Politische Wissenschaften) in Freiburg und an der Sorbonne in Paris. 1975 und
1977 Staatsexamen. Ausbildung im Bäckerhandwerk parallel zum
Studium, 1972 Gesellenprüfung, 1978 Meisterprüfung. Bis 1991 und
seit 1999 Lehrer am Gymnasium in Albstadt-Ebingen. 1991 bis 1999
Oberbürgermeister der Großen Kreisstadt Albstadt.

Politische Funktionen:
Seit 1971 Mitglied der SPD. 1980 bis 1991 Stadtrat Albstadt. Seit 1989
Kreisrat des Zollern-Alb-Kreises, seit 1999 Vorsitzender der SPD-
Fraktion im Kreistag.
Mitglied des Landtags von Baden-Württemberg seit 18. April 2001.

Sonstige Funktionen und Mitgliedschaften:
Mitglied mehrerer Vereine.

Angaben nach Teil I der Offenlegungsregeln:
Oberstudienrat am Gymnasium in Albstadt-Ebingen. Mitglied
des Aufsichtsrats der Volksbank Tailfingen eG und der Zollernalb
Klinikum gGmbH, Balingen.

HALLER-HAID, Rita
Heimleiterin

Schwalbenweg 39
72076 Tübingen
Telefon 07071 410094
Telefax 07071 410096
E-Mail: rita@haller-haid.de
Internet: www.haller-haid.de

*Fraktion der SPD
Zweitmandat im Wahlkreis 62
Tübingen*

Persönliche Angaben:
Geboren am 8. Dezember 1950 in Rottweil; evangelisch, geschieden, zwei Kinder.

Ausbildung, Berufslaufbahn, berufliche Funktionen:
Grundschule und Gymnasium in Rottweil; 1970 Abitur. Sozialpäda-gogikstudium an der Universität Tübingen. 1977 bis 1981 Erzieherin in einem Jugendheim. 1981 bis 1985 Hausfrau. Seit 1985 Leiterin des Edith-Stein-Wohnheims in Tübingen. 1996 bis 2001 Abgeordneten-Mitarbeiterin.

Politische Funktionen:
Mitglied der SPD seit 1988. Mitarbeit in verschiedenen Gremien der SPD. 1995 bis 2004 Mitglied des Landesvorstands der Arbeitsgemein-schaft sozialdemokratischer Frauen (AsF). 1997 bis 2004 Mitglied des SPD-Landesvorstands. 1995 bis 1999 und wieder seit 2004 Kreisrätin in Tübingen.
Mitglied des Landtags von Baden-Württemberg seit 17. April 2001.

Sonstige Funktionen und Mitgliedschaften:
Mitglied des Verwaltungsrats des Landestheaters Württemberg-Hohenzollern. Mitglied des Landesfamilienrats.

Angaben nach Teil I der Offenlegungsregeln:
Leiterin des Edith-Stein-Wohnheims in Tübingen (beurlaubt seit 2003).

HAUK, Peter
Minister a. D.
Fraktionsvorsitzender

Wahlkreisbüro:
Zwingerstraße 12
74821 Mosbach
Telefon 06261 939931
Telefax 06261 931150
E-Mail: wahlkreis@peter-hauk.de
Internet: www.peter-hauk.de

Fraktion der CDU
Direktmandat im Wahlkreis 38
Neckar-Odenwald

Persönliche Angaben:
Geboren am 24. Dezember 1960 in Walldürn; katholisch, zwei Kinder.

Ausbildung, Berufslaufbahn, berufliche Funktionen:
Gymnasium, Abitur in Amorbach. Grundwehrdienst. Studium der Forstwissenschaften in Freiburg, Diplom 1987. 1986/87 wiss. Mitarbeiter der
Forstlichen Versuchs- und Forschungsanstalt Baden-Württemberg. 1987
bis 1989 Forstreferendar bei der Forstdirektion Stuttgart. 1989 Große Forst-
liche Staatsprüfung. 1989 bis 1991 Taxator (Forsteinrichter) bei der Forstdirektion Freiburg. 1991 bis 1999 stellv. Leiter der Forstämter Schöntal (Jagst)
und Adelsheim (2000). 2000 bis 2002 Projektleiter bei der Forstlichen Ver-
suchs- und Forschungsanstalt Baden-Württemberg. 2002 bis 2005 Leiter
des Staatl. Forstamtes Adelsheim. April 2005 bis Februar 2010 Minister für
Ernährung und Ländlichen Raum.

Politische Funktionen:
1987 bis 1995 Kreisvorsitzender der JU Neckar-Odenwald und Mitglied
des JU-Bezirksvorstands. Mitglied des Vorstands der CDU Neckar-Odenwald und der CDU Nordbaden, seit 1993 stellv. Bezirksvorsitzender. 1984
bis 1988 Ortschaftsrat. 1999 bis 2004 Kreisrat und Mitglied der Verbandsversammlung des Regionalverbands Unterer Neckar bzw. Rhein-Neckar-
Odenwald.
Mitglied des Landtags von Baden-Württemberg seit 27. April 1992. 1996 bis
1998 Vorsitzender des Arbeitskreises Ländlicher Raum der CDU-Fraktion.
1998 bis 2005 stellv. Vorsitzender der CDU-Landtagsfraktion. Seit 10. Februar 2010 Vorsitzender der CDU-Landtagsfraktion.

Sonstige Funktionen und Mitgliedschaften:
Mitglied des Stiftungsrats der Stiftung Entwicklungs-Zusammenarbeit
Baden-Württemberg. Mitglied des Stiftungsrats der Stuttgarter Hofbräu
Umweltstiftung. Vorsitzender des Fördervereins St. Mauritius Osterbur-
ken-Hemsbach.

Angaben nach Teil I der Offenlegungsregeln:
Vorsitzender des Stiftungsrats der Landesbank Baden-Württemberg. Mitglied des Aufsichtsrats der Baden-Württembergischen Bank. Mitglied des
Beirats der Landeskreditbank Baden-Württemberg – Förderbank. Mitglied
des Beirats Süd der SV SparkassenVersicherungen. Mitglied des Verwaltungsrats der Johannes-Diakonie Mosbach. Mitglied des Aufsichtsrats der
Baden-Württemberg Stiftung gGmbH.

HAUßMANN, Jochen
Diplom-Betriebswirt (DH)

Stettener Straße 24
71394 Kernen im Remstal
Telefon 07151 98586-53
Telefax 07151 98586-54
E-Mail:
jochen.haussmann@fdp.landtag-bw.de
Internet:
www.jochen-haussmann.de

*Fraktion der FDP/DVP
Zweitmandat im Wahlkreis 16
Schorndorf*

Persönliche Angaben:
Geboren am 14. Juli 1966 in Esslingen; evangelisch, verheiratet, drei
Kinder.

Ausbildung, Berufslaufbahn, berufliche Funktionen:
1985 Abitur am Staufer-Gymnasium in Waiblingen. Wehrdienst in Walldürn, 1986 bis 1989 Studium der Betriebswirtschaftslehre an der Dualen
Hochschule Stuttgart (Berufsakademie) sowie Ausbildung bei den Technischen Werken der Stadt Stuttgart AG. 2000 bis 2001 Weiterbildungsstu-
dium zum Projektmanagement-Fachmann (RKW/GPM) an der Bauhaus-
Universität Weimar. 1990-1998 Verwaltungsleiter der Werksniederlas-
sungen Stuttgart, Freiburg und Reutlingen der STILL GmbH Hamburg.
1999 bis 2002 Prokurist und Leiter Personal, Marketing, Controlling und
Organisation der PAYR GmbH Industriebau, Remshalden. Seit 2003 Prokurist und kaufmännischer Leiter der Unternehmensgruppe SCHATZ in
Schorndorf, seit Dezember 2011 stellv. kaufmännischer Leiter in Teilzeit.

Politische Funktionen:
Seit 2004 stellvertretender Fraktionsvorsitzender der FDP/FW-Kreistags-
fraktion im Rems-Murr-Kreis. Mitglied im Landesvorstand der Liberalen
Initiative Mittelstand e. V., Landesverband Baden-Württemberg.
Mitglied des Landtags von Baden-Württemberg seit 12. April 2011.

Sonstige Funktionen und Mitgliedschaften:
Mitglied des Beirats der Stiftung Familie in Not. Mitglied des Stiftungs-
rats der Stiftung Kinderland Baden-Württemberg gGmbH. Mitglied des
Landeskuratoriums des Internationalen Bundes in Baden-Württemberg.
Mitglied des Vereinsausschusses des Akkordeon-Orchesters Rommels-
hausen e. V. Mitglied des Sportkreisrats im Sportkreis Rems-Murr e. V.
Mitglied der Initiative Sicherer Landkreis Rems-Murr e. V.

Angaben nach Teil I der Offenlegungsregeln:
Stellv. kaufmännischer Leiter der Unternehmensgruppe SCHATZ in
Schorndorf (Teilzeit). Mitglied des Aufsichtsrats der Rems-Murr-Klini-
ken gGmbH. Mitglied des Aufsichtsrats der Rems-Murr-Gesundheits-
Verwaltungs GmbH.

HEBERER, Helen
Dozentin für Sprecherziehung und
Theaterpädagogik

Ifflandstraße 9
68161 Mannheim
Telefon 0621 43770110
Telefon privat 0621 897144
Telefax 0621 8020866
E-Mail:
Helen.Heberer@spd.landtag-bw.de
Internet:
www.heberer.info

Fraktion der SPD
Zweitmandat im Wahlkreis 36
Mannheim II

Persönliche Angaben:
Geboren am 28. Dezember 1950 in Mannheim; evangelisch, verheiratet.

Ausbildung, Berufslaufbahn, berufliche Funktionen:
Bürokauffrau. Diplom am Institut für Wirtschaftskommunikation und Welthandelssprachen. Tätigkeit als Übersetzerin und Dolmetscherin. Lehrerin für Sport und Sprachen. Ab 1980 Ausbildung zur Sprecherzieherin und Sprachtherapeutin. Sprachtherapeutische Tätigkeit in einer Schweizer Klinik. Seit 1990 Dozentin für Sprecherziehung und Theaterpädagogik.

Politische Funktionen:
Seit 1995 Mitglied der SPD. 2001 bis 2008 SPD-Kreisvorsitzende Mannheim. Stadträtin in Mannheim.
Mitglied des Landtags von Baden-Württemberg seit 12. April 2006. Vorsitzende des Ausschusses für Wissenschaft, Forschung und Kunst. Kulturpolitische Sprecherin der SPD-Landtagsfraktion.

Sonstige Funktionen und Mitgliedschaften:
Mitglied der Kulturpolitischen Gesellschaft e. V. Mitglied des Frauen-Kultur-Rats Mannheim. Vorsitzende des Beirats der Kunststiftung Baden-Württemberg gGmbH. Mitglied des Verwaltungsrats der Württembergischen Staatstheater Stuttgart. Mitglied des Fachbeirats „Kulturelle Bildung" der Landesregierung. Mitglied des Kulturunterausschusses der Baden-Württemberg Stiftung gGmbH. Mitglied des Aufsichtsrats der Popakademie Baden-Württemberg GmbH.

Angaben nach Teil I der Offenlegungsregeln:
Freiberufliche Sprecherzieherin im Wirtschafts- und Medienbereich (Schwerpunkt). Teildeputat als Dozentin an der Akademie für Waldorfpädagogik, Mannheim. Mitglied des Verwaltungsrats der Mannheimer Abendakademie und Volkshochschule Mannheim GmbH. Mitglied des Kuratoriums der Staatlichen Toto-Lotto GmbH Baden-Württemberg.

HEILER, Walter
Bürgermeister, Jurist
Kronauer Str. 35
68753 Waghäusel
Telefon 07254 207-201
Telefax 07254 207-400
Telefon privat 07254 71396
E-Mail:
walter.heiler@spd.landtag-bw.de
buergermeister.heiler@waghaeusel.de

Fraktion der SPD
Zweitmandat im Wahlkreis 29
Bruchsal

Persönliche Angaben:
Geboren am 28. Mai 1954 in Kirrlach; katholisch, verheiratet, zwei Kinder.

Ausbildung, Berufslaufbahn, berufliche Funktionen:
Volksschule in Kirrlach. Gymnasium und Abitur in Schwetzingen. Studium der Rechtswissenschaften an der Universität Heidelberg, 1978 Erstes Staatsexamen. 1979 bis 1981 Rechtsreferendar, 1981 Assesorexamen. Danach tätig in Anwaltspraxis in Bruchsal. 1983 bis 1999 selbständiger Rechtsanwalt in Waghäusel. Seit Juni 1999 Bürgermeister der Stadt Waghäusel (20.600 Einwohner).

Politische Funktionen:
1979 Eintritt in die SPD. 1980 bis 1999 SPD-Ortsvereinsvorsitzender in Waghäusel. 1980 bis 1999 Gemeinderat der Stadt Waghäusel. Seit 1984 Mitglied des Kreistags des Landkreises Karlsruhe. Mitglied der Verbandsversammlung des Regionalverbands Mittlerer Oberrhein. Mitglied des Landtags von Baden-Württemberg von 1992 bis 2001 und seit 11. April 2006.

Sonstige Funktionen und Mitgliedschaften:
Mitglied in verschiedenen kulturellen und sportlichen Vereinen.

Angaben nach Teil I der Offenlegungsregeln:
Bürgermeister der Stadt Waghäusel. Vorsitzender des Zweckverbands Wasserversorgung Lußhardt Waghäusel. Vorsitzender des Zweckverbands Abwasserverband Wagbach Waghäusel. Mitglied des Verwaltungsrats und des Kreditausschusses der Sparkasse Kraichgau. Mitglied der Vertreterversammlung der Volksbank Bruhrain-Kraich-Hardt eG. Mitglied der Vertreterversammlung des Verkehrsverbunds Rhein-Neckar GmbH. Mitglied des Aufsichtsrats des Karlsruher Verkehrsverbunds GmbH.

HERRMANN, Klaus
Regierungsamtmann a. D.
Diplomverwaltungswirt (FH)

Im Vogelsang 23
71638 Ludwigsburg
Telefon 07141 978877
Telefax 07141 978878
Telefon 0711 2063-875
E-Mail: mail@Klausherrmann.de
Internet: www.Klausherrmann.de

*Fraktion der CDU
Direktmandat im Wahlkreis 12
Ludwigsburg*

Persönliche Angaben:
Geboren am 14. September 1959 in Stuttgart; katholisch, ledig.

Ausbildung, Berufslaufbahn, berufliche Funktionen:
Grundschule und Realschule in Gerlingen, 1975 Mittlere Reife. 1975 bis 1978 Lehre und Berufstätigkeit als Großhandelskaufmann. 1978 bis 1984 Ausbildung für den mittleren Verwaltungsdienst und Tätigkeit bei der Stadtverwaltung Stuttgart. Grundwehrdienst bei der Bundeswehr. 1984 bis 1987 weiterführende Ausbildung für den gehobenen Verwaltungsdienst und Studium an der Fachhochschule für öffentliche Verwaltung. 1987 bis 1988 Referatsmitarbeiter bei einem Stuttgarter Bürgermeister. 1988 bis 1991 Ministerium für Kultus und Sport, Zentralstelle. 1991 bis 1996 Finanzministerium, zunächst Zentralstelle, anschließend Referat Kommunalfinanzen. 1989 bis 2010 Lehrauftrag für Kommunalverfassungsrecht für Beamtenanwärter, Dozent an der Hochschule für öffentl. Verwaltung und Finanzen. Seit 1997 Leiter des Stadtarchivs Gerlingen.

Politische Funktionen:
1975 bis Dezember 1996 Mitglied der JU. 1977 Eintritt in die CDU. 1980 bis 1985 JU-Ortsvorsitzender, 1985 bis 1989 JU-Kreisvorsitzender, 1989 bis 1994 stellv. JU-Bezirksvorsitzender. 1980 bis 1994 JU-Landesausschussmitglied. Seit 1983 Mitglied des CDU-Kreisvorstands, 1991 bis 1995 und seit 2009 CDU-Landesvorstand. 1999 bis 2011 CDU-Bezirksvorstand. Seit 1993 Landesvorstand Kommunalpolitische Vereinigung der CDU, seit 1999 stellv. Landesvorsitzender. 1989 bis 1999 CDU-Bundesparteiausschussmitglied. 1994 bis 1998 Stadtrat in Gerlingen. Seit 1999 Stadtrat und Kreisrat in Ludwigsburg.
Mitglied des Landtags von Baden-Württemberg seit 15. April 1996. 2001 bis 2005 Vorsitzender des Ständigen Ausschusses. 2005 bis 2010 und seit 2011 finanzpolitischer Sprecher der CDU-Fraktion. 2010 bis 2011 stellv. Fraktionsvorsitzender.

Sonstige Funktionen und Mitgliedschaften:
1981 bis 1995 Ausschussmitglied, 1995 bis 1997 zweiter Vorsitzender der Volkshochschule Gerlingen e. V. Seit 1979 Vorstandsmitglied im Verein für Heimatpflege.

Angaben nach Teil I der Offenlegungsregeln:
Regierungsamtmann a. D. (Dienstverhältnis ruht wegen Mandats). Als freier Mitarbeiter Leiter des Stadtarchivs Gerlingen. Mitglied des Aufsichtsrats der Stadtwerke Ludwigsburg-Kornwestheim GmbH (SWLB) und der Blühendes Barock Gartenschau Ludwigsburg GmbH. Mitglied des Kuratoriums der Staatlichen Toto-Lotto GmbH Baden-Württemberg.

HILLEBRAND, Dieter
Politischer Staatssekretär a. D.

Dürrstraße 52
72760 Reutlingen
Telefon 07121 161735
E-Mail:
dieter.hillebrand@cdu.landtag-bw.de
Internet:
www.dieter-hillebrand.de

Fraktion der CDU
Direktmandat im Wahlkreis 60
Reutlingen

Persönliche Angaben:
Geboren am 31. Januar 1951 in Markdorf, Bodenseekreis; römisch-katholisch, verheiratet, zwei Kinder.

Ausbildung, Berufslaufbahn, berufliche Funktionen:
Volksschule in Markdorf. Gymnasium und Abitur in Bad Wurzach. Studium der Rechts- und Staatswissenschaften in Freiburg. 1975 Erstes Staatsexamen und 1978 Assessorexamen. 1978 bis 1979 Magistratsrat bei der Stadt Oberursel/Taunus. 1979 bis 1986 im Verwaltungsdienst des Landes Baden-Württemberg, zuletzt als Oberregierungsrat. 1987 bis 2004 Beigeordneter des Gemeindetags Baden-Württemberg. Juli 2004 bis April 2005 politischer Staatssekretär im Ministerium für Umwelt und Verkehr Baden-Württemberg. April 2005 bis Juni 2006 politischer Staatssekretär im Finanzministerium Baden-Württemberg. Juni 2006 bis Mai 2011 politischer Staatssekretär im Ministerium für Arbeit und Sozialordnung, Familien und Senioren Baden-Württemberg. Seit März 2012 Rechtsanwalt in Reutlingen.

Politische Funktionen:
1996 bis Januar 2012 Vorsitzender des CDU-Stadtverbands Reutlingen. 1999 bis 2004 Gemeinderat und Kreisrat.
Mitglied des Landtags von Baden-Württemberg seit 11. April 2001.

Sonstige Funktionen und Mitgliedschaften:
Kreisvorsitzender des Deutschen Roten Kreuzes im Landkreis Reutlingen. Mitglied im Reutlinger Geschichtsverein. Aktiver Sänger im Gesangverein Ohmenhausen.

Angaben nach Teil I der Offenlegungsregeln:
Selbständiger Rechtsanwalt.

HINDERER, Rainer
Dipl. Sozialarbeiter

Armsündersteige 79
74076 Heilbronn
Telefon 07131 177732
E-Mail:
hinderer.heilbronn@t-online.de
Internet:
www.rainer-hinderer.de

*Fraktion der SPD
Zweitmandat im Wahlkreis 18
Heilbronn*

Persönliche Angaben:
Geboren am 30. April 1962 in Heilbronn; evangelisch, verheiratet, drei Kinder.

Ausbildung, Berufslaufbahn, berufliche Funktionen:
Grundschule und Gymnasium in Heilbronn; 1981 Abitur am Mönchseegymnasium in Heilbronn. 1981 bis 1983 Zivildienst als Rettungssanitäter beim Deutschen Roten Kreuz. 1983 bis 1985 Ausbildung zum Schreiner in Heilbronn. 1985 bis 1990 Studium Sozialwesen mit Abschluss Dipl. Sozialarbeiter an der Gesamthochschule Kassel (März 1988 bis Juli 1988 Praktikum beim Kreisjugendamt Heilbronn. September 1988 bis Februar 1989 Praktikum beim Sozialministerium in Nicaragua). 1990 bis 1992 Leiter einer teilstationären Einrichtung für straffällige junge Menschen. 1992 bis 1995 Leiter der Abteilung Soziale Dienste der Johanniter-Unfall-Hilfe im Kreisverband Franken. 1995 bis 2006 Geschäftsführer (ab 2000 Geschäftsführender Vorstand) der Jugendwerkstätten Heilbronn e. V. 2006 bis 2011 Mitglied des Vorstands der Diakonischen Jugendhilfe Region Heilbronn e. V.

Politische Funktionen:
Seit 1991 Mitglied der SPD im Ortsverein Heilbronn. 1996 bis 2006 stellv. Vorsitzender des SPD-Ortvereins Heilbronn. 2000 bis 2006 stellv. Vorsitzender, seit 2006 Vorsitzender des SPD-Kreisverband Heilbronn-Stadt. Seit 2004 Stadtrat in Heilbronn; Mitglied des Verwaltungsausschusses, des Sozialausschusses und des Bildungsbeirats.
Mitglied des Landtags von Baden-Württemberg seit 12. April 2011.

Sonstige Funktionen und Mitgliedschaften:
Seit 2002 gewähltes Mitglied der 13. und der 14. Synode der Evangelischen Landeskirche Württemberg; Gesprächskreis Offene Kirche. Beratendes Mitglied im Kirchenbezirksausschuss Heilbronn und im Engeren Rat der Gesamtkirchengemeinde Heilbronn. Vereinsmitgliedschaften und ehrenamtliche Engagements: CVJM Heilbronn, Deutscher Alpenverein Sektion Heilbronn-Franken, Europa-Union, Eichenkreuz Heilbronn. Fördervereine: Bürgerstiftung Heilbronn, Waldheim Gaffenberg Heilbronn, Offene Hilfen Heilbronn, Nabu Heilbronn.

Angaben nach Teil I der Offenlegungsregeln:
Mitarbeiter (Dipl. Sozialarbeiter) bei der Diakonischen Jugendhilfe Region Heilbronn e. V. (Arbeitsverhältnis ruht). Mitglied des Aufsichtsrats der SLK-Kliniken Heilbronn GmbH. Mitglied des Aufsichtsrats der Katharinenstift Heilbronn gGmbH. Stellv. Mitglied des Aufsichtsrats der Kreissparkasse Heilbronn. Mitglied des Beirats der Experimenta Heilbronn. Mitglied des Verbandsrats des Diakonischen Werks der evangelischen Kirche in Württemberg e. V. (ehrenamtlich).

HITZLER, Bernd
Bürgermeister a. D.

Abt-Scheyrle-Straße 17
89561 Dischingen
Telefon 07327 9222-190
Telefax 07327 9222-188
Telefon Landtag 0711 2063-989
Telefax Landtag 0711 2063-14989
E-Mail:
bernd.hitzler@cdu.landtag-bw.de

Fraktion der CDU
Direktmandat im Wahlkreis 24
Heidenheim

Persönliche Angaben:
Geboren am 17. Januar 1957 in Aalen; katholisch, verheiratet, ein Kind.

Ausbildung, Berufslaufbahn, berufliche Funktionen:
1977 Abitur am Theodor-Heuss-Gymnasium in Aalen. Anschließend Ausbildung im gehobenen Verwaltungsdienst bei der Stadtverwaltung Aalen und beim Landratsamt Ostalbkreis. 1979 bis 1981 Studium an der Fachhochschule für öffentliche Verwaltung Stuttgart mit Abschluss als Dipl.-Verwaltungswirt (FH). Anschließend Kreisinspektor beim Landratsamt Rems-Murr-Kreis in Waiblingen. Ab 1983 Fachbeamter für das Finanzwesen bei der Gemeinde Hermaringen (Landkreis Heidenheim). 21. Mai 1986 bis 31. August 2006 Bürgermeister der Gemeinde Dischingen (Landkreis Heidenheim).

Politische Funktionen:
1982 bis 1986 Ortsvorsitzender der Jungen Union Aalen und Kreispressereferent der Jungen Union Ostalbkreis. Zwei Jahre stellvertretender Ortsvorsitzender der CDU Aalen. 1987 bis 1999 Kreisvorstandsmitglied der CDU Heidenheim; seit 2007 stellvertretender Kreisvorsitzender.
Mitglied des Landtags von Baden-Württemberg seit 23. Juli 2004. Mitglied des Ständigen Ausschusses. Als rechtspolitischer Sprecher der CDU-Fraktion Mitglied des Fraktionsvorstands.

Sonstige Funktionen und Mitgliedschaften:
Mitglied des Kuratoriums des Sportinternats des Heidenheimer Sportbundes. Mitglied zahlreicher Vereine und Organisationen.

Angaben nach Teil I der Offenlegungsregeln:
–

HOFELICH, Peter
Diplomverwaltungswissenschaftler

Grabenstraße 20
73033 Göppingen
07161 9883534
07161 9883644
E-Mail:
wahlkreis@peter-hofelich.de
Internet: www.peter-hofelich.de

Fraktion der SPD
Zweitmandat im Wahlkreis 10
Göppingen

Persönliche Angaben:
Geboren am 16. Dezember 1952 in Geislingen-Eybach; katholisch, verheiratet mit Ingrid Katz-Hofelich, zwei Kinder.

Ausbildung, Berufslaufbahn, berufliche Funktion:
Volksschule in Salach. Freihof-Gymnasium Göppingen. 1973 Abitur. Grundwehrdienst in Ulm. 1974 Studium der Verwaltungswissenschaften in Konstanz einschließlich Arbeitsaufenthalt am Bundesministerium für Forschung und Technologie in Bonn 1976 bis 1977. 1980 Diplom. 1980 Studienaufenthalt in den USA (Berkeley und MIT). 1981 wissenschaftlicher Mitarbeiter am Lehrstuhl von Thomas Ellwein, Konstanz. 1984 Eintritt in die IBM Deutschland. 1988 Manager. 1993 Direktor für Unternehmensvertretung. 2001 Direktor Vertrieb Öffentlicher Dienst. 2005 Beginn einer Selbständigkeit und Gastdozent, FH Aalen.

Politische Funktionen:
Seit 1984 Gemeinderat in Salach, seit 1986 Vorsitzender der SPD-Fraktion. 1989 bis 1997 und seit 2009 Mitglied des Kreistags des Landkreises Göppingen. 1994 bis 2009 stellv. Vorsitzender und Regionalrat des Verbands Region Stuttgart. Vorsitzender des Sportbeirats der SPD Baden-Württemberg. Seit Juli 2011 Regierungsbeauftragter für Mittelstand und Handwerk.
Mitglied des Landtags von Baden-Württemberg seit 11. April 2006. Vorsitzender des Europaausschusses.

Sonstige Funktionen und Mitgliedschaften:
Mitglied des Verwaltungsrats der Württembergischen Staatstheater Stuttgart. Mitglied des Beirats der Kunststiftung Baden-Württemberg gGmbH. Mitglied des Stiftungsrats der Stiftung Entwicklungs-Zusammenarbeit Baden-Württemberg. Stellv. Mitglied des Kuratoriums der Steinbeis-Stiftung für Wirtschaftsförderung. Kreisvorsitzender des Deutschen Roten Kreuzes Kreisverband Göppingen. Stellv. Schatzmeister und Vorsitzender des Finanzausschusses des DRK-Landesverbands Baden-Württemberg. Stellv. Vorsitzender des Förderkreises der Merz-Akademie. Vorsitzender des PUSH e. V. (Partnernetz für Unternehmensgründungen aus Stuttgarter Hochschulen). Stellv. Vorsitzender des Landeskomitees Baden-Württemberg der Europäischen Bewegung Deutschland. Mitglied des Kuratoriums der Katholischen Akademie Hohenheim. Mitglied des Vereins Hospiz im Landkreis Göppingen e. V. Mitgliedschaften: IG Metall, Arbeiterwohlfahrt, Kuratorium Stauferfestspiele Göppingen, Naturfreunde, Turn- und Sportgemeinde Salach, Musikverein Salach, Liederkranz Salach, Schwäbischer Albverein, VfB Stuttgart, Freundeskreis Frisch Auf Göppingen, u. a. m.

Angaben nach Teil I der Offenlegungsregeln:
Mitglied des Aufsichtsrats der Landesmesse Stuttgart GmbH. Mitglied des Kuratoriums der Staatlichen Toto-Lotto GmbH Baden-Württemberg. Mitglied des Kuratoriums der Initiative „Inventio Region Stuttgart" der Wirtschaftsförderung Region Stuttgart GmbH. Mitglied des Unternehmerbeirats von Baden-Württemberg International – Gesellschaft für internationale wirtschaftliche und wissenschaftliche Zusammenarbeit mbH (bw-i). Stellv. Mitglied des Verwaltungsrats der Landeskreditbank Baden-Württemberg – Förderbank. Vorsitzender der Gesellschafterversammlungen der DRK-Pflegedienst Mittleres Fils- und Lautertal gemeinnützige GmbH und der DRK-Krankentransport Göppingen gemeinnützige GmbH. Stellv. Vorsitzender der Gesellschafterversammlung der DRK-Seniorenzentren Neckar-Fils gemeinnützige GmbH. Vorsitzender des Vorstands der DRK-Zukunfts-Stiftung Neckar-Fils. Mitglied des Beirats der Kreissparkasse Göppingen. Mitglied des Aufsichtsrats der Siedlungsbau Neckar-Fils Bau- und Wohnungsgenossenschaft eG. Mitglied des Aufsichtsrats der K21 media AG, Tübingen.

HOLLENBACH, Manfred
Bürgermeister,
Dipl.-Verwaltungswirt (FH)

Riedstraße 6
71711 Murr
Telefon 07144 886451
Telefax 07144 886451
E-Mail:
manfred.hollenbach@cdu.landtag-bw.de

Internet:
www.manfred-hollenbach.de

Fraktion der CDU
Direktmandat im Wahlkreis 14
Bietigheim-Bissingen

Persönliche Angaben:
Geboren am 1. Januar 1946 in Creglingen; evangelisch, verheiratet,
zwei Kinder.

Ausbildung, Berufslaufbahn, berufliche Funktionen:
Gymnasium Creglingen und Weikersheim. Ausbildung zum geho-
benen Verwaltungsdienst, 1966 Abschluss an der Staatlichen Ver-
waltungsschule Stuttgart. 1966 bis 1972 Kämmerer der Gemeinde
Oberstenfeld. 1972 bis 2012 Bürgermeister der Gemeinde Murr, Kreis
Ludwigsburg.

Politische Funktionen:
Seit 1984 Mitglied des Kreistags Ludwigsburg, seit 1994 Vorsitzender
der CDU-Fraktion.
Mitglied des Landtags von Baden-Württemberg seit 1. Oktober 2005.

Sonstige Funktionen und Mitgliedschaften:
Vorsitzender des DRK Murr. Vorsitzender des Fördervereins Klee-
blatt-Pflegeheim Murr.

Angaben nach Teil I der Offenlegungsregeln:
Mitglied des Verwaltungsrats der Kreissparkasse Ludwigsburg.

JÄGEL, Karl-Wolfgang
Geschäftsführer

Am Grün 25/1
76437 Rastatt
Telefon privat 07222 77060
Telefon Landtag 0711 2063-885
E-Mail:
Karl-Wolfgang.Jaegel@cdu.landtag-bw.de

Fraktion der CDU
Direktmandat im Wahlkreis 32
Rastatt

Persönliche Angaben:
Geboren am 8. April 1957 in Baden-Baden; römisch-katholisch, verheiratet.

Ausbildung, Berufslaufbahn, berufliche Funktionen:
Grundschule an der Karlschule in Rastatt. Abitur am Ludwig-Wilhelm-Gymnasium in Rastatt. Studium des Bauingenieurwesens Universität (TH) Karlsruhe. 1982 Abschluss zum Dipl.-Ing. Dann tätig im eigenen Bauunternehmen.

Politische Funktionen:
1989 bis 1994 Vorsitzender der CDU Rastatt. Seit 1989 Stadtrat in Rastatt. Seit 1994 Fraktionsvorsitzender im Stadtrat.
Mitglied des Landtags von Baden-Württemberg seit 1. Oktober 2004.

Sonstige Funktionen und Mitgliedschaften:
Mitglied in verschiedenen sportlichen, kulturellen und sozialen Vereinen und in Berufsverbänden. Obermeister der Baugewerbsinnung Rastatt-Baden-Baden.

Angaben nach Teil I der Offenlegungsregeln:
Geschäftsführer der Karl Jägel Bau GmbH in Rastatt. Mitglied des Verwaltungsrats der Sparkasse Rastatt-Gernsbach. Mitglied des Aufsichtsrats der Baugenossenschaft Familienheim Rastatt. Stellv. Mitglied des Verwaltungsrats des Südwestrundfunks.

KÄPPELER, Klaus
Rektor

Hauptstraße 59
88529 Zwiefalten
Telefon 07373 596
Telefax 07373 915259
E-Mail:
Klaus.Kaeppeler@spd.landtag-bw.de
Internet:
www.klaus-kaeppeler.de

Fraktion der SPD
Zweitmandat im Wahlkreis 61
Hechingen-Münsingen

Persönliche Angaben:
Geboren am 5. Oktober 1954 in Überlingen/Bodensee; katholisch,
verheiratet, drei Kinder.

Ausbildung, Berufslaufbahn, berufliche Funktionen:
Volksschule in Nesselwangen. Gymnasium und Abitur in Über-
lingen. 1974 bis 1977 Studium an der Pädagogischen Hochschule
Weingarten. Bis 1979 an der Grund und Nachbarschaftshaupt-
schule Wurmlingen bei Tuttlingen. Zweite Prüfung für das Lehramt
an Grund- und Hauptschulen. 1980 bis 2007 Lehrer an der Grund-,
Haupt- und Realschule Zwiefalten. Seit 2007 Rektor der Grund- und
Hauptschule Hohenstein.

Politische Funktionen:
1980 Eintritt in die SPD. Seit 1985 Vorsitzender des SPD-Ortsvereins Zwiefalten-Hayingen. Stellvertretender Vorsitzender im SPD-
Kreisverband Reutlingen. Seit 2006 SGK-Vorsitzender im Kreis Reutlingen. Seit 1989 Gemeinderat in Zwiefalten. Seit 2004 Kreisrat in
Reutlingen.
Mitglied des Landtags von Baden-Württemberg von 2001 bis 2006
und seit 12. April 2011.

Sonstige Funktionen und Mitgliedschaften:
Mitglied der Gewerkschaft Erziehung und Wissenschaft (GEW).
Schirmherr von Kinder brauchen Frieden e. V.

Angaben nach Teil I der Offenlegungsregeln:
Rektor der Grund- und Hauptschule Hohenstein. Vorsitzender des
Aufsichtsrats der Energiegenossenschaft Zwiefalten eG (ehrenamt-
lich).

KERN, Manfred
Steuerberater,
vereidigter Buchprüfer

August-Neuhaus-Straße 23
68723 Schwetzingen
Telefon 06202 9788702
Telefax 06202 9788716
E-Mail:
Manfred.Kern@gruene.landtag-bw.de
Internet:
www.manfredkern.de

*Fraktion GRÜNE
Zweitmandat im Wahlkreis 40
Schwetzingen*

Persönliche Angaben:
Geboren am 11. August 1958 in Mannheim; evangelisch, verheiratet, drei Kinder.

Ausbildung, Berufslaufbahn, berufliche Funktionen:
Grundschule und Gymnasium mit Abschluss Abitur in Mannheim und Schwetzingen. 1979 bis 1980 Studium der Architektur in Darmstadt, 1981 bis 1985 Studium der Betriebswirtschaftslehre, Fachrichtung Verkehrswesen/Touristik, in Worms mit Abschluss Diplom-Betriebswirt (FH). 1985 bis 1990 angestellt bei Dr. Berkhemer und Partner in Mannheim. Seit 1990 selbständig als Steuerberater. 2007 Bestellung zum vereidigten Buchprüfer. Seit 2011 Seniorpartner von Kern und Partner, Steuerberater, vereidigter Buchprüfer in Schwetzingen.

Politische Funktionen:
1999 bis 2009 Stadtrat in Schwetzingen. Seit 2009 Kreisrat im Rhein-Neckar-Kreis.
Mitglied des Landtags von Baden-Württemberg seit 11. April 2011.

Sonstige Funktionen und Mitgliedschaften:
Zweiter Vorsitzender des Chinesischen Kulturzentrums Rhein-Neckar e. V. Zweiter Vorsitzender des Bayernvereins Schwetzingen. Mitglied des Vorstands der Interessengemeinschaft Schwetzinger Vereine e. V. Mitglied der Kulturkommission des Rhein-Neckar-Kreises. Ausbildervertreter in der Schulkonferenz der Carl-Theodor-Schule Schwetzingen. Mitglied des Deutschen Buchprüfer-Verbands. Mitglied des Naturschutzbunds Deutschland (NABU). Mitglied des Fördervereins für Städtepartnerschaften e. V.

Angaben nach Teil I der Offenlegungsregeln:
Selbständiger Steuerberater (Schwerpunkt). Selbständiger Musiker.

KERN, Dr. Timm
Gymnasiallehrer

Mallestr. 26
72072 Tübingen
Telefon 07071 650960
E-Mail: info@timm-kern.de
Internet: www.timmkern.de

Fraktion der FDP/DVP
Zweitmandat im Wahlkreis 45
Freudenstadt

Persönliche Angaben:
Geboren am 7. Februar 1972 in Tübingen; katholisch, verheiratet,
zwei Kinder.

Ausbildung, Berufslaufbahn, berufliche Funktionen:
Grundschule in Horb-Rexingen. Gymnasium und Abitur in Horb
am Neckar. Bis 2001 Studium der Geschichtswissenschaften, katholischen Theologie und Politikwissenschaft in Tübingen und Wa-
shington (DC). Erstes Staatsexamen. 2002 bis 2007 Promotion in Politikwissenschaft. 2005 bis 2007 Referendariat in Tübingen. Zweites
Staatsexamen. 2007 bis 2011 Gymnasiallehrer in Reutlingen.

Politische Funktionen:
1994 bis 2002 Mitglied des Gemeinderats in Horb am Neckar, 1995
bis 2002 Vorsitzender der FDP-Fraktion. 1999 bis 2002 Mitglied des
Kreistags in Freudenstadt. 2002 bis 2005 Kreisvorsitzender der FDP
im Landkreis Freudenstadt.
Mitglied des Landtags von Baden-Württemberg seit 12. April 2011.

Sonstige Funktionen und Mitgliedschaften:
–

Angaben nach Teil I der Offenlegungsregeln:
Lehrer am Friedrich-List-Gymnasium in Reutlingen (beurlaubt).

KLEIN, Karl
Bürgermeister a. D.
(Dipl.-Verwaltungswirt)

Herderstraße 8
69242 Mühlhausen
Telefon 06222 306676
Telefax 06222 3079730
Telefon Landtag 0711 2063-980
Telefax Landtag 0711 2063-14980
E-Mail: karl.klein@cdu.landtag-bw.de
Internet: www.karl-klein.net

Fraktion der CDU
Direktmandat im Wahlkreis 37
Wiesloch

Persönliche Angaben:
Geboren am 31. Januar 1956 in Hockenheim; katholisch, verheiratet, zwei erwachsene Kinder.

Ausbildung, Berufslaufbahn, berufliche Funktionen:
Grund- und Hauptschule Reilingen, Wirtschaftsschule Schwetzingen, Berufsfachschule für öffentliche Verwaltung und Fachabitur Mannheim. Studium an der Fachhochschule für öffentliche Verwaltung Kehl, 1978 Staatsexamen. 1978 bis 1992 Hauptamtsleiter der Gemeinde St. Leon-Rot. 1992 bis 2011 Bürgermeister der Gemeinde Mühlhausen.

Politische Funktionen:
1994 bis 2009 Mitglied des Kreistags Rhein-Neckar. Seit 1994 Mitglied der Verbandsversammlung des Verbands Region Rhein-Neckar. Seit 2000 Mitglied des CDU-Kreisvorstands Rhein-Neckar. Mitglied des Landtags von Baden-Württemberg seit 11. April 2006.

Sonstige Funktionen und Mitgliedschaften:
Seit 1993 Vorsitzender des DRK-Ortsvereins Mühlhausen. Mitglied in mehreren Ortsvereinen.

Angaben nach Teil I der Offenlegungsregeln:
Mitglied des Verwaltungsrats der Sparkasse Heidelberg.

KLEINBÖCK, Gerhard
Dipl.-Handelslehrer,
Oberstudiendirektor, Schulleiter

Allmendweg 14
68526 Ladenburg
Telefon 06203 922840
Telefax 06203 180249
E-Mail: gerhard@kleinboeck.de

Fraktion der SPD
Zweitmandat im Wahlkreis 39
Weinheim

Persönliche Angaben:
Geboren am 8. September 1952 in Ladenburg; verheiratet, zwei erwachsene Kinder.

Ausbildung, Berufslaufbahn, berufliche Funktionen:
Volksschule in Ladenburg. Mittlere Reife am Carl-Benz-Gymnasium in Ladenburg. Ausbildung zum Industriekaufmann. 1974 Abitur (Zweiter Bildungsweg) in Weinheim. Studium der Volkswirtschaftslehre in Heidelberg und der Wirtschaftspädagogik an der Universität Mannheim; 1980 Erstes Staatsexamen. 1982 Zweites Staatsexamen. Ab 1982 Studienrat an der Martin-Behaim-Schule, Darmstadt. 1995 Studiendirektor und Abteilungsleiter. Mitglied des Landesarbeitsgruppe Fachschulen für Wirtschaft. Mitglied des Schulentwicklungsteams des Modellprojekts „Selbstverantwortung plus" der Hessischen Landesregierung. Seit 2009 Leiter der Friedrich-List-Schule (kaufmännische Berufsschule) in Darmstadt.

Politische Funktionen:
Seit 1976 SPD-Mitglied. Seit 1985 Vorstandsmitglied des Ortsvereins Ladenburg, seit 1994 Vorsitzender. 1982 bis 1989 Stadtrat in Ladenburg. Seit 1994 Kreisdelegierter des Ortsvereins Ladenburg. Seit 2010 stellv. Vorsitzender des SPD-Kreisverbands Rhein-Neckar. 2004 bis 2011 Vorsitzender der SPD-Fraktion im Gemeinderat der Stadt Ladenburg.
Mitglied des Landtags von Baden-Württemberg seit 1. September 2009.

Sonstige Funktionen und Mitgliedschaften:
Ehrenvorsitzender des Fördervereins der Martin-Behaim-Schule, Darmstadt. Seit 1972 Gewerkschaftsmitglied (ÖTV, ver.di). Mitglied in verschiedenen örtlichen und regionalen Vereinen.

Angaben nach Teil I der Offenlegungsregeln:
Leiter der Friedrich-List-Schule, Darmstadt (50 %) (Schwerpunkt). Buchautor beim Westermann-Verlag.

KLENK, Wilfried
Rettungsdienstleiter

Ellenweiler 5
71570 Oppenweiler
Telefon 07193 900100
Telefax 07193 900101

*Fraktion der CDU
Direktmandat im Wahlkreis 17
Backnang*

Persönliche Angaben:
Geboren am 3. März 1959 in Oppenweiler-Ellenweiler; evangelisch, verheiratet, ein Kind.

Ausbildung, Berufslaufbahn, berufliche Funktionen:
Realschule in Sulzbach/Murr. Ausbildung als Rettungsassistent/ Lehrrettungsassistent. Weiterqualifikation an der DRK-Bundesschule und der Akademie für Notfallplanung und Zivilschutz für Führungs- und Leitungsaufgaben. 1983 bis 1986 Leiter der Rettungswache in Murrhardt und von 1986 bis 1991 der Rettungswache in Backnang. Seit 1991 Leiter des Stuttgarter Rettungsdienstes und der Oberleitstelle Baden-Württemberg.

Politische Funktionen:
Seit 1980 Gemeinderat in Oppenweiler; erster Stellvertreter des Bürgermeisters. Seit 1995 Vorsitzender des CDU-Ortsverbands Oppenweiler. Seit 1999 Mitglied des Kreistags im Rems-Murr-Kreis.
Mitglied des Landtags von Baden-Württemberg seit 12. April 2001. Sozialpolitischer Sprecher der CDU-Landtagsfraktion.

Sonstige Funktionen und Mitgliedschaften:
Mitglied des Stiftungsrats der Stiftung Kinderland Baden-Württemberg gGmbH. Berufenes Mitglied des Beirats des Deutschen Paritätischen Wohlfahrtsverbands, Landesverband Baden-Württemberg e. V.
Seit 1972 Mitglied der Freiwilligen Feuerwehr Oppenweiler. Seit 1973 Mitglied des Deutschen Roten Kreuzes. Seit 2001 Ehrenvorsitzender des DRK-Ortsvereines Oppenweiler.

Angaben nach Teil I der Offenlegungsregeln:
Rettungsdienstleiter beim Deutschen Roten Kreuz – Kreisverband Stuttgart e. V. Mitglied des Verwaltungsrats der Kreissparkasse Waiblingen. Mitglied der Verbandsversammlung des Sparkassenverbands Baden-Württemberg.

KÖBERLE, Rudolf
Minister a. D.

Mühlstr. 18
88273 Fronreute
Telefon 07505 384

Fraktion der CDU
Direktmandat im Wahlkreis 69
Ravensburg

Persönliche Angaben:
Geboren am 29. November 1953 in Fronhofen/Kreis Ravensburg;
römisch-katholisch, ledig.

Ausbildung, Berufslaufbahn, berufliche Funktionen:
Volksschule in Fronhofen, Gymnasium und Abitur in Ravensburg.
Wehrdienst. Studium der Politischen Wissenschaft, Geschichte und
Deutsch in Konstanz. 1980 Wissenschaftliche Prüfung, 1982 Päda-
gogische Prüfung. 1982 bis 1992 Schuldienst am Gymnasium Wein-
garten. 1992 bis 2001 politischer Staatssekretär im Ministerium für
Kultus, Jugend und Sport. Juni 2001 bis April 2005 Minister und
Bevollmächtigter des Landes Baden-Württemberg beim Bund. Ap-
ril 2005 bis Februar 2010 politischer Staatssekretär im Innenminis-
terium. Februar 2010 bis Mai 2011 Minister für Ländlichen Raum,
Ernährung und Verbraucherschutz.

Politische Funktionen:
Seit 1969 Mitglied der CDU. 1979 bis 1985 Kreisvorsitzender der
Jungen Union. Seit 1989 Kreisvorsitzender der CDU im Landkreis
Ravensburg.
Mitglied des Landtags von Baden-Württemberg seit 20. Februar 1990.

Sonstige Funktionen und Mitgliedschaften:
Mitglied des Kuratoriums der Kunststiftung Baden-Württemberg
gGmbH. Vorsitzender des Stiftungsrats der Schulstiftung Studien-
kolleg St. Johann Blönried.

Angaben nach Teil I der Offenlegungsregeln:
Präsident des Blasmusikverbands Baden-Württemberg e. V.

KÖßLER, Joachim
Bundesbankdirektor

Landtagsbüro
Haus des Landtags
Konrad-Adenauer-Str. 3
70173 Stuttgart
Telefon 0711 2063-981
Telefax 0711 2063-14981
Wahlkreisbüro
Brettener Str. 11
75053 Gondelsheim
Telefon 07252 5659932
Telefax 07252 7790347
Telefon privat 07252 41336
E-Mail: joachimkoessler@web.de
Internet: www.joachim-koessler.de

*Fraktion der CDU
Direktmandat im Wahlkreis 30
Bretten*

Persönliche Angaben:
Geboren am 17. November 1950 in Bretten; verheiratet, drei Kinder.

Ausbildung, Berufslaufbahn, berufliche Funktionen:
Volksschule Rinklingen. Ausbildung zum Industriekaufmann. Mittlere Reife. Bundeswehr. Studium der Betriebswirtschaft an der FH Pforzheim. DV-Organisator. Studium der Volkswirtschaft an der Universität Heidelberg. Seit 1982 bei der Bundesbank. Seit 1996 Bundesbankdirektor.

Politische Funktionen:
Stellv. Kreisvorsitzender der CDU Karlsruhe-Land. Mitglied des Bezirksvorstands der CDU Nordbaden.
Mitglied des Landtags von Baden-Württemberg seit 12. April 2006.

Sonstige Funktionen und Mitgliedschaften:
Mitglied des Medienrats der Landesanstalt für Kommunikation Baden-Württemberg. Mitglied des Verwaltungsrats des Badischen Staatstheaters Karlsruhe. Mitglied des Vorstands der Philipp Melanchthon-Schülerpreis Stiftung, Bretten (ehrenamtlich). Mitglied des Kuratoriums der Freunde des Naturkundemuseums Karlsruhe e. V. (ehrenamtlich). Mitglied des Kuratoriums der Hochschule Karlsruhe – Technik und Wirtschaft (ehrenamtlich).

Angaben nach Teil I der Offenlegungsregeln:
Bundesbankdirektor bei der Filiale Karlsruhe der Deutschen Bundesbank. Mitglied des Beirats der Suchtkrankenhilfe der Evang. Stadtmission Heidelberg gGmbH (ehrenamtlich).

KOPP, Ernst
Bürgermeister

Auf dem Berg 33
76467 Bietigheim
Telefon privat 07245 939393
Telefax privat 07245 939394
Telefon geschäftlich 07245 808-11
Telefax geschäftlich 07245 808-90
E-Mail:
ernst.kopp@spd.landtag-bw.de
Internet:
www.ernst-kopp.de

*Fraktion der SPD
Zweitmandat im Wahlkreis 32
Rastatt*

Persönliche Angaben:
Geboren am 14. Mai 1954 in Ottersdorf; katholisch, verheiratet, zwei Söhne.

Ausbildung, Berufslaufbahn, berufliche Funktionen:
Volksschule und Realschule in Rastatt. Anschließend Vorbereitungszeit für den gehobenen Verwaltungsdienst und Besuch der Fachhochschule. Bis 1992 Sozialversicherungsfachangestellter der Landesversicherungsanstalt Baden. Seit 1992 Bürgermeister der Gemeinde Bietigheim.

Politische Funktionen:
Seit 1979 Mitglied der Sozialdemokratischen Partei Deutschlands. 1980 bis 1992 Ortschaftsrat in Ottersdorf und Mitglied des Gemeinderats der Stadt Rastatt. Seit 1989 Mitglied des Kreistags des Landkreises Rastatt. Seit 2004 zweiter stellv. Vorsitzender des Kreistags und stellv. Vorsitzender der SPD-Kreistagsfraktion. Mitglied der Verbandsversammlung und des Planungsausschusses des Regionalverbands Mittlerer Oberrhein. Stellv. Vorsitzender des Gemeindeverwaltungsverbands Durmersheim.

Sonstige Funktionen und Mitgliedschaften:
Präsident des Mittelbadischen Sängerkreises. Kreisvorsitzender des Obst- und Gartenbauverbands Rastatt-Bühl e. V. Vizepräsident des Landesverbands für Obstbau, Garten und Landschaft Baden-Württemberg e. V. Mitglied der Gewerkschaft ver.di und in verschiedenen Vereinen und Verbänden, u. a. Gustav-Heinemann-Initiative, Förderverein Erinnerungsstätte für die Freiheitsbewegungen in der deutschen Geschichte, Landesvereinigung Baden in Europa e. V. Beirat der Bietigheimer-Bürgerstiftung und der Dr.-Jakob-Kölmel Stiftung. Mitglied des Rentenausschusses der Unfallkasse Baden-Württemberg.
Mitglied des Landtags von Baden-Württemberg seit 12. April 2011.

Angaben nach Teil I der Offenlegungsregeln:
Bürgermeister der Gemeinde Bietigheim. Mitglied des Verwaltungsrats der Sparkasse Rastatt-Gernsbach. Mitglied des Jugend- und Kulturausschusses des Gemeindetags Baden-Württemberg.

KRETSCHMANN, Winfried
Ministerpräsident

Staatsministerium
Baden-Württemberg
Richard-Wagner-Str. 15
70184 Stuttgart
Telefon 0711 2153-0
Internet:
www.winfried-kretschmann.de

Fraktion GRÜNE
Zweitmandat im Wahlkreis 9
Nürtingen

Persönliche Angaben:
Geboren am 17. Mai 1948 in Spaichingen; katholisch, verheiratet,
drei Kinder.

Ausbildung, Berufslaufbahn, berufliche Funktionen:
Volksschule in Zwiefalten-Sonderbuch, Gymnasium in Riedlingen
und Sigmaringen, 1968 Abitur. Grundwehrdienst. Studium der
Naturwissenschaften an der Universität Hohenheim; 1975 Wissen-
schaftliches Staatsexamen. Referendarausbildung in Esslingen;
1977 Pädagogisches Staatsexamen. Lehrer in Stuttgart, Esslingen,
Mengen und Bad Schussenried. 1986/87 Grundsatzreferent im Hessischen Ministerium für Umwelt und Energie. Zuletzt Lehrer für Biologie, Chemie und Ethik am Hohenzollern-Gymnasium Sigmaringen.

Politische Funktionen:
Als Student AStA-Vorsitzender in Hohenheim, Mitarbeit in maoisti-
schen Gruppen. 1979/80 Mitbegründer der GRÜNEN Baden-Württemberg. 1982 bis 1984 Mitglied des Esslinger Kreistags. 1983/84
Sprecher der GRÜNEN im Landtag. Mitglied des Parteirats (Land).
Mitglied des Landtags von Baden-Württemberg von 1980 bis 1984,
von 1988 bis 1992 und seit 15. April 1996.

Sonstige Funktionen und Mitgliedschaften:
Mitglied des Diözesanrats des Erzbistums Freiburg und des Zentralkomitees der deutschen Katholiken. Vorsitzender des Stiftungsrats
der Stiftung Kinderland Baden-Württemberg gGmbH. Vorsitzender
des Kuratoriums der Führungsakademie Baden-Württemberg. Mitglied des Kuratoriums des Deutschen Museums München. Zahlreiche weitere Mitgliedschaften.

Angaben nach Teil I der Offenlegungsregeln:
Ministerpräsident des Landes Baden-Württemberg. Oberstudienrat
am Hohenzollern-Gymnasium Sigmaringen (beurlaubt). Vorsitzender des Aufsichtsrats der Baden-Württemberg Stiftung gGmbH.

KUNZMANN, Thaddäus
Industriekaufmann

Im Wiesengrund 7/1
72622 Nürtingen
Telefon 0711 2063-697
Telefax 0711 2063-14697
E-Mail: info@kunzmann-cdu.de
Internet: www.kunzmann-cdu.de

Fraktion der CDU
Direktmandat im Wahlkreis 9
Nürtingen

Persönliche Angaben:
Geboren am 6. Januar 1964 in Stuttgart; evangelisch, verheiratet.

Ausbildung, Berufslaufbahn, berufliche Funktionen:
Grundschule, Realschule und Wirtschaftsgymnasium in Nürtingen. 1983 Allgemeine Hochschulreife. Ausbildung zum Industriekaufmann. 1993 bis 1999 Mitarbeiter bei Elmar Müller MdB. 1999 bis 2005 Referent für Organisation und Öffentlichkeitsarbeit beim Wirtschaftsrat Baden-Württemberg. 2005 bis 2011 Mitarbeiter bei Michael Hennrich MdB.

Politische Funktionen:
Seit 2001 Vorsitzender des CDU-Kreisverbands Esslingen. Seit 2002 Vorsitzender der CDU Nürtingen. Seit 1994 Gemeinderat der Stadt Nürtingen, seit 2010 Vorsitzender der CDU-Gemeinderatsfraktion. Seit 2009 Erster ehrenamtlicher Stellvertreter des Oberbürgermeisters. 2004 bis 2011 Mitglied der Regionalversammlung des Verbands Region Stuttgart.
Mitglied des Landtags von Baden-Württemberg seit 12. April 2011.

Sonstige Funktionen und Mitgliedschaften:
Stadtbeauftragter der Malteser Nürtingen. Gesellschafter der Kunzmann Messtechnik GbR.

Angaben nach Teil I der Offenlegungsregeln:
Mitglied des Aufsichtsrats der Siedlungsbau Neckar-Fils Bau- und Wohnungsgenossenschaft eG.

KURTZ, Sabine
Politikwissenschaftlerin

Untere Burghalde 77
71229 Leonberg
Telefon 07152 23713
Telefax 07152 352192
Haus der Abgeordneten
Konrad-Adenauer-Straße 12
70173 Stuttgart
Telefon 0711 2063-951
Telefax 0711 2063-14951
E-Mail: sabine.kurtz@cdu.landtag-bw.de
Internet: www.sabine-kurtz.de

Fraktion der CDU
Direktmandat im Wahlkreis 6
Leonberg

Persönliche Angaben:
Geboren am 8. August 1961 in Bad Hersfeld; evangelisch, verheiratet, drei Kinder.

Ausbildung, Berufslaufbahn, berufliche Funktionen:
Abitur in Bad Hersfeld. Studium in Politologie, Germanistik und Romanistik in Freiburg und Straßburg. 1986/1987 Erstes Staatsexamen und Magister Artium. 1987 bis 1989 Volontariat und Beschäftigung in einer Agentur für Presse- und Öffentlichkeitsarbeit. 1989/1990 Referentin eines MdL. 1991/1992 Parlamentarische Beraterin der CDU-Landtagsfraktion. 1993 bis 1997 Wissenschaftliche Mitarbeiterin eines MdB. 1998 bis 2002 Parlamentarische Beraterin der CDU-Landtagsfraktion. 2002 bis 2006 Referentin im Staatsministerium Baden-Württemberg.

Politische Funktionen:
Vorsitzende des CDU-Stadtverbands Leonberg. Mitglied des Vorstands des CDU-Bezirksverbands Nordwürttemberg.
Mitglied des Landtags von Baden-Württemberg seit 11. April 2006.
Beisitzerin im Vorstand der CDU-Landtagsfraktion.

Sonstige Funktionen und Mitgliedschaften:
Vorsitzende des Kuratoriums der Kunststiftung Baden-Württemberg gGmbH. Mitglied des Verwaltungsrats der Württembergischen Staatstheater Stuttgart. Mitglied des Kuratoriums der Landeszentrale für politische Bildung Baden-Württemberg. Vorsitzende des Beirats für den Schülerwettbewerb des Landtags von Baden-Württemberg zur Förderung der politischen Bildung. Mitglied des Medienrats der Landesanstalt für Kommunikation Baden-Württemberg. Mitglied des Kuratoriums und des Beirats der Stiftung Akademie Schloss Solitude. Mitglied des Beirats des Theaterhauses Stuttgart e. V. Mitglied des Kuratoriums von Musik der Jahrhunderte Stuttgart e. V.

Angaben nach Teil I der Offenlegungsregeln:
Referentin im Staatsministerium Baden-Württemberg (Arbeitsverhältnis ruht wegen Mandats).

LASOTTA, Dr. Bernhard
Assistenzarzt Anaesthesie
und operative Intensivmedizin

Wahlkreisbüro
Badstraße 14
74072 Heilbronn
Telefon 07131 9824250
Telefax 07131 9824255
E-Mail: bernhard@lasotta.de
Internet: www.lasotta.de

Fraktion der CDU
Direktmandat im Wahlkreis 20
Neckarsulm

Persönliche Angaben:
Geboren am 16. Januar 1969 in Heilbronn; römisch-katholisch, verheiratet, zwei Kinder, wohnhaft in Bad Wimpfen.

Ausbildung, Berufslaufbahn, berufliche Funktionen:
Abitur am Hohenstaufen-Gymnasium Bad Wimpfen. Wehrdienst im Sanitätsdienst der Bundeswehr in Veitshöchheim und Tauberbischofsheim.Danach Studium der Medizin an der Ruprecht-Karls-Universität Heidelberg, 1997 Staatsexamen. Arzt im Praktikum am Klinikum Heilbronn am Gesundbrunnen. Promotion am Institut für Medizinische Biometrie und Informatik der Universität Heidelberg. Seit 1999 Assistenzarzt an der Klinik für Anaesthesie und Operative Intensivmedizin der SLK-Kliniken Heilbronn GmbH.

Politische Funktionen:
1989 bis 2009 Stadtrat und Fraktionsvorsitzender der CDU/Freie Wähler Bad Wimpfen. 1994 bis 2009 erster stellvertretender Bürgermeister der Stadt Bad Wimpfen. Seit 2004 Mitglied des Kreistags im Landkreis Heilbronn. Seit 2005 Vorsitzender des CDU Kreisverbands Heilbronn.
Mitglied des Landtags von Baden-Württemberg seit 11. April 2001. In der 13. Wahlperiode suchtpolitischer Sprecher der CDU-Fraktion und Mitglied der Enquetekommission „Demografischer Wandel". In der 14. Wahlperiode Sprecher für Entwicklungszusammenarbeit der CDU-Fraktion.

Sonstige Funktionen und Mitgliedschaften:
Mitglied des Stiftungsrats der Stiftung Entwicklungs-Zusammenarbeit Baden-Württemberg. Vorsitzender des Vereins zur Förderung des Siebenbürgischen Museums Gundelsheim.

Angaben nach Teil I der Offenlegungsregeln:
Assistenzarzt an der Klinik für Anaesthesie und Operative Intensivmedizin der SLK-Kliniken Heilbronn GmbH, Klinikum am Gesundbrunnen Heilbronn. Mitglied des Aufsichtsrats der SLK-Kliniken Heilbronn GmbH. Mitglied des Aufsichtsrats der Kindersolbad gGmbH, Bad Friedrichshall.

LEDE ABAL, Daniel Andreas
Geschäftsführer

Am Lustnauer Tor 6
72074 Tübingen
Telefon 07071 8895123
Telefax 07071 8895131
E-Mail:
Daniel.LedeAbal.WK@gruene.landtag-bw.de
Internet:
www.ledeabal.de

Fraktion GRÜNE
Direktmandat im Wahlkreis 62
Tübingen

Persönliche Angaben:
Geboren am 1. Juni 1976 in Stuttgart; katholisch, verheiratet, ein Kind.

Ausbildung, Berufslaufbahn, berufliche Funktionen:
Teichwiesenschule in Korntal-Münchingen. Gymnasium Korntal in Korntal-Münchingen. Zivildienst in der Behindertenhilfe der Caritas Stuttgart. Ab 1996 Lehramtsstudium in den Fächern Deutsch, Politikwissenschaft und Spanisch an der Eberhard-Karls-Universität Tübingen ohne Abschluss. Anschließend zunächst Angestellter, dann angestellter Geschäftsführer einer Weinhandlung.

Politische Funktionen:
Während Schule und Studium Vertreter in diversen Gremien, u. a. AStA und Kleiner Senat der Eberhard-Karls-Universität Tübingen. Ehemaliges Mitglied des Grün-Alternativen Jugendbündnisses (GAJB) und der Grünen Jugend sowie der Grünen Hochschulgruppe Tübingen. Seit 1998 Mitglied von Bündnis 90/Die Grünen (Kreisverband Tübingen). 2000 bis 2011 Vorstandsmitglied Finanzen von Bündnis 90/Die Grünen Stadtverband Tübingen. 2004 bis 2009 Mitglied des Kreistags Tübingen.
Mitglied des Landtags von Baden-Württemberg seit 13. April 2011.

Sonstige Funktionen und Mitgliedschaften:
Mitglied des Verwaltungsrats des Landestheaters Württemberg-Hohenzollern. Mitglied des Verwaltungsrats des Studentenwerks Tübingen-Hohenheim AöR. Schöffe am Amtsgericht Tübingen. Mitgliedschaft in diversen Vereinen und Organisationen.

Angaben nach Teil I der Offenlegungsregeln:
Stellv. Mitglied des Rundfunkrats des Südwestrundfunks.

LEHMANN, Siegfried
Studiendirektor

Jahnstr. 7
78315 Radolfzell
Telefon 07732 972443
Telefax 07732 972444
E-Mail: siegfried.lehmann@web.de
Internet: www.siegfried-lehmann.de

Fraktion GRÜNE
Direktmandat im Wahlkreis 56
Konstanz

Persönliche Angaben:
Geboren am 24. Januar 1955 in Lieberose; ledig.

Ausbildung, Berufslaufbahn, berufliche Funktionen:
Volks- und Hauptschule in Radolfzell. 1970 bis 1974 Berufsausbildung als Technischer Zeichner bei der Fa. Allweiler AG in Radolfzell. Erlangung der Fachhochschulreife über den zweiten Bildungsweg. 1976/77 Zivildienst in Singen. 1977 bis 1980 Maschinenbaustudium der Fachhochschule Konstanz (Fachrichtung: Konstruktion und Verfahrenstechnik). 1981/82 Ingenieuer und Sachverständiger (Dampf- und Drucktechnik) beim TÜV Baden. 1982 bis 1985 Lehramtsstudium (Fertigungstechnik) an der Universität Stuttgart. 1985/87 Referendariat für das Lehramt an beruflichen Schulen. Seit 1987 Lehrer an der Hohentwiel-Gewerbeschule Singen und zudem seit 2000 Fachberater für das Oberschulamt/Regierungspräsidium Freiburg.

Politische Funktionen:
Seit 1979 Mitglied der GRÜNEN (Gründungsmitglied). 1983 bis 1986 Beisitzer im Landesvorstand der GRÜNEN Baden-Württemberg. Seit 1989 Fraktionsvorsitzender der Fraktion Bündnis 90/Die Grünen bzw. Freie Grüne Liste im Gemeinderat der Stadt Radolfzell. Stellv. Oberbürgermeister der Stadt Radolfzell. Seit 1994 Mitglied des Kreistags des Landkreises Konstanz. Seit 2004 Mitglied der Verbandsversammlung des Regionalverbandes Hochrhein-Bodensee. Mitglied des Landtags von Baden-Württemberg seit 10. April 2006. Vorsitzender des Ausschusses für Kultus, Jugend und Sport. Mitglied des Europaausschusses.

Sonstige Funktionen und Mitgliedschaften:
Zweiter Vorsitzender des Kunstvereins Radolfzell. Mitgliedschaften: Gewerkschaft Erziehung und Wissenschaft, Bund für Umwelt und Naturschutz Deutschland (BUND), Naturschutzbund Deutschland (NABU), Allgemeiner Deutscher Fahrrad-Club (ADFC), Pro Bahn, Jazz-Club Singen, Foto-Club Radolfzell, Förderverein Heimatmuseum und Stadtgeschichte Radolfzell, Förderverein Frauen- und Kinderschutzhaus Radolfzell.

Angaben nach Teil I der Offenlegungsregeln:
Studiendirektor (25 %) an der Hohentwiel-Gewerbeschule in Singen. Mitglied des Aufsichtsrats der Stadtwerke Radolfzell GmbH.

LINDLOHR, Andrea
Politikwissenschaftlerin

Bahnhofstraße 31
73728 Esslingen a. N.
Telefon 0711 93346019
E-Mail:
andrea.lindlohr@gruene.landtag-bw.de
Internet:
www.andrea-lindlohr.de

Fraktion GRÜNE
Zweitmandat im Wahlkreis 7
Esslingen

Persönliche Angaben:
Geboren am 19. Februar 1975 in Königswinter, aufgewachsen in Erpel am Rhein; katholisch, verheiratet.

Ausbildung, Berufslaufbahn, berufliche Funktionen:
Gymnasium in Linz am Rhein, Abitur 1994. Studium der Politikwissenschaft und Soziologie in Tübingen und Leicester (UK) mit Schwerpunkten Politische Wirtschaftslehre und Vergleichende Wohlfahrtsstaatforschung, Abschluss als Magister Artium. 2002 bis 2011 Parlamentarische Beraterin für Wirtschaft, Arbeit und Energie der Fraktion GRÜNE im Landtag von Baden-Württemberg.

Politische Funktionen:
Seit 1995 ehrenamtlich aktiv. Seit 1998 Mitglied bei BÜNDNIS 90/ DIE GRÜNEN mit verschiedenen Funktionen auf lokaler und regionaler Ebene. Seit 2008 Mitglied des Vorstands des Kreisverbands Esslingen von BÜNDNIS 90/DIE GRÜNEN. Seit 2003 Mitglied des Landesvorstands von BÜNDNIS 90/DIE GRÜNEN Baden-Württemberg. Mitglied des Landtags von Baden-Württemberg seit 12. April 2011.

Sonstige Funktionen und Mitgliedschaften:
Mitglied des Kuratoriums der Landesakademie des Handwerks. Vorsitzende des Fördervereins der Volkshochschule Esslingen a. N. e. V. Mitglied u. a. in der Vereinigung der Freunde der Universität Tübingen e. V., des Verkehrsclubs Deutschland, der Heinrich-Böll-Stiftung Baden-Württemberg und bei Amnesty International.

Angaben nach Teil I der Offenlegungsregeln:
Mitglied des Aufsichtsrats der Landesmesse Stuttgart GmbH. Mitglied des Unternehmerbeirats von Baden-Württemberg International – Gesellschaft für internationale wirtschaftliche und wissenschaftliche Zusammenarbeit mbH (bw-i). Stellv. Mitglied des Verwaltungsrats der Landeskreditbank Baden-Württemberg – Förderbank.

LOCHERER, Paul
Dipl.-Verwaltungswirt (FH)

Fohlenweide 45
88279 Amtzell
Telefon privat 07520 6497
Telefon Landtag 0711 2063-986
Telefax 07520 923956
E-Mail: paul@locherer.com
Paul.Locherer@cdu.landtag-bw.de
Internet: www.paul-locherer.de

*Fraktion der CDU
Direktmandat im Wahlkreis 68
Wangen*

Persönliche Angaben:
Geboren am 5. Februar 1955 in Burgrieden; katholisch, verheiratet, drei Kinder.

Ausbildung, Berufslaufbahn, berufliche Funktionen:
Volksschule in Burgrieden, Progymnasium in Laupheim, Wirtschaftsgymnasium und Abitur in Biberach. 1977 Staatsprüfung für den mittleren Verwaltungsdienst. 1983 Staatsprüfung für den gehobenen Verwaltungsdienst. 1983 bis 1985 Kämmerer in Burgrieden. 1985 bis 1986 Personalreferent bei der Stadt Weingarten. 1986 bis 2010 Bürgermeister in Amtzell.

Politische Funktionen:
Seit 1994 Mitglied des Kreistags des Landkreises Ravensburg. Mitglied des Landtags von Baden-Württemberg seit 11. April 2006.

Sonstige Funktionen und Mitgliedschaften:
–

Angaben nach Teil I der Offenlegungsregeln:
Lehrbeauftragter an der Verwaltungsschule des Gemeindetags Baden-Württemberg.

LÖFFLER, Dr. Reinhard
Rechtsanwalt

Leo-Fall-Weg 13
70195 Stuttgart
Telefon 0711 694337
Telefax 0711 694338
E-Mail:
Reinhard.Loeffler@cdu.landtag-bw.de
Internet:
www.Reinhard-Loeffler.com

Fraktion der CDU
Direktmandat im Wahlkreis 3
Stuttgart III

Persönliche Angaben:
Geboren am 15. Mai 1954 in Offenburg; katholisch, verheiratet, drei Kinder.

Ausbildung, Berufslaufbahn, berufliche Funktionen:
Karl-Tschamber-Volksschule in Weil am Rhein. Kant-Gymnasium in Weil am Rhein. Studium der Rechtswissenschaft und der Volkswirtschaft in Basel, Freiburg und Montreal. 1979 Erstes Staatsexamen. 1984 Assessorexamen. 1981 Master of Laws. 1985 Promotion. Rechtsanwalt. Lehrbeauftragter. Direktor der IBM Deutschland GmbH.

Politische Funktionen:
Seit 1999 Mitglied des Gemeinderats der Stadt Stuttgart. Mitglied des Landtags von Baden-Württemberg seit 11. April 2006. Wirtschaftspolitischer Sprecher der CDU-Landtagsfraktion.

Sonstige Funktionen und Mitgliedschaften:
Ehrenamtliche Tätigkeit im Kirchengemeinderat St. Clemens Stuttgart-Botnang und im Caritasrat. Mitglied des Verwaltungsrats der Stuttgarter Philharmoniker. Mitglied des Verwaltungsrats der Württembergischen Staatstheater Stuttgart. Mitglied des Beirats des Linden-Museums. Mitglied der Jury für den Hegelpreis der Landeshauptstadt Stuttgart.

Angaben nach Teil I der Offenlegungsregeln:
Selbstständiger Rechtsanwalt (Schwerpunkt). Lehrbeauftragter. Direktor der IBM Deutschland GmbH. Mitglied des Aufsichtsrats der Objektgesellschaft Schleyer-Halle und Neue Arena GmbH & Co. KG. Mitglied des Aufsichtsrats der Landesmesse Stuttgart GmbH. Mitglied des Aufsichtsrats der Stuttgarter Straßenbahnen AG. Mitglied der Verbandsversammlung des Zweckverbands Filderwasserversorgung. Mitglied der Verbandsversammlung des Zweckverbands Strohgäuwasserversorgung.

LÖSCH, Brigitte
Diplom-Sozialpädagogin
Stellv. Landtagspräsidentin

Kernerstr. 31
70182 Stuttgart
Telefon 0711 2063-233
Telefax 0711 2063-660
E-Mail:
brigitte.loesch@gruene.landtag-bw.de
Internet:
www.brigitte-loesch.de

*Fraktion GRÜNE
Direktmandat im Wahlkreis 4
Stuttgart IV*

Persönliche Angaben:
Geboren am 3. Juli 1962 in Geislingen/Steige; evangelisch, verheiratet.

Ausbildung, Berufslaufbahn, berufliche Funktionen:
Abitur 1981 in Geislingen/Steige. Diplom-Sozialpädagogin (BA). Über 15 Jahre in den verschiedenen Bereichen der Kinder- und Jugendhilfe tätig. 1997 bis 2001 parlamentarische Beraterin der Fraktion GRÜNE im Landtag von Baden-Württemberg.

Politische Funktionen:
1989 bis 1998 Stadträtin in Geislingen/Steige. Seit 2004 Mitglied des Präsidiums des Bundesfrauenrats von Bündnis 90/DIE GRÜNEN. Mitglied des Landtags von Baden-Württemberg seit 11. April 2001. 2006 bis 2011 Vorsitzende des Sozialausschusses des Landtags. 2001 bis 2006 stellv. Fraktionsvorsitzende und parlamentarische Geschäftsführerin der Fraktion GRÜNE. Seit 11. Mai 2011 erste stellv. Präsidentin des Landtags.

Sonstige Funktionen und Mitgliedschaften:
Mitglied des Stiftungsrats der Stiftung „Zeit für Menschen". Stellv. Vorsitzende des Beirats der Kunststiftung Baden-Württemberg gGmbH. Mitglied des Verwaltungsrats der Württembergischen Staatstheater Stuttgart. Mitglied des Kuratoriums der Stiftung „Akademie Schloss Solitude". Vorstandsvorsitzende des Kulturzentrums Merlin e. V. Mitglied in verschiedenen sozialen, gesellschaftlichen und kulturellen Einrichtungen.

Angaben nach Teil I der Offenlegungsregeln:
–

LUCHA, Manfred
Chemiewerker, Krankenpfleger, Dipl.-
Sozialarbeiter

Welfenstr. 3
88212 Ravensburg
Telefon 0711 2063-617
Telefax 0711 2063-660
E-Mail:
Manfred.Lucha@gruene.landtag-bw.de
Internet:
www.manne-lucha.de

Fraktion GRÜNE
Zweitmandat im Wahlkreis 69
Ravensburg

Persönliche Angaben:
Geboren am 13. März 1961 in Oberbayern; ansässig in Ravensburg,
verheiratet, zwei Kinder.

Ausbildung, Berufslaufbahn, berufliche Funktionen:
Gelernter Chemiewerker und Krankenpfleger sowie Diplom-Sozialarbeiter. Studium an der Fachhochschule Ravensburg-Weingarten,
anschließend MBA. Seit 25 Jahren beruflich in der psychiatrischen
Versorgung der Region Bodensee-Oberschwaben tätig.

Politische Funktionen:
1979 Gründungsmitglied der Grünen in Bayern. Seit 2001 Fraktionsvorsitzender der Grünen im Gemeinderat Ravensburg und stellvertretender Fraktionsvorsitzender im Kreistag.
Mitglied des Landtags von Baden-Württemberg seit 11. April 2011.
Obmann der Grünen im Sozialausschuss. Mitglied des Petitionsausschusses. Vorsitzender des Arbeitskreises VII Soziales der Fraktion
GRÜNE.

Sonstige Funktionen und Mitgliedschaften:
Mitglied bei ver.di, BUND, Verkehrsclub Deutschland (VCD), Deutscher Alpenverein (DAV) und Fußballverein FV Ravensburg. Sprecher des gemeindepsychiatrischen Verbundes Bodenseekreis.

Angaben nach Teil I der Offenlegungsregeln:
Fachlicher Leiter der Pauline 13 e. V. (Gemeindepsychiatrisches Zentrum). Mitglied des Verwaltungsrats und des Kreditausschusses der
Kreissparkasse Ravensburg. Stellv. Bundesvorsitzender der Bundesarbeitsgemeinschaft gemeindepsychiatrischer Verbünde e. V.

LUSCHE, Ulrich
Rechtsanwalt

Wahlkreisbüro
Luisenstraße 6
79539 Lörrach
Telefon 07621 45912
Telefax 07621 1617469
E-Mail: wahlkreis@ulrich-lusche.de
Internet: www.ulrich-lusche.de

Fraktion der CDU
Direktmandat im Wahlkreis 58
Lörrach

Persönliche Angaben:
Geboren am 27. Oktober 1968 in Rheinfelden (Baden); evangelisch,
verheiratet, zwei Kinder.

Ausbildung, Berufslaufbahn, berufliche Funktionen:
Grundschule und Gymnasium in Lörrach. 1988 bis 1990 Zeitsoldat
bei der Marine (Reserveoffizier). 1990 bis 1995 Studium der Rechtswissenschaften an der Albert-Ludwigs-Universität in Freiburg.
Rechtsreferendariat in Waldshut-Tiengen. Seit 1998 Rechtsanwalt
in der Kanzlei Bender Harrer Krevet in Lörrach.

Politische Funktionen:
Seit 2004 Stadtrat in Lörrach.
Mitglied des Landtags von Baden-Württemberg seit 10. April 2006.

Sonstige Funktionen und Mitgliedschaften:
–

Angaben nach Teil I der Offenlegungsregeln:
Selbstständiger Rechtsanwalt in der Kanzlei Bender Harrer Krevet
in Lörrach. Mitglied des Aufsichtsrats der Innocel Innovations GmbH
in Lörrach. Mitglied des Verwaltungsrats der Sparkasse Lörrach-
Rheinfelden.

MACK, Winfried
Dipl.-Verwaltungswissenschaftler

Kugelbergstraße 18
73479 Ellwangen
Telefon 0711 2063-859
Telefax 0711 2063-14859
E-Mail:
winfried.mack@cdu.landtag-bw.de

Fraktion der CDU
Direktmandat im Wahlkreis 26
Aalen

Persönliche Angaben:
Geboren am 6. August 1965 in Ellwangen; katholisch, verheiratet,
zwei Kinder.

Ausbildung, Berufslaufbahn, berufliche Funktionen:
Gymnasium und Abitur in Ellwangen. Grundwehrdienst. Studium
der Verwaltungswissenschaften in Konstanz. Seit 1992 Diplom-Ver-
waltungswissenschaftler. Verwaltungsreferendariat in Aalen, Stuttgart, Speyer und Brüssel. 1995 Assessorexamen. 1995 bis 2001 beim
Staatsministerium, zuletzt als Referatsleiter für Grundsatzfragen der
Landespolitik.

Politische Funktionen:
Seit Juli 2011 stellv. Landesvorsitzender der CDU Baden-Württem-
berg. Seit 1999 Mitglied des CDU-Landesvorstands. Seit 1999 Kreis-
rat im Ostalbkreis. 2006 bis 2009 Stellv. Mitglied des Ausschusses der
Regionen der Europäischen Union, Brüssel.
Mitglied des Landtags von Baden-Württemberg seit 10. April 2001.
Seit April 2011 stellv. Vorsitzender der CDU-Landtagsfraktion.

Sonstige Funktionen und Mitgliedschaften:
Vorsitzender der Abendrealschule Aalen-Ellwangen e. V. Mitglied
der Kuratorien der Landeszentrale für politische Bildung Baden-
Württemberg, der Internationalen Musikschulakademie Kulturzen-
trum Schloss Kapfenburg und der Hochschule Aalen – Technik und
Wirtschaft.

Angaben nach Teil I der Offenlegungsregeln:
Oberregierungsrat a. D. (Dienstverhältnis ruht wegen Mandats). Mitglied des Verwaltungsrats der Kreissparkasse Ostalb. Mitglied des
Aufsichtsrats der Baden-Württemberg Stiftung gGmbH. Vorsitzender
des Landesverbands Abendrealschulen Baden-Württemberg e. V.

MAIER, Klaus
Bürgermeister a. D.

Schlossstraße 33/2
73540 Heubach
Telefon 07173 4555
E-Mail:
KMaier-heubach@gmx.de
Internet:
www.kmaier-heubach.de

*Fraktion der SPD
Zweitmandat im Wahlkreis 25
Schwäbisch Gmünd*

Persönliche Angaben:
Geboren am 16. März 1956 in Nattheim (Landkreis Heidenheim);
evangelisch, verheiratet, zwei Kinder.

Ausbildung, Berufslaufbahn, berufliche Funktionen:
1963 bis 1966 Volksschule Nattheim. 1966 bis 1972 Realschule Heidenheim. 1972 bis 1975 Ausbildung zum gehobenen Verwaltungsdienst beim Bürgermeisteramt Nattheim und Landratsamt Heidenheim. 1975 bis 1977 Studium an der Fachhochschule für öffentliche
Verwaltung in Stuttgart. 1977 Abschluss Diplom-Verwaltungswirt
(FH). 1977 bis 1983 Stadtverwaltung Aalen. 1983 bis 1986 Stadtkäm-
merer der Stadt Oberkochen. 1986 bis 2011 Bürgermeister der Stadt
Heubach und Verbandsvorsitzender der Verwaltungsgemeinschaft
Rosenstein.

Politische Funktionen:
1989 bis 2011 Mitglied des Kreistags des Ostalbkreises, ab 1998
Vorsitzender der SPD-Kreistagsfraktion. Seit 2009 Mitglied der Verbandsversammlung des Regionalverbands Ostwürttemberg.
Mitglied des Landtags von Baden-Württemberg seit 12. April 2011.

Sonstige Funktionen und Mitgliedschaften:
Vorsitzender des Polizeimuseum-Fördervereins Heubach. Stellv.
Vorsitzender der Touristikgemeinschaft Sagenhafter Albuch-Bar-
tholomä. Mitglied des Verbands der Verwaltungsbeamten Baden-
Württemberg.

Angaben nach Teil I der Offenlegungsregeln:
Geschäftsführer der Wohnbau GmbH Heubach. Mitglied der Verbandsversammlung des Abwasserzweckverbands Lauter-Rems.

MAPPUS, Stefan
Ministerpräsident a. D.

Westliche Karl-Friedrich-Straße 104
75172 Pforzheim

Fraktion der CDU
Direktmandat im Wahlkreis 42
Pforzheim

Persönliche Angaben:
Geboren am 4. April 1966 in Pforzheim; evangelisch, verheiratet, zwei Kinder.

Ausbildung, Berufslaufbahn, berufliche Funktionen:
1976 bis 1985 Gymnasium in Mühlacker, Abitur. 1985 bis 1987 Ausbildung zum Industriekaufmann bei der Standard-Elektrik-Lorenz AG in Pforzheim. 1987 bis 1988 Grundwehrdienst bei der 1./ Raketenartilleriebataillon 122 in Philippsburg. 1988 bis 1993 Studium der Wirtschafts- und Sozialwissenschaften an der Universität Hohenheim; Abschluss als Diplom-Ökonom. 1993 bis 1998 Wissenschaftlicher Mitarbeiter am Lehrstuhl für Politische Wissenschaft der Universität Hohenheim. 1995 bis 1997 Tätigkeit bei der Siemens AG in Stuttgart (zurzeit beurlaubt). November 1998 bis Juli 2004 politischer Staatssekretär im Ministerium für Umwelt und Verkehr. Juli 2004 bis April 2005 Minister für Umwelt und Verkehr. April 2005 bis Februar 2010 Vorsitzender der CDU-Fraktion im Landtag von Baden-Württemberg. Februar 2010 bis Mai 2011 Ministerpräsident des Landes Baden-Württemberg.

Politische Funktionen:
1983 Eintritt in die Junge Union. 1985 Eintritt in die CDU. 1988 bis 1990 Kreisvorsitzender der Jungen Union Enzkreis/Pforzheim. 1989 bis 2002 Mitglied des Landesvorstandes der Jungen Union Baden-Württemberg. 1994 bis März 2010 Vorsitzender des CDU-Kreisverbands Enzkreis/Pforzheim. Dezember 2005 bis November 2009 stellv. Vorsitzender der CDU Baden-Württemberg. November 2009 bis Juli 2011 Vorsitzender der CDU Baden-Württemberg und Mitglied des Bundesvorstands der CDU Deutschlands. Februar 2010 bis Mai 2011 Mitglied des Präsidiums der CDU Deutschlands. 1989 bis 1995 Mitglied des Gemeinderats der Großen Kreisstadt Mühlacker. 1994 bis 1995 Kreisrat im Enzkreis.
Mitglied des Landtags von Baden-Württemberg seit 19. April 1996.

Sonstige Funktionen und Mitgliedschaften:
–

Angaben nach Teil I der Offenlegungsregeln:
–

Mandat niedergelegt mit Ablauf des 31. August 2011.
Nachfolgerin: Dr. Marianne Engeser.

MARWEIN, Thomas
Bauingenieur und
Vermessungstechniker

An der Wiede 7
77652 Offenburg
Telefon 0781 74056
Telefon 0172 5293698
E-Mail: marwein-og@t-online.de
Internet: www.thomas-marwein.de

Fraktion GRÜNE
Zweitmandat im Wahlkreis 51
Offenburg

Persönliche Angaben:
Geboren am 10. Juni 1958 in Rastatt; evangelisch, verheiratet, drei
Kinder.

Ausbildung, Berufslaufbahn, berufliche Funktionen:
Grundschule in Achern (Ortenaukreis) und Binzen (Kreis Lörrach),
Theodor-Heuss-Realschule Lörrach, Lehre als Vermessungstechniker beim Staatlichen Vermessungsamt Lörrach, Berufspraxis als Vermessungstechniker, Fachhochschulreife über zweiten Bildungsweg,
Grundwehrdienst, Studium an der FH Karlsruhe Fachbereich Bau-
ingenieurwesen mit der Vertiefungsrichtung Verkehrswesen und
Wasserbau. Seit November 1984 in der Wasserwirtschaftsverwal-
tung des Landes in Offenburg tätig, durch die Verwaltungsreform seit
1. Januar 2005 beim Landratsamt Ortenaukreis als Kreisoberamtsrat
beschäftigt.

Politische Funktionen:
1984 kurzfristig Kreisrat des Landkreises Karlsruhe. 1989 bis 2004
Kreisrat im Ortenaukreis. März 1997 bis Mai 2011 Gemeinderat in
Offenburg. Seit 2006 Vorsitzender des Ortsverbands Offenburg von
Bündnis 90/Die Grünen.
Mitglied des Landtags von Baden-Württemberg seit 11. April 2011.

Sonstige Funktionen und Mitgliedschaften:
Mitglied beim VCD und ADFC, Bienenpate bei Melifera e. V., Mit-
glied der Verbraucherzentrale Baden-Württemberg, Mitglied des
Bundes der Technischen Beamten Baden-Württemberg (BTB).

Angaben nach Teil I der Offenlegungsregeln:
Kreisoberamtsrat beim Ortenaukreis (beurlaubt).

MENTRUP, Dr. Frank
Politischer Staatssekretär, Arzt

Wahlkreisbüro
Steigenhohlstr. 3
76275 Ettlingen
Telefon 07243 3589030
E-Mail:
Frank.Mentrup@spd.landtag-bw.de
Frank.Mentrup@km.kv.bwl.de
Internet:
www.frankmentrup.de

Fraktion der SPD
Zweitmandat im Wahlkreis 31
Ettlingen

Persönliche Angaben:
Geboren am 24. Oktober 1964 in Mannheim; verheiratet, vier Kinder.

Ausbildung, Berufslaufbahn, berufliche Funktionen:
Abitur am Moll-Gymnasium Mannheim. Zivildienst beim ASB
Mannheim. Ausbildung zum Rettungshelfer. 1985 bis 1992 Medi-
zinstudium in Heidelberg und Mannheim. 1993 bis 1999 Arzt in der
Kinder- und Jugendpsychiatrie am Zentralinstitut für Seelische Gesundheit Mannheim. 1999 bis 2007 Arzt in der Abteilung Gemein-
depsychiatrie am ZI (Schwerpunkt: Berufliche Rehabilitation). 2007
bis 2011 Assistenzarzt an der Klinik für Kinder- und Jugendpsychiatrie am Städtischen Klinikum Karlsruhe. Seit 12. Mai 2011 politischer
Staatssekretär im Kultusministerium.

Politische Funktionen:
1989 bis 1994 Bezirksbeirat in Mannheim-Lindenhof. 1994 bis 2007
Stadtrat in Mannheim, 2001 bis 2006 SPD-Fraktionsvorsitzender.
Mitglied des Landtags von Baden-Württemberg seit 13. April 2006.
In der 14. Wahlperiode Mitglied des Finanzausschusses, des Aus-
schusses für Kultus, Jugend und Sport und stellv. Vorsitzender der
Enquetekommission „Fit fürs Leben in der Wissensgesellschaft –
berufliche Schulen, Aus- und Weiterbildung".

Sonstige Funktionen und Mitgliedschaften:
Mitglied und Vorsitzender der Karlsruher Vereinigung zur Hilfe für
psychisch kranke Kinder und Jugendliche (KAV). Mitglied bei ver.di,
Arbeiter-Samariter-Bund (ASB), Bund für Umwelt und Naturschutz
Deutschland (BUND), Verkehrsclub Deutschland.

Angaben nach Teil I der Offenlegungsregeln:
Politischer Staatssekretär im Ministerium für Kultus, Jugend und
Sport. Arzt am Zentralinstitut für Seelische Gesundheit (ZI), Stif-
tung öR, Mannheim (beurlaubt). Vorsitzender des Landesverbands
Baden-Württemberg im Deutschen Bibliotheksverband e. V. (dbv).

MIELICH, Bärbl
Dipl.-Sozialpädagogin,
Familienmediatorin

Rathausgasse 6
79292 Pfaffenweiler
Telefon 07664 60419
Telefax 07664 600317
E-Mail: mielich.b@googlemail.com
Internet: www.baerbl-mielich.de

*Fraktion GRÜNE
Zweitmandat im Wahlkreis 48
Breisgau*

Persönliche Angaben:
Geboren am 22. Mai 1952 in Wuppertal; verheiratet, drei erwachsene Kinder.

Ausbildung, Berufslaufbahn, berufliche Funktionen:
Gymnasium in Bocholt/Westfalen. Ausbildung zur Erzieherin. Studium der Sozialpädagogik an der Evangelischen Fachhochschule Düsseldorf Kaiserswerth. Zusatzausbildung zur Frauenbeauftragten und Familienmediatorin.

Politische Funktionen:
Bis 2009 Mitglied des Kreistags Breisgau-Hochschwarzwald, 1987 bis 2006 Vorsitzende der Fraktion Bündnis 90/Die Grünen. Sprecherin der Bundesarbeitsgemeinschaft Arbeit, Soziales, Gesundheit. Mitglied des Landtags von Baden-Württemberg seit 12. April 2006.

Sonstige Funktionen und Mitgliedschaften:
Mitglied des Beirats des Augennetzes Südbaden und der Universität Freiburg.

Angaben nach Teil I der Offenlegungsregeln:
Selbstständige Familienmediatorin (Schwerpunkt). Lehrbeauftragte für Supervision und Mediation an der Katholischen Fachhochschule Freiburg.

MÜLLER, Ulrich
Minister a. D.
Abgeordnetenbüro:
Bahnhofstraße 8
88250 Weingarten
Telefon 0751 560925-32
Telefax 0751 560925-50
E-Mail: info@mueller-mdl.de
Schlierer Straße 67
88212 Ravensburg
Telefon 0751 33112
Telefax 0751 31360
E-Mail: ulrichmuellermdlrv@web.de
Internet: www.mueller-mdl.de

Fraktion der CDU
Direktmandat im Wahlkreis 67
Bodensee

Persönliche Angaben:
Geboren am 11. Dezember 1944 in Schwäbisch Hall; evangelisch, verheiratet, vier Kinder.

Ausbildung, Berufslaufbahn, berufliche Funktionen:
Schulzeit in Mittenwald und Garmisch-Partenkirchen. 1965 Abitur. Zwei Jahre Zeitsoldat der Bundeswehr. 1967 bis 1972 Studium der Rechtswissenschaften in Tübingen. 1972 bis 1975 Referendarzeit in Tübingen. 1975 Zweites juristisches Examen. 1975 bis 1977 Wirtschaftsrat der CDU e. V. in Bonn. 1977 bis 1980 Staatsministerium Baden-Württemberg. 1980 bis 1982 Parlamentarischer Berater der CDU-Fraktion (Finanzpolitik). Parlamentsrat a. d. 1983 bis 1996 Hauptgeschäftsführer der IHK Bodensee-Oberschwaben. Juni 1996 bis November 1998 politischer Staatssekretär im Ministerium für Umwelt und Verkehr. November 1998 bis Juli 2004 Minister für Umwelt und Verkehr. November 2004 bis April 2005 Minister des Staatsministeriums und für europäische Angelegenheiten.

Politische Funktionen:
Seit 1967 CDU-Mitglied, diverse Parteifunktionen.
Mitglied des Landtags von Baden-Württemberg seit 27. April 1992. Seit 2006 Vorsitzender des Umweltausschusses. 2010/2011 Obmann der CDU-Fraktion im Untersuchungsausschuss „Polizeieinsatz Schlossgarten". Seit Juni 2011 Mitglied des Ausschusses für Kultus, Jugend und Sport. 2012 Vorsitzender des Untersuchungsausschusses „Kauf der EnBW-Anteile".

Sonstige Funktionen und Mitgliedschaften:
Ehrensenator der Fachhochschule Ravensburg-Weingarten. Vorsitzender des Vereins der Freunde des Instituts für Seenforschung, Langenargen (ehrenamtlich). Vorsitzender des Aufsichtsrats der Schloß Aulendorf GmbH (ehrenamtlich). Mitglied des Kuratoriums des DLRG-Landesverbands Württemberg e. V. 1998 bis 2006 Vorsitzender der Aufsichtsräte der Flughafen Stuttgart GmbH und der Baden-Airpark GmbH. 1985 bis 2011 mit Unterbrechungen Mitglied in Aufsichtsgremien des Südwestfunks und des Südwestrundfunks, zuletzt Vorsitzender des Verwaltungsrats. Zahlreiche weitere Funktionen und Mitgliedschaften.

Angaben nach Teil I der Offenlegungsregeln:
Vorsitzender des Aufsichtsrats der Internationalen Bodensee Tourismus GmbH (IBT) (ehrenamtlich). Mitglied des Aufsichtsrats der Bavaria Film GmbH.

MURSCHEL, Dr. Bernd
Diplom-Agraringenieur

Wilhelmstraße 46
71229 Leonberg
Telefon 07152 949471
Telefax 07152 949472
E-Mail: info@murschel.de
Internet: www.murschel.de

Fraktion GRÜNE
Zweitmandat im Wahlkreis 6
Leonberg

Persönliche Angaben:
Geboren am 24. November 1956 in Leonberg; evangelisch, verheiratet, zwei Kinder.

Ausbildung, Berufslaufbahn, berufliche Funktionen:
Realschulabschluss in Leonberg. Ausbildung zum Lacklaboranten.
Zivildienst in einer Behinderteneinrichtung. Abitur an der Technischen Oberschule in Stuttgart. Studium der Agrarwissenschaften
an der Universität Hohenheim. Promotion im Fachbereich Boden-
physik, Uni Hohenheim. Angestellter im Sonderforschungsbereich
„Umweltgerechte Nutzung von Agrarlandschaften", Uni Stuttgart/
Hohenheim. Selbstständiger Umweltberater seit 1995. Mitglied im
Netzwerk unabhängiger Berater für Qualität und Umwelt. Staatlich
anerkannter Berater für Einzelbetriebliche Managementsysteme in
der Landwirtschaft. Bis 2006 Lehrbeauftragter an der Hochschule für
Wirtschaft und Umwelt Nürtingen-Geislingen. 2006 bis 2010 wissenschaftlicher Angestellter an derselben Einrichtung.

Politische Funktionen:
Seit 1989 Stadtrat in Leonberg, Fraktionsvorsitzender. 2005/2006
Kreisrat im Landkreis Böblingen.
Mitglied des Landtags von Baden-Württemberg seit 11. April 2006.

Sonstige Funktionen und Mitgliedschaften:
–

Angaben nach Teil I der Offenlegungsregeln:
Selbstständiger Umweltberater. Mitglied des Kuratoriums des
Zweckverbands Flugfeld Böblingen/ Sindelfingen.

NELIUS, Georg
Landtagsabgeordneter, Realschullehrer

Pfalzgraf-Otto-Straße 25
74821 Mosbach
Telefon 06261 16837 (privat)
Telefon 0711 2063-754 (Landtagsbüro)
Telefon 06261 9149-17 (Wahlkreisbüro)
Telefax 0711 2063-710 (Landtagsbüro)
Telefax 06261 9149-18 (Wahlkreisbüro)
E-Mail: georg.nelius@spd.landtag-bw.de
(Landtagsbüro)
kontakt@georg-nelius.de (Wahlkreisbüro)
Internet: www.georg-nelius.de

Fraktion der SPD
Zweitmandat im Wahlkreis 38
Neckar-Odenwald

Persönliche Angaben:
Geboren am 28. Juli 1949 in Mosbach; evangelisch, verheiratet, zwei
erwachsene Söhne.

Ausbildung, Berufslaufbahn, berufliche Funktionen:
Volksschule. 1966 Realschulabschluss. 1966 bis 1970 Ausbildung und
Tätigkeit im Landesjustizdienst. Ausbildung in Mosbach und Tätigkeit als
Geschäftsstellenbeamter in den Notariaten Meßkirch und Heidelberg.
1970 bis 1973 Wirtschaftsgymnasium Mosbach. 1973 bis 1976 Studium an
der PH Heidelberg (Deutsch und Geschichte). 1976 bis 1977 Referendariat
an der Realschule in Walldorf. 1977 bis 1983 Realschullehrer an der Realschule in Walldorf, 1983 bis 1989 an der Realschule in Walldürn, 1989 bis
2012 an der Pestalozzi-Realschule in Mosbach.

Politische Funktionen:
Seit 1970 Mitglied der SPD. Seit 1984 Stadtrat in Mosbach, seit 1992 Vor-
sitzender der SPD-Stadtratsfraktion. Seit 1999 Mitglied des Kreistags des
Neckar-Odenwald-Kreises. 1999 bis 2004 Mitglied der Verbandsversamm-
lung des Regionalverbands Unterer Neckar. Stellv. Oberbürgermeister der
Großen Kreisstadt Mosbach. Ehrenamtlicher 2. Stellvertreter des Landrats.
Mitglied des Landtags von Baden-Württemberg seit 18. Mai 2007.

Sonstige Funktionen und Mitgliedschaften:
1983 bis 1999 Kirchengemeinderat. Seit 1976 Mitglied der Gewerkschaft
Erziehung und Wissenschaft (GEW). Mitglied des FV 1919 Mosbach e.V.
Mitglied des Fördervereins Landesgartenschau Mosbach e.V. Mitglied
des Fördervereins Kulturzentrum „Alte Mälzerei" in Mosbach. Mitglied
der Arbeiterwohlfahrt. Mitglied des Vereins „KZ-Gedenkstätte Neckarelz
e.V.". Mitglied des Vereins „Partnerschaft In Einer Welt e.V.". Mitglied
des Partnerschaftskomitees Mosbach-Lymington/England. Mitglied der
Griffelkunst-Vereinigung Hamburg e.V.

Angaben nach Teil I der Offenlegungsregeln:
Realschullehrer. Mitglied des Aufsichtsrats der Neckar-Odenwald-Klini-
ken gGmbH.

NEMETH, Paul
Industriekaufmann

Rhönweg 22
71032 Böblingen
Telefon 07031 287500
Telefax 07031 287502
E-Mail:
paul.nemeth@cdu.landtag-bw.de
Internet:
www.paul-nemeth.de

Fraktion der CDU
Direktmandat im Wahlkreis 5
Böblingen

Persönliche Angaben:
Geboren am 25. Februar 1965 in Böblingen; katholisch, verheiratet, zwei Kinder.

Ausbildung, Berufslaufbahn, berufliche Funktionen:
1981 bis 1983 Ausbildung zum Industriekaufmann bei IBM Stuttgart. 1982 Wahl zum Jugendvertreter und Gesamtjugendvertreter IBM Deutschland. 1984 bis 1985 Wehrdienst. 1985 bis 1993 verschiedene Aufgaben in den Bereichen Finanzen, Verwaltung, Marketing und Vertrieb bei IBM. 1993 Ernennung zum Manager. 1994 Ernennung zum Niederlassungs- und Vertriebsleiter. 1997 bis 1998 weltweiter Marketing-Manager für e-commerce in New York, USA. 1999 Ernennung zum Direktor Vertrieb.

Politische Funktionen:
1983 Eintritt in Junge Union und CDU. 1984 bis 1991 verschiedene Vorstandsfunktionen in der JU Böblingen, davon vier Jahre JU-Stadtverbands- und Kreisvorsitzender. 1992 und 1996 Wahl zum Landtagszweitkandidaten. Seit 1999 CDU-Stadtverbandsvorsitzender Böblingen und Mitglied des CDU-Kreisvorstandes. 1989 bis 2006 Mitglied des Gemeinderats von Böblingen. Seit 2002 Mitglied des Kreistags Böblingen.
Mitglied des Landtags von Baden-Württemberg seit 10. April 2006.

Sonstige Funktionen und Mitgliedschaften:
Mitglied des Vorstands der Volkshochschule Böblingen-Sindelfingen. Mitglied der Sportvereinigung Böblingen. Mitglied der Christlichen Gewerkschaft Metall (CGM) und des Bundes der Vertrieben (BdV).

Angaben nach Teil I der Offenlegungsregeln:
Direktor (Leitender Angestellter) bei der IBM Deutschland GmbH (Informationselektronik). Mitglied des Kuratoriums des Zweckverbands Flugfeld Böblingen/ Sindelfingen.

PAAL, Claus
Geschäftsführer

Anna-Blos-Straße 40
71384 Weinstadt
Telefon 07151 1691749
Telefax 07151 1691750
E-Mail:
claus.paal@cdu.landtag-bw.de
Internet:
www.claus-paal.de

Fraktion der CDU
Direktmandat im Wahlkreis 16
Schorndorf

Persönliche Angaben:
Geboren am 8. März 1967 in Waiblingen (Rems-Murr-Kreis); evangelisch, verheiratet.

Ausbildung, Berufslaufbahn, berufliche Funktionen:
Grundschule. Gymnasium und Abitur in Weinstadt. 1987 bis 1993 Maschinenbaustudium in Karlsruhe. Abschluss als Diplom-Ingenieur. 1993 bis 2010 Geschäftsführer der Paal Verpackungsmaschinen GmbH, Remshalden. Seit Juli 2010 Geschäftsführer der Claus Paal GmbH, Weinstadt.

Politische Funktionen:
2004 bis 2009 Mitglied der CDU-Fraktion im Verband Region Stuttgart. Bis 2009 Mitglied des Wirtschaftsausschusses und stellv. Mitglied des Planungsausschusses der Regionalversammlung. Mitglied des Kreisvorstands der CDU Rems-Murr.
Mitglied des Landtags von Baden-Württemberg seit 11. April 2011.

Sonstige Funktionen und Mitgliedschaften:
Mitglied des Präsidiums und der Vollversammlung der IHK Region Stuttgart. Präsident der IHK Region Stuttgart, Bezirkskammer Rems-Murr. Bis November 2011 stellv. Vorstandsvorsitzender des Packaging Excellence Centers e. V. Mitglied der Jugendtechnikschule Fellbach. Mitglied der „Initiative Sicherer Landkreis Rems-Murr e. V.". Mitglied des Beirats Verpackungstechnik der Hochschule der Medien Stuttgart.

Angaben nach Teil I der Offenlegungsregeln:
Geschäftsführer der Claus Paal GmbH Unternehmensberatung. Vorsitzender des Aufsichtsrats der Wirtschaftsförderung Region Stuttgart GmbH.

PAULI, Günther-Martin
Landrat

Stauffenbergstraße 6
72351 Geislingen
Telefon 07433 274868
Telefax 07433 278494
E-Mail: mail@pauli-mdl.de
Internet: www.pauli-mdl.de

Fraktion der CDU
Direktmandat im Wahlkreis 63
Balingen

Persönliche Angaben:
Geboren am 10. Januar 1965 in Saulgau; römisch-katholisch, verheiratet, drei Kinder.

Ausbildung, Berufslaufbahn, berufliche Funktionen:
Bischöfliches Konvikt Rottweil. Abitur am Leibnizgymnasium Rottweil. Grundwehrdienst in Münsingen. Studium der Rechtswissenschaften an der Eberhard-Karls-Universität Tübingen. 1992 Erstes juristisches Staatsexamen. 1995 Zweites juristisches Staatsexamen. Redaktionsvolontär Zollern-Alb-Kurier. 1996/97 Rechtsanwalt und persönlicher Referent bei Prof. Dr. Wolfgang Frhr. v. Stetten, MdB. 1997 bis 2007 Bürgermeister der Stadt Geislingen (Zollernalbkreis). Seit 2007 Landrat des Zollernalbkreises.

Politische Funktionen:
1980 bis 1991 verschiedene Funktionen bei der Jungen Union auf Orts-, Kreis- und Landesebene. 1989 bis 1996 Ortschaftsrat in Binsdorf. 1989 bis 1997 Stadtrat in Geislingen. 2000 bis 2007 Kreisrat.
Mitglied des Landtags von Baden-Württemberg seit 12. April 2001. Medienpolitischer Sprecher der CDU-Landtagsfraktion.

Sonstige Funktionen und Mitgliedschaften:
Vorsitzender des Stiftungsrats der Günther-Lehner-Stiftung. Vorsitzender der Behindertenförderung Zollernalbkreis e. V.

Angaben nach Teil I der Offenlegungsregeln:
Landrat des Zollernalbkreises. Vorsitzender des Aufsichtsrats der Nahverkehrsgesellschaft Zollernalbkreis mbH (NVZ). Vorsitzender des Aufsichtsrats der Wirtschaftsförderungsgesellschaft für den Zollernalbkreis mbH. Vorsitzender des Aufsichtsrats der Zollernalb Klinikum gGmbH. Vorsitzender des Verwaltungsrats der Sparkasse Zollernalb. Mitglied des Aufsichtsrats der HzL Hohenzollerischen Landesbahn AG. Mitglied des Aufsichtsrats der Standortagentur Tübingen – Reutlingen – Zollernalb GmbH. Mitglied des Aufsichtsrats der EnBW Operations GmbH. Mitglied des Aufsichtsrats der EnBW Kraftwerke AG. Mitglied des Verwaltungsrats der ISBA – Gemeinnützige Lohn- und Dienstleistungs-Gesellschaft mbH. Mitglied des Verwaltungsrats und der Verbandsversammlung des Zweckverbands Oberschwäbische Elektrizitätswerke (OEW). Mitglied der Verbandsversammlung und der Arbeitsgemeinschaft Verwaltungsratsvorsitzende des Sparkassenverbands Baden-Württemberg. Mitglied des Rundfunkrats des Südwestrundfunks.

PIX, Reinhold
Dipl.-Forstwirt, Weingutsinhaber

Eisenbahnstraße 19
79241 Ihringen
Telefon 07668 879
Telefax 07668 902678
E-Mail: info@reinhold-pix.de
Internet: www.reinhold-pix.de

Fraktion GRÜNE
Zweitmandat im Wahlkreis 46
Freiburg I

Persönliche Angaben:
Geboren am 28. Oktober 1955 in Stuttgart; verheiratet, vier Kinder.

Ausbildung, Berufslaufbahn, berufliche Funktionen:
Gymnasium und Abitur in Stuttgart. Studium der Forstwissenschaften in Freiburg. 1983 Abschluss als Diplom-Forstwirt. Seit 1984 Mitinhaber eines Weinguts (zusammen mit Ehefrau).

Politische Funktionen:
1984 bis 2006 Gemeinderat in Ihringen. 1985 bis 2006 Kreisrat im Kreis Breisgau-Hochschwarzwald. 1989 bis 1999 Mitglied der Verbandsversammlung des Regionalverbands Südlicher Oberrhein. Mitglied des Landtags von Baden-Württemberg seit 11. April 2006.

Sonstige Funktionen und Mitgliedschaften:
Erster Vorsitzender des Vereins zur Förderung umweltgerechter Verkehrsplanung Dreisam – Tuniberg – Kaiserstuhl (VLO) e. V. Mitglied bei Bioland Verband für organisch-biologischen Landbau e. V. Mitglied des Badischen Weinbauverbands e. V.

Angaben nach Teil I der Offenlegungsregeln:
Selbstständiger Winzer (Ökologisches Weingut Pix) in Ihringen.

PORESKI, Thomas
Diplom-Pädagoge,
Geschäftsführer

Kreuzem 3/2
72762 Reutlingen
Telefon 0177 2777592
E-Mail: tiptipi@web.de
Internet: www.thomasporeski.de

*Fraktion GRÜNE
Zweitmandat im Wahlkreis 60
Reutlingen*

Persönliche Angaben:
Geboren am 21. Oktober 1963 in Tübingen; evangelisch, verheiratet, zwei Kinder.

Ausbildung, Berufslaufbahn, berufliche Funktionen:
Grundschule Gartenstraße in Sindelfingen. Abitur am Stiftsgymnasium in Sindelfingen. Zivildienst an der Käthe-Kollwitz-Schule für Kinder mit geistiger Behinderung in Böblingen. Diplom-Sozialarbeiter (Ev. Fachhochschule für Sozialwesen, Reutlingen). Diplom-Pädagoge (Universität Tübingen, 2. Hauptfach Politik). Hauptberuflich Geschäftsführer bei einem Träger der Eingliederungshilfe für Menschen mit Behinderung (Mariaberg e. V.); ruht während des Landtagsmandats. Seit 1997 nebenberuflich Entwicklung und Vertrieb von muskelbetriebenen Fahrzeugen als Einzelunternehmer, Thomas Poreski Spezialfahrräder. Seit 2009 nebenberuflich Kursleiter „Rechtsdurchsetzung für Menschen mit Behinderungen" beim Diakonischen Institut Reutlingen.

Politische Funktionen:
Seit 1984 Mitglied der Partei Die Grünen bzw. Bündnis 90/Die Grünen. Seit 2007 Delegierter bei der Bundesarbeitsgemeinschaft Gesundheit und Soziales von Bündnis 90/Die Grünen. Seit 2009 Kreisvorstand von Bündnis 90/Die Grünen.
Mitglied des Landtags von Baden-Württemberg seit 12. April 2011.

Sonstige Funktionen und Mitgliedschaften:
Verkehrsclub Deutschland (VCD), Allgemeiner Deutscher Fahrradclub (ADFC), Allgemeiner Deutscher Automobilclub (ADAC), Reutlinger Initiative deutsche und ausländische Familien gGmbH, „Kinder haben Rechte" e. V.

Angaben nach Teil I der Offenlegungsregeln:
Geschäftsführer von Mariaberg e. V. (Eingliederungshilfe für Menschen mit Behinderung) (ruhendes Arbeitsverhältnis). Entwicklung und Vertrieb von muskelbetriebenen Fahrzeugen, Thomas Poreski Spezialfahrräder (nebenberuflich). Kursleiter „Rechtsdurchsetzung für Menschen mit Behinderungen" beim Diakonischen Institut für Soziale Berufe gGmbH in Reutlingen (nebenberuflich). Mitglied des Aufsichtsrats der Erneuerbare Energien Neckar-Alb eG (ehrenamtlich).

PRÖFROCK, Matthias
Volljurist, Oberregierungsrat a. D.

Bürgerbüro:
Mayenner Straße 14
71332 Waiblingen
Telefon 07151 51525
Telefax 07151 15715
E-Mail: post@matthias-proefrock.de
Internet: www.matthias-proefrock.de

Fraktion der CDU
Direktmandat im Wahlkreis 15
Waiblingen

Persönliche Angaben:
Geboren am 14. Mai 1977 in Düren; katholisch, verheiratet.

Ausbildung, Berufslaufbahn, berufliche Funktionen:
Grundschule Korb. 1996 Abitur am Albertus-Magnus-Gymnasium Stuttgart. 1996 bis 1998 Wehrdienst und Ausbildung zum Reserveoffizier, Major der Reserve. 1998 bis 2003 Studium der Rechtswissenschaften an der Eberhard-Karls-Universität Tübingen; Stipendiat der Konrad-Adenauer-Stiftung. Referendariat in Waiblingen, Stuttgart, Speyer und Toronto. 2003 bis 2005 Assistent des Europaabgeordneten Rainer Wieland MdEP. 2005 bis 2007 Assistent des Europaabgeordneten Prof. Dr. Kurt J. Lauk. 2008 bis 2010 Persönlicher Referent von Ministerpräsident Günther H. Oettinger im Staatsministerium Baden-Württemberg. Anschließend Bundesratsreferent am Innenministerium Baden-Württemberg.

Politische Funktionen:
Seit 1991 Mitglied der Jungen Union, seit 1995 Mitglied der CDU. 1999 bis 2009 Mitglied der Regionalversammlung des Verbands Region Stuttgart. 2002 bis 2004 Mitglied des Bundesvorstands der Jungen Union Deutschlands. 2002 bis 2010 Pressesprecher, seit 2010 stellv. Kreisvorsitzender der CDU Rems-Murr. Seit 2007 Vorsitzender der CDU Region Stuttgart. Seit 2010 Vorsitzender der CDU Korb. Mitglied des Landtags von Baden-Württemberg seit 15. April 2011.

Sonstige Funktionen und Mitgliedschaften:
Mitglied des Verbands der Reservisten der Deutschen Bundeswehr e. V., der Initiative Sicherer Landkreis Rems-Murr e. V. und der Europa-Union.

Angaben nach Teil I der Offenlegungsregeln:
Oberregierungsrat a. D. (Dienstverhältnis ruht wegen Mandats).

RAAB, Werner
Bürgermeister a. D.

Entengasse 12
76275 Ettlingen
Telefon 07243 3750111
Telefax 07243 38853
E-Mail: werner-k.raab@web.de
Internet: www.werner-raab.de

Fraktion der CDU
*Direktmandat im Wahlkreis 31
Ettlingen*

Persönliche Angaben:
Geboren am 8. Juni 1947 in Bruchsal; katholisch, verheiratet, zwei
Töchter.

Ausbildung, Berufslaufbahn, berufliche Funktionen:
Nach der Schulausbildung Ausbildung als Bankkaufmann in Karlsruhe, danach Ausbildung im gehobenen Verwaltungsdienst von 1967
bis 1971. 1971 bis 1975 Leiter des Baurechtsamts der Stadt Bruchsal,
danach bis 1988 stellv. Hauptamtsleiter beim Landratsamt Karlsruhe.
1988 bis 1992 Referent im Umweltministerium, bis 1996 Persönlicher
Referent im Staatsministerium, danach bis 1997 Leiter des Ministerbüros im Sozialministerium. 1997 bis 2005 Erster Beigeordneter der
Stadt Ettlingen.

Politische Funktionen:
Seit 1999 Mitglied des Kreistags des Landkreises Karlsruhe. Mit-
glied der Verbandsversammlung des Regionalverbands Mittlerer
Oberrhein.
Mitglied des Landtags von Baden-Württemberg seit 11. April 2006.

Sonstige Funktionen und Mitgliedschaften:
Mitglied des Stiftungsrats des Zentrums für Kunst und Medientechnologie Karlsruhe. Mitglied des Verwaltungsrats der Stiftung Frau-
enalb. Stellv. Mitglied des Stiftungsrats der Stiftung Entwicklungs-
Zusammenarbeit Baden-Württemberg (SEZ). Seit 2008 Mitglied des
Kuratoriums der Hochschule Karlsruhe – Technik und Wirtschaft
(ehrenamtlich).

Angaben nach Teil I der Offenlegungsregeln:
Stellv. Landesvorsitzender des Sozialverbands VdK Baden-Württemberg.

RAPP, Dr. Patrick
Personalleiter

Hauptstr. 56
79254 Oberried
Telefon 07661 909676
Telefax 07661 1558
E-Mail: kontakt@patrick-rapp.eu
Internet: www.patrick-rapp.eu

*Fraktion der CDU
Direktmandat im Wahlkreis 48
Breisgau*

Persönliche Angaben:
Geboren am 28. Januar 1969 in Stuttgart; katholisch, verheiratet,
drei Kinder.

Ausbildung, Berufslaufbahn, berufliche Funktionen:
Gymnasium und Abitur in Riedlingen/Donau. 1990 bis 1993 Rettungssanitäter beim DRK Kreisverband Sigmaringen und Disponent
in der Feuerwehr- und Rettungsleitstelle Sigmaringen. 1993 bis 1997
Studium der Forstwissenschaft in Freiburg. 1997 bis 2001 Promotion
am Institut für Forstpolitik der Uni Freiburg. 2001 bis 2003 Assistent
der Geschäftsleitung bei der Ludwig Bierhalter GmbH (Talheim).
Seit 2004 Personalleiter und Leiter technischer Einkauf bei der Dold
Holzwerke GmbH (Buchenbach).

Politische Funktionen:
Seit 2007 Vorsitzender des CDU Ortsverbands Oberried. Seit 2009
Vorsitzender des CDU Kreisverbands Breisgau-Hochschwarzwald.
Seit 2009 Gemeinderat in Oberried sowie Mitglied der Verbands-
versammlung des Regionalverbands Südlicher Oberrhein. Mitglied
des Landesbeirats für Natur- und Umweltschutz. Mitglied des Tou-
rismusbeirats Baden-Württemberg.
Mitglied des Landtags von Baden-Württemberg seit 11. April 2011.

Sonstige Funktionen und Mitgliedschaften:
Mitglied des Beirats der Albert-Ludwigs-Universität Freiburg. Mit-
glied des Vereins für Heimatgeschichte und Museen in Mengen e. V.,
Mitglied des SC Oberried, Mitglied des KKSV St. Wilhelm.

Angaben nach Teil I der Offenlegungsregeln:
Personalleiter und Leiter technischer Einkauf bei der Dold Holzwerke GmbH (Holzverarbeitung) in Buchenbach.

RAU, Helmut
Minister a. D.

Auf der Geige 12
77955 Ettenheim
Telefon 0711 2063-877
Telefax 0711 2063-14877
Telefon privat 07822 896661
E-Mail:
Helmut.Rau@cdu.landtag-bw.de

Fraktion der CDU
Direktmandat im Wahlkreis 50
Lahr

Persönliche Angaben:
Geboren am 24. April 1950 in Tübingen; evangelisch, verheiratet,
zwei Kinder.

Ausbildung, Berufslaufbahn, berufliche Funktionen:
Grundschule, Gymnasium, Abitur in Nürtingen. Studium der Anglistik und der Politischen Wissenschaften in Bonn und Freiburg. 1975
Magisterexamen. 1975 bis 1988 Leiter des Bildungswerks Freiburg
der Konrad-Adenauer-Stiftung. 1988 bis 2001 Bezirksgeschäftsführer
der CDU Südbaden. Juni 2001 bis Oktober 2005 politischer Staatssekretär im Ministerium für Kultus, Jugend und Sport. Oktober 2005 bis
Februar 2010 Minister für Kultus, Jugend und Sport. 24. Februar 2010
bis 12. Mai 2011 Minister im Staatsministerium Baden-Württemberg.

Politische Funktionen:
Mitglied des Bezirksvorstands der CDU Südbaden. Mitglied des
Expertenkreises „Medienpolitik" der CDU Deutschlands.
Mitglied des Landtags von Baden-Württemberg seit 27. April 1992.

Sonstige Funktionen und Mitgliedschaften:
Stellv. Vorsitzender des Beirats der Kunststiftung Baden-Württemberg gGmbH. Mitglied des Beirats des Arnold-Bergstraesser-Instituts
für kulturwissenschaftliche Forschung e. V., Freiburg.

Angaben nach Teil I der Offenlegungsregeln:
Präsident des Bundes deutscher Blasmusikverbände.

RAUFELDER, Wolfgang
Architekt

Am Stock 33
68239 Mannheim
Telefon 0711 2063-624
Telefax 0711 2063-660
E-Mail:
wolfgang.raufelder@gruene.landtag-bw.de
Internet:
www.wolfgang-raufelder.de

Fraktion GRÜNE
Direktmandat im Wahlkreis 36
Mannheim II

Persönliche Angaben:
Geboren am 16. Juli 1957 in Mannheim; evangelisch, verheiratet,
zwei Kinder.

Ausbildung, Berufslaufbahn, berufliche Funktionen:
Volksschule in Mannheim. Gymnasium und Fachabitur in Mann-
heim. Studium der Architektur in Darmstadt. Beruftstätigkeit in der
Staatlichen Hochbauverwaltung Baden-Württemberg in Heidelberg
und Mannheim, beim Regierungspräsidium Darmstadt und bei der
Stadtverwaltung Viernheim.

Politische Funktionen:
Seit 1999 Stadtrat in Mannheim, 2004 bis 2011 Vorsitzender der
Fraktion Bündnis 90/Die GRÜNEN. 1985 bis 2005 Sachkundiger
Einwohner im Regionalverband Unterer Neckar. Seit 1999 Mitglied
der Verbandsversammlung des Verbands Region Rhein-Neckar, seit
2001 Vorsitzender der Fraktion Bündnis 90/Die Grünen.
Mitglied des Landtags von Baden-Württemberg seit 11. April 2011.

Sonstige Funktionen und Mitgliedschaften:
Mitglied im Bund für Umwelt und Naturschutz Deutschland e. V.
(Regionalverband Unterer Neckar); 1978 bis 1999 Vorsitzender der
Kreisgruppe Mannheim. Mitglied des Deutschen Bundes für Vogel-
schutz / Naturschutzbund Deutschland (NABU) e. V. Mitglied von Me-
tropolSolar Rhein-Neckar e. V.

Angaben nach Teil I der Offenlegungsregeln:
Architekt bei der Stadtverwaltung Viernheim (beurlaubt). Mitglied
des Aufsichtsrats der MVV GmbH. Mitglied des Aufsichtsrats der
MVV Energie AG. Mitglied des Aufsichtsrats der Rhein-Neckar-
Verkehr GmbH (RNV) GmbH. Mitglied des Aufsichtsrats der Rhein-
Neckar Flugplatz GmbH. Mitglied des Aufsichtsrats der Mannheimer
Parkhausbetriebe (MPB) GmbH. Mitglied des Aufsichtsrats der ABG
Abfallbeseitigungsgesellschaft mbH, Mannheim.

RAZAVI, Nicole
Parlamentsrätin a. D.

Wilhelmstraße 7
73084 Salach
Telefon 07162 970603
Telefax 07162 970602
E-Mail: mail@nicole-razavi.de
Internet: www.nicole-razavi.de

Fraktion der CDU
Direktmandat im Wahlkreis 11
Geislingen

Persönliche Angaben:
Geboren am 20. Mai 1965 in Hongkong; katholisch, ledig.

Ausbildung, Berufslaufbahn, berufliche Funktionen:
Gymnasium und Abitur in Ebersbach/Fils. Studium der Anglistik,
Politologie und Sportwissenschaft in Tübingen und Oxford. 1991
Erstes Staatsexamen. 1993 Zweites Staatsexamen. 1993 bis 1995
Assessorin und Studienrätin am Wirtschaftsgymnasium Feuerbach.
1995 bis 2001 Leiterin der Presse- und Marketingabteilung der Nah-
verkehrsgesellschaft Baden-Württemberg mbH (NVBW). 2001 bis
2004 Persönliche Referentin des Staatssekretärs im Ministerium für
Umwelt und Verkehr. 2004 bis 2005 Leiterin des Ministerbüros. 2005
bis April 2006 Leiterin des Persönlichen Büros des Vorsitzenden der
CDU-Landtagsfraktion Stefan Mappus; Parlamentsrätin. Staatlich
geprüfte Skilehrerin.

Politische Funktionen:
Seit 1997 Vorsitzende des CDU-Kreisverbands Göppingen.
Mitglied des Landtags von Baden-Württemberg seit 13. April 2006.
Vorsitzende des Arbeitskreises Verkehr und Infrastruktur sowie ver-
kehrspolitische Sprecherin der CDU-Fraktion.

Sonstige Funktionen und Mitgliedschaften:
Mitglied des Kuratoriums der Hochschulstiftung Nürtingen-Geislingen. Präsidentin des Turngaus Staufen e. V.

Angaben nach Teil I der Offenlegungsregeln:
Parlamentsrätin a. D. (Dienstverhältnis ruht wegen Mandats). Mit-
glied des Beirats des Alb-Elektrizitätswerks Geislingen-Steige eG.
Mitglied des Council der Grontmij GmbH.

RECH, Heribert
Minister a. D.

Im Kirchbrändel 12
76669 Bad Schönborn
Telefon 07253 7285
E-Mail:
heribert.rech@cdu.landtag-bw.de
Internet:
www.heribert-rech.de

Fraktion der CDU
Direktmandat im Wahlkreis 29
Bruchsal

Persönliche Angaben:
Geboren am 25. April 1950 in Östringen; katholisch, verwitwet, zwei
Kinder.

Ausbildung, Berufslaufbahn, berufliche Funktionen:
Volksschule in Langenbrücken. Gymnasium und Abitur in Heidelberg. Studium der Rechtswissenschaften in Heidelberg. 1977 Erstes
Staatsexamen. 1979 Assessorexamen. Danach Rechtsanwalt. 2001 bis
2004 politischer Staatssekretär im Innenministerium. 2004 bis Mai
2011 Innenminister des Landes Baden-Württemberg und Landesbeauftragter für Vertriebene, Flüchtlinge und Aussiedler. 2010 bis Mai
2011 Landesbeauftragter für die Angelegenheiten der Streitkräfte.

Politische Funktionen:
Seit 2005 Bezirksvorsitzender der CDU Nordbaden.
Mitglied des Landtags von Baden-Württemberg seit 27. April 1992.

Sonstige Funktionen und Mitgliedschaften:
–

Angaben nach Teil I der Offenlegungsregeln:
–

REINHART, Dr. Wolfgang
Minister für Bundes-, Europa- und
internationale Angelegenheiten a. D.

Tannenweg 3
97941 Tauberbischofsheim
Büro Stuttgart:
Konrad-Adenauer-Straße 3
70173 Stuttgart
Büro Tauberbischofsheim:
Pestalozziallee 13/15
97941 Tauberbischofsheim
Telefax 0711 2063-14954
E-Mail:
wolfgang.reinhart@cdu.landtag-bw.de

Fraktion der CDU
Direktmandat im Wahlkreis 23
Main-Tauber

Persönliche Angaben:
Geboren am 3. Mai 1956 in Bad Mergentheim; katholisch, verheiratet, zwei Kinder.

Ausbildung, Berufslaufbahn, berufliche Funktionen:
Studium der Rechtswissenschaft, Betriebswirtschaft und politischen Wissenschaft. Tätigkeiten als wissenschaftlicher Mitarbeiter an der Universität Mannheim. 1984 Promotion. 1985 bis Juli 2004 selbständiger Rechtsanwalt. Seit Juni 1998 Honorarprofessor der FH Heilbronn. Juli 2004 bis April 2005 politischer Staatssekretär im Finanzministerium Baden-Württemberg. April 2005 bis Juni 2008 Minister und Bevollmächtigter des Landes Baden-Württemberg beim Bund. Juni 2008 bis Februar 2010 Minister für Bundes- und Europaangelegenheiten und im Staatsministerium sowie Bevollmächtigter des Landes Baden-Württemberg beim Bund. Februar 2010 bis Mai 2011 Minister für Bundes-, Europa- und internationale Angelegenheiten sowie Bevollmächtigter des Landes Baden-Württemberg beim Bund. Seit 2011 selbständiger Rechtsanwalt.

Politische Funktionen:
2005 bis Mai 2011 Mitglied des Bundesrats sowie Koordinator der unionsregierten Länder und Koordinator der Bundesländer im Vermittlungsausschuss. Juli 2008 bis Mai 2011 Vorsitzender des Europaausschusses und Mitglied der Europakammer des Bundesrats. Juni 2006 bis Mai 2011 Mitglied der deutsch-französischen und der deutsch-russischen Freundschaftsgruppe des Bundesrats. Juli 2009 bis Juni 2010 Vorsitzender der Europaministerkonferenz der Länder. Ab Juli 2008 Vorsitzender der gemischten Kommissionen des Landes Baden-Württemberg mit Ungarn, Kroatien, Bulgarien und Serbien sowie stellv.Vorsitzender der gemischten Kommission mit Rumänien. Seit Juli 2008 Mitglied des Ausschusses der Regionen der Europäischen Union (gewählt bis Februar 2015). Seit Juli 2008 Mitglied der Parlamentarischen Versammlung der NATO. 1979 bis Juli 2004 Mitglied des Kreistags im Main-Tauber-Kreis. 1977 bis 1981 Kreisvorsitzender der Jungen Union. Seit 1987 Kreisvorsitzender der CDU im Main-Tauber-Kreis. Bis Juli 2011 Bezirksvorsitzender der CDU Nordwürttemberg sowie Mitglied des Landesvorstands und des Präsidiums der CDU Baden-Württemberg. Mitglied des Landtags von Baden-Württemberg seit 24. April 1992. Vorsitzender des Ständigen Ausschusses bis Juni 2001. Sprecher für Recht, Verfassung, Europa und Medien der CDU-Fraktion bis Juli 2004. 2002 bis Juli 2004 Obmann der CDU-Fraktion im FlowTex Untersuchungsausschuss. Seit Mai 2011 Mitglied des Fraktionsvorstands der CDU-Landtagsfraktion als Sprecher für Europa und internationale Angelegenheiten.

Sonstige Funktionen und Mitgliedschaften:
Bis Mai 2011 Mitglied des Verwaltungsrats des Südwestrundfunks und des Aufsichtsrats der MFG Medien- und Filmgesellschaft Baden-Württemberg mbH. Bis 2010 Vorsitzender des Aufsichtsrats der Staatlichen Toto Lotto GmbH Baden-Württemberg und der Flughafen Stuttgart GmbH sowie Mitglied des Aufsichtsrats der Baden-Württembergischen Bank und der Landesbank Baden-Württemberg. Präsident der Gesellschaft zur Förderung des Fecht-Clubs Tauberbischofsheim e. V.

Angaben nach Teil I der Offenlegungsregeln:
Selbständiger Rechtsanwalt. Vorsitzender des Verwaltungsrats der Kurverwaltung Bad Mergentheim GmbH. Mitglied des Aufsichtsrats der Volksbank Main-Tauber eG. Mitglied des Aufsichtsrats der Baden-Württemberg Stiftung gGmbH.

RENKONEN, Daniel
Journalist

Haus der Abgeordneten
Konrad-Adenauer-Straße 12
70173 Stuttgart
Telefon 0711 2063-653
Telefax 0711 2063-14653
E-Mail:
daniel.renkonen@gruene.landtag-bw.de
Internet:
www.daniel-renkonen.de

Fraktion GRÜNE
Zweitmandat im Wahlkreis 14
Bietigheim-Bissingen

Persönliche Angaben:
Geboren am 25. Februar 1970; wohnhaft in Ludwigsburg, ledig.

Ausbildung, Berufslaufbahn, berufliche Funktionen:
Vor der Landtagswahl mehrere Jahre als freier Lokal- und Sportjournalist im Kreis Böblingen tätig.

Politische Funktionen:
Seit 1994 für die Grünen aktiv. Fünf Jahre Gemeinderat in Tamm. Seit 17 Jahren Mitglied des Kreistags im Kreis Ludwigsburg, davon elf Jahre Fraktionsvorsitzender.
Mitglied des Landtags von Baden-Württemberg seit 12. April 2011.

Sonstige Funktionen und Mitgliedschaften:
Jugendschöffe am Amtsgericht Ludwigsburg.

Angaben nach Teil I der Offenlegungsregeln:
Mitglied des Verwaltungsrats der Kreissparkasse Ludwigsburg.

REUSCH-FREY, Thomas
Pfarrer, staatl. geprüfter Landwirt

Blumenstr. 20
74321 Bietigheim-Bissingen
Telefon 07142 377491
Telefax 07142 377492
E-Mail:
thomas.reusch-frey@spd.landtag-bw.de
Internet:
www.reusch-frey.de

*Fraktion der SPD
Zweitmandat im Wahlkreis 14
Bietigheim-Bissingen*

Persönliche Angaben:
Geboren am 4. März 1959 in Metzingen; evangelisch, verheiratet,
drei Kinder.

Ausbildung, Berufslaufbahn, berufliche Funktionen:
Grundschule, ein Jahr Hauptschule, drei Jahre Realschule, dann
Wechsel ans Gymnasium in Metzingen und Abschluss mit dem
Abitur. Zivildienst in der Diakonie (Einrichtung der Gustav-Werner-
Stiftung in Seewald-Schernbach). Ausbildung in der Landwirtschaft
zum staatlich geprüften Landwirt. Studium der evangelischen Theo-
logie in Tübingen, München und Zürich. Vikariat in Heubach. Pfarr-
vikar in Warthausen mit Kontaktstudium Journalismus an der PH
Weingarten. Ein Jahr lang in der Wirtschaft bei Mercedes-Benz und
IBM als „Theologe in der Arbeitswelt". 1994 bis 2011 Pfarrer an der
Kilianskirche in Bietigheim-Bissingen.

Politische Funktionen:
Seit 1999 Gemeinderat in Bietigheim-Bissingen.
Mitglied des Landtags von Baden-Württemberg seit 11. April 2011.
Mitglied des Sozialausschusses und des Ausschusses für Ländlichen
Raum und Verbraucherschutz. Für die SPD-Landtagsfraktion: Spre-
cher für Seniorenpolitik, Sprecher für Forstwirtschaft, Natur- und
Tierschutz sowie Kontaktperson zu den evangelischen Landeskir-
chen in Baden und Württemberg, zu den muslimischen Religionsge-
meinschaften und zuständig für Weltanschauungsfragen.

Sonstige Funktionen und Mitgliedschaften:
Ehrenamtlicher Mitarbeiter in der Notfallseelsorge. Sprecher der
Stiftung zur Förderung von Sozialeinrichtungen in Bietigheim-
Bissingen. Vorsitzender der Stiftung für die Diakoniestation Bietig-
heim-Bissingen e. V.

Angaben nach Teil l der Offenlegungsregeln:
Pfarrer im Wartestand der Evangelischen Landeskirche in Württemberg. Mitglied des Aufsichtsrats der Bietigheimer Wohnbau GmbH.
Mitglied der Verbandsversammlung des Zweckverbands Gemeinsames Industrie-Gewerbegebiet Laiern.

REUTHER, Wolfgang
Diplomkaufmann

Im Grün 4a
78333 Stockach
Telefon 07771 93510
Telefax 07771 935122
E-Mail: info@wolfgang-reuther.de
Internet: www.wolfgang-reuther.de

Fraktion der CDU
Direktmandat im Wahlkreis 57
Singen

Persönliche Angaben:
Geboren am 18. September 1963 in Stockach; römisch-katholisch, geschieden, zwei Kinder.

Ausbildung, Berufslaufbahn, berufliche Funktionen:
1983 Abitur am Nellenburg Gymnasium in Stockach. 1983 bis 1995 Bundeswehr: Ausbildung zum Offizier des Truppendienstes bei den Fallschirmjägern; hierbei Studium der Wirtschafts- und Organisationswissenschaften an der Universität der Bundeswehr in Neubiberg. Offizier des Truppendienstes der Fallschirmjäger, mit Stationen in Nagold, München, Hammelburg und Münsingen. Abschließende dreieinhalbjährige Verwendung als Hauptmann und Kompaniechef einer Fallschirmpanzerabwehrkompanie Wiesel. Ab 1995 Ausbildung zum Dipl.-Immobilienwirt (DIA) und später zum Dipl.-Sachverständigen (DIA) für die Bewertung von bebauten und unbebauten Grundstücken, Mieten und Pachten an der Deutschen Immobilienakademie Freiburg. 1995 Eintritt als Controller in ein Bauträger- und Immobilienbüro in Stockach. Seit 1998 selbständiger Immobilienmakler und Sachverständiger für die Bewertung von bebauten und unbebauten Grundstücken, Mieten und Pachten; Geschäftsführer der Firma EWO Immobilien in Stockach.

Politische Funktionen:
Mitglied des Gemeinderats der Stadt Stockach, Sprecher der CDU-Fraktion. 1. Bürgermeisterstellvertreter. Mitglied des Vorstands der Mittelstands- und Wirtschaftsvereinigung der CDU (MIT) Kreis Konstanz. Mitglied des Landtags von Baden-Württemberg seit 15. April 2011.

Sonstige Funktionen und Mitgliedschaften:
Mitglied des Gutachterausschusses der Stadt Stockach. Mitglied des Hohen Grobgünstigen Narrengerichts zu Stocken (Narrenrichter 2004 bis 2010). Mitglied des Rotary Clubs A 81 Bodensee-Engen und diverser anderer Vereine.

Angaben nach Teil I der Offenlegungsregeln:
Inhaber von EWO Immobilien Inh. W. Reuther e. K. (Immobilien- und Sachverständigenbüro).

RIVOIR, Martin
Diplom-Ingenieur

Bürgerbüro:
Söflinger Straße 145
89077 Ulm
Telefon 0731 3989700
Telefax 0731 3989701
E-Mail:
martin.rivoir@spd.landtag-bw.de
Internet: www.martin-rivoir.de

Fraktion der SPD
Zweitmandat im Wahlkreis 64
Ulm

Persönliche Angaben:
Geboren am 18. Juni 1960 in Ulm; evangelisch, verheiratet, zwei Kinder.

Ausbildung, Berufslaufbahn, berufliche Funktionen:
Gymnasium und Abitur in Ulm. Studium der Elektrotechnik an der Technischen Hochschule Darmstadt, Diplom 1988. 1988 bis 2011 Mitarbeiter der Firma AEG MIS in Ulm. Seit 2001 geschäftsführender Alleingesellschafter der traffico GmbH, Ulm. Seit 2010 Mitgesellschafter, bis 2012 auch Geschäftsführer der Leo-solar GmbH & Co. KG, Ulm.

Politische Funktionen:
Seit 1989 Mitglied im Ulmer Gemeinderat, 1994 bis 2004 Fraktionsvorsitzender, seit 2004 stellv. Fraktionsvorsitzender.
Mitglied des Landtags von Baden-Württemberg seit 17. April 2001.

Sonstige Funktionen und Mitgliedschaften:
Vorsitzender des Mietervereins Ulm/Neu-Ulm e. V. Vorsitzender des Fördervereins „Freunde des Ulmer Zelts e. V.". Vorsitzender des „Fördervereins der ökumenischen Bahnhofsmissionen Württemberg e. V.". Vorsitzender der Sektion SSV Ulm 1846 des Deutschen Alpenvereins (DAV) e. V.

Angaben nach Teil I der Offenlegungsregeln:
Geschäftsführer der traffico GmbH (Photovoltaik). Mitglied des Aufsichtsrats der Stadtwerke Ulm/Neu-Ulm GmbH. Mitglied des Verwaltungsrats der Sparkasse Ulm.

RÖHM, Karl-Wilhelm
Oberstudiendirektor

Brunnhalde 42
72532 Gomadingen-Steingebronn
Telefon 07385 1073
Telefax 07385 9655020
E-Mail:
K-W.Roehm@t-online.de
Internet:
www.k-w-roehm.cdu-reutlingen.de

Fraktion der CDU
Direktmandat im Wahlkreis 61
Hechingen-Münsingen

Persönliche Angaben:
Geboren am 25. Mai 1951 in Tübingen; evangelisch, verheiratet, zwei Kinder.

Ausbildung, Berufslaufbahn, berufliche Funktionen:
Grundschule in Gomadingen, Gymnasium und Abitur (1970) an der Urspringschule in Schelklingen. 18-monatiger Wehrdienst und zahlreiche Wehrübungen, zuletzt als Oberstleutnant der Reserve. Studium für das Lehramt am Gymnasium in Stuttgart, Tübingen und Newcastle-upon-Tyne. 1978 erstes Staatsexamen. 1980 zweites Staatsexamen. Bis 1999 Lehrer an der Urspringschule und am Graf-Eberhard-Gymnasium in Bad Urach. Seitdem Schulleiter am Gymnasium in Münsingen.

Politische Funktionen:
1977 bis 2003 Vorsitzender des CDU-Ortsverbands Gomadingen. Seit 1999 Gemeinderat in Gomadingen. Seit 2004 Kreisrat im Landkreis Reutlingen.
Mitglied des Landtags von Baden-Württemberg seit 12. April 2001. 2001 bis 2006 stellv. Vorsitzender des Ausschusses für Schule, Jugend und Sport. Seit 2006 stellv. Vorsitzender der CDU-Landtagsfraktion.

Sonstige Funktionen und Mitgliedschaften:
Mitglied des Kuratoriums der Landeszentrale für politische Bildung Baden-Württemberg. Mitglied des Stiftungsrats der Stiftung Kinderland Baden-Württemberg gGmbH. Vorsitzender des Fördervereins „WaldMobil – Entdecke den Wald" e. V. (ehrenamtlich).

Angaben nach Teil I der Offenlegungsregeln:
Oberstudiendirektor (60 %) am Gymnasium Münsingen. Präsident der Arbeitsgemeinschaft Wasserkraftwerke Baden-Württemberg e. V. (ehrenamtlich). Stellv. Landesvorsitzender der Schutzgemeinschaft Deutscher Wald (SDW).

RÖSLER, Dr. Markus
Landschaftsökologe und
Landschaftsökonom

Panoramastraße 88
71665 Vaihingen-Ensingen
Haus der Abgeordneten
Konrad-Adenauer-Straße 12
70173 Stuttgart
Telefon 0711 2063-649
E-Mail:
Markus.Roesler@Gruene.Landtag-BW.de
Internet:
www.MarkusRoesler.de

Fraktion GRÜNE
Zweitmandat im Wahlkreis 13
Vaihingen

Persönliche Angaben:
Geboren am 22. November 1961 in Stuttgart; wohnhaft ab Geburt in Gerlingen, evangelisch, verheiratet, drei Kinder.

Ausbildung, Berufslaufbahn, berufliche Funktionen:
1968 bis 1972 Grundschule in Gerlingen. 1972 bis 1981 Altsprachlicher Zug am Gymnasium Korntal. 1982-1983 Zivildienst als Vogelwart an der Nordsee. 1984 bis 1985 Gründung und Leitung des NABU-Umweltzentrums im Kreis Ludwigsburg. 1985 bis 1992 Studium der Landschaftsplanung TU Berlin inkl. Praxissemester in Griechenland, DAAD- und DDR-Stipendium in Greifswald/DDR und Diplom-Arbeit als Werkvertrag in der Gemeinde Bad Boll zum Thema Streuobst. 1992 bis 1997 Dissertation „Arbeitsplätze durch Naturschutz am Beispiel der Biosphärenparke und der Modellregion Mittlere Schwäbische Alb". 1997 bis 2000 Wissenschaftlicher Mitarbeiter am Lehrstuhl für Landschaftsökonomie der Universität Greifswald. 2000 bis 2006 Geschäftsführer des NABU-Landesverbands Saarland. 2006 bis 2011 Parlamentarischer Berater der Fraktion GRÜNE im Landtag Baden-Württemberg für Natur- und Umweltschutz, Land- und Forstwirtschaft, Verbraucherschutz und Tourismus.

Politische Funktionen:
Mitglied des Landtags von Baden-Württemberg seit 14. April 2011.

Sonstige Funktionen und Mitgliedschaften:
Member of IUCN-WCPA (International Union for Conservation of Nature – World Commission on Protected Areas). Vertreter des NABU-Bundesverbands bei der Europarc-Federation. Sprecher des NABU-Bundesfachausschusses Streuobst und Schriftleiter des NABU-Streuobstrundbriefes. Gründungsmitglied und Stiftungsrat der Johannes-Rebmann-Stiftung. Mitgliedschaften: Freunde der Studienstiftung des Deutschen Volkes, Europa-Union, BUND, VCD, Schutzgemeinschaft Mittleres Enztal, Förderverein Schwäbischer Dialekt, Förderverein Bläserklasse Ensingen-Horrheim, TSV Ensingen (Abt. Tischtennis), Heimatpflegeverein Gerlingen.

Angaben nach Teil I der Offenlegungsregeln:
Parlamentarischer Berater der Landtagsfraktion der Grünen (Arbeitsverhältnis ruht). Vertreter des NABU-Bundesverbands bei der Europarc-Federation. Sprecher des NABU-Bundesfachausschusses Streuobst.

ROLLAND, Gabi
Dipl.-Verwaltungswirtin (FH)

Wahlkreisbüro:
Merzhauser Straße 4
79100 Freiburg
Telefon 0761 7671636
Telefax 0761 7671637
E-Mail:
gabi.rolland@spd.landtag-bw.de
Internet:
www.Gabi-Rolland.de

Fraktion der SPD
Zweitmandat im Wahlkreis 47
Freiburg II

Persönliche Angaben:
Geboren am 6. Dezember 1963 in Kenzingen; evangelisch, verheiratet.

Ausbildung, Berufslaufbahn, berufliche Funktionen:
Grundschule, Gymnasium und Abitur in Emmendingen. 1983 bis 1987 Vorbereitungsdienst für den gehobenen Dienst des Landes Baden-Württemberg mit Studium an der Fachhochschule für öffentliche Verwaltung in Kehl, Staatsexamen 1987. Seit 1. Dezember 1987 beschäftigt beim Landratsamt Emmendingen (Umweltrecht, Europabeauftragte, Grenzüberschreitende Zusammenarbeit, Pressearbeit); ab 10. Mai 2011 beurlaubt.

Politische Funktionen:
Seit 1984 Mitglied der SPD. Verschiedene Funktionen auf Orts- und Kreisebene. Seit 2005 Beisitzerin im SPD-Landesvorstand. Juli 1997 bis Sommer 2011 Gemeinderätin in Freiburg.
Mitglied des Landtags von Baden-Württemberg seit 12. April 2011.

Sonstige Funktionen und Mitgliedschaften:
Mitglied bei: AWO, BUND, DLRG, Dt. Frauenring Breisgau e. V., Europa-Union, Gewerkschaft ver.di, Jugendberatung Freiburg e. V., Kreisverkehrswacht, Mieterverein, Nachbarschaftswerk Freiburg, Obdach für Frauen, Ortsältestenrat der Kreuzkirche Freiburg, VCD, West-Ost-Gesellschaft und weiteren (Förder-)Vereinen.

Angaben nach Teil I der Offenlegungsregeln:
Beauftragte für Grenzüberschreitende Zusammenarbeit und Europaangelegenheiten und stellv. Pressesprecherin beim Landratsamt Emmendingen (beurlaubt).

ROMBACH, Karl
Landwirtschaftsmeister

Vorderlauben 5
78136 Schonach
Telefon 07722 3832
Telefax 07722 920691
E-Mail:
karl.rombach@cdu.landtag-bw.de
Internet:
www.karl-rombach.de

Fraktion der CDU
Direktmandat im Wahlkreis 54
Villingen-Schwenningen

Persönliche Angaben:
Geboren am 18. Januar 1951 in Schonach; katholisch, verheiratet,
drei Kinder.

Ausbildung, Berufslaufbahn, berufliche Funktionen:
Volksschule in Rensberg. Ausbildung zum Landwirt, Fachschule.
1973 Abschluss als Landwirtschaftsmeister. Seit 1980 selbstständig
als Landwirt.

Politische Funktionen:
1981 bis 2009 Mitglied des Gemeinderats von Schonach. 1993 bis
2009 Erster Bürgermeisterstellvertreter von Schonach. Seit 1989
Mitglied des Kreistags Schwarzwald-Baar. Seit 2009 Mitglied der
Verbandsversammlung des Regionalverbands Schwarzwald-Baar-
Heuberg.
Mitglied des Landtags von Baden-Württemberg seit 10. April 2006.
Stellv. Vorsitzender des Europaausschusses. Mitglied des Ausschusses für Ländlichen Raum und Verbraucherschutz. Stellv. Mitglied
des Ausschusses für Umwelt, Klima und Energiewirtschaft, des Ausschusses für Arbeit und Sozialordnung, Familie, Frauen und Senioren
und des Petitionsausschusses.

Sonstige Funktionen und Mitgliedschaften:
Vorsitzender des Verwaltungsrats der Tierseuchenkasse Baden-
Württemberg.

Angaben nach Teil I der Offenlegungsregeln:
Selbstständiger Landwirt. Mitglied des Aufsichtsrats der Badischen
Anlagengesellschaft Raiffeisen-Aktiengesellschaft (BARAG),
Karlsruhe. Mitglied des Aufsichtsrats der Raiffeisen Baucenter AG,
Karlsruhe. Vorsitzender des Aufsichtsrats der ZG Raiffeisen eG,
Karlsruhe. Vorsitzender des Aufsichtsrats der ZG Raiffeisen Waren-
genossenschaft eG, Karlsruhe. Erster Vizepräsident des Badischen
Landwirtschaftlichen Hauptverbands e. V. Vorsitzender der Arbeits-
gemeinschaft für Höhenlandwirtschaft e. V. Vorsitzender der Lan-
desarbeitsgemeinschaft Urlaub auf dem Bauernhof in Baden-Württemberg e. V. Mitglied des Programmbeirats von Radio Regenbogen.

RÜECK, Helmut Walter
Maschinenschlosser

Hammersbachweg 1/1
74564 Crailsheim
Telefon 07951 24805
Telefax 07951 295186
E-Mail: HelmutWRueeck@aol.com
Internet: www.rueeck.info

Fraktion der CDU
Direktmandat im Wahlkreis 22
Schwäbisch Hall

Persönliche Angaben:
Geboren am 21. März 1962 in Crailsheim-Altenmünster; evangelisch, unverheiratet.

Ausbildung, Berufslaufbahn, berufliche Funktionen:
Hauptschule, auf dem zweiten Bildungsweg Fachschulreife. 1977 bis 1981 Lehre als Maschinenschlosser, 1981 Facharbeiter. 1990 bis Juni 2001 Kreisgeschäftsführer der CDU Schwäbisch Hall, 1993 bis Juni 2001 auch für die CDU Hohenlohekreis und 1995 bis Juni 2001 auch Bezirkssozialsekretär der CDA Nordwürttemberg. März bis Dezember 2005 kommissarischer Kreisgeschäftsführer der CDU Heilbronn und Bezirksgeschäftsführer der CDU Nordwürttemberg.

Politische Funktionen:
Seit 1980 Mitglied der CDU und Jungen Union. Mitglied der CDA und der Mittelstands- und Wirtschaftsvereinigung der CDU (MIT). 1986 bis 1990 Kreisvorsitzender der Jungen Union Schwäbisch Hall. 1988 bis 1990 Mitglied des Bezirksvorstandes der Jungen Union Nordwürttemberg. Seit 1986 Mitglied des Kreisvorstandes der CDU Schwäbisch Hall, seit 2001 Kreisvorsitzender. 1983 bis 2001 Vorstandsmitglied des CDU-Stadtverbandes Crailsheim. Seit 2005 Schatzmeister der MIT Schwäbisch Hall. 1986 bis 1990 Betriebsrat bei der Firma Voith Turbo, Crailsheim. Seit 1999 Stadtrat in Crailsheim, seit 2009 erster ehrenamtlicher OB-Stellvertreter. 2004 bis 2009 Mitglied des Kreistags. Mitglied des Landtags von Baden-Württemberg seit 12. April 2001. Seit 2006 Schatzmeister und Mitglied des Geschäftsführenden Vorstands der CDU-Landtagsfraktion.

Sonstige Funktionen und Mitgliedschaften:
–

Angaben nach Teil I der Offenlegungsregeln:
Mitglied des Aufsichtsrats der Stadtwerke Crailsheim GmbH. Mitglied des Aufsichtsrats der Stadtwerke Neuffen AG. Mitglied des Beirats der Landeskreditbank Baden-Württemberg – Förderbank. Stellv. Mitglied des Verwaltungsrats des Südwestrundfunks.

RÜLKE, Dr. Hans-Ulrich
Fraktionsvorsitzender

Wahlkreisbüro:
Blücherstraße 7 a
75177 Pforzheim
Telefon 07231 1555467
Telefax 07231 53291
E-Mail:
hans-ulrich.ruelke@fdp.landtag-bw.de
Internet:
www.hans-ulrich-ruelke.de

Fraktion der FDP/DVP
Zweitmandat im Wahlkreis 44
Enz

Persönliche Angaben:
Geboren am 3. Oktober 1961 in Tuttlingen; evangelisch, verheiratet, drei Kinder.

Ausbildung, Berufslaufbahn, berufliche Funktionen:
Grundschule, Gymnasium, Abitur in Singen (Htwl.). Wehrdienst in Roth bei Nürnberg und Neuhausen o. E. Studium der Germanistik, Politikwissenschaft und Geschichte in Konstanz. 1987 Erstes Staatsexamen. 1991 Promotion zum Dr. phil. 1993 Assessorexamen. Seit 1993 im gymnasialen Schuldienst. 2001 bis 2006 Fachberater für das Oberschulamt Karlsruhe bzw. die Abteilung Schule und Bildung des Regierungspräsidiums Karlsruhe.

Politische Funktionen:
1999 bis 2007 Vorsitzender des Ortsverbands Pforzheim der FDP. Seit 2000 Kreisvorsitzender des Kreisverbands Pforzheim/Enzkreis der FDP. Seit 1999 Mitglied des Gemeinderats des Stadtkreises Pforzheim. 2001 bis 2011 Vorsitzender der FDP-Fraktion im Pforzheimer Gemeinderat.
Mitglied des Landtags von Baden-Württemberg seit 13. April 2006. Seit Juni 2009 Vorsitzender der FDP/DVP-Fraktion.

Sonstige Funktionen und Mitgliedschaften:
Mitglied des Kuratoriums der Steinbeis-Stiftung für Wirtschaftsförderung. Mitglied des Kuratoriums der Stiftung Energie & Klimaschutz Baden-Württemberg. Stellv. Mitglied des Stiftungsrats der Stiftung Entwicklungs-Zusammenarbeit Baden-Württemberg. Mitglied des Kuratoriums der Hochschule Pforzheim. Seit 2002 Präsident des Tennisclubs Wolfsberg Pforzheim e. V. Mitglied des Sozialvereins Miteinander Leben e. V. Fördermitglied des Landesfeuerwehrverbands Baden-Württemberg e. V.

Angaben nach Teil I der Offenlegungsregeln:
Studiendirektor am Hilda-Gymnasium in Pforzheim (beurlaubt). Mitglied des Aufsichtsrats der LBBW Immobilien Management GmbH. Mitglied des Beirats der Landeskreditbank Baden-Württemberg – Förderbank. Mitglied des Aufsichtsrats der Stadtwerke Pforzheim GmbH und Co. KG. Mitglied des Verwaltungsrats der Sparkasse Pforzheim Calw. Mitglied des Beirats Süd der SV SparkassenVersicherungen. Mitglied des Unternehmerbeirats von Baden-Württemberg International – Gesellschaft für internationale wirtschaftliche und wissenschaftliche Zusammenarbeit mbH (bw-i). Mitglied des Beirats des Holzenergie-Fachverbands Baden-Württemberg e. V.

RUST, Ingo
Politischer Staatssekretär
Diplomingenieur (FH)

Wahlkreisbüro
Auensteiner Str. 1
74232 Abstatt
Telefon 07062 267878
E-Mail: post@ingo-rust.de

Fraktion der SPD
Zweitmandat Wahlkreis 19
Eppingen

Persönliche Angaben:
Geboren am 17. Januar 1978 in Heilbronn; evangelisch, verheiratet, ein Kind.

Ausbildung, Berufslaufbahn, berufliche Funktionen:
Realschule, Technisches Gymnasium, 1997 Abitur in Heilbronn. Anschließend
Wehrdienst in Bruchsal und Ulm. Studium in Stuttgart und Esslingen, 2004
Abschluss als Dipl.-Ing. (FH) Maschinenbau. 2004 bis 2011 Assistent und 2009
bis 2011 Lehrbeauftragter an der Hochschule Esslingen. Seit 2011 politischer
Staatssekretär im Ministerium für Finanzen und Wirtschaft.

Politische Funktionen:
Seit 1996 Mitglied der SPD. 2006 bis 2009 Vorsitzender, seit 2009 stellv. Vor-
sitzender des SPD-Kreisverbands Heilbronn-Land. 1999 bis 2011 Mitglied des
Gemeinderats der Gemeinde Abstatt. 2009 bis 2011 Erster stellv. Bürgermeister.
Mitglied des Landtags von Baden-Württemberg seit 1. Mai 2003. 2005 bis 2011
Vorsitzender des Finanzausschusses. 2006 bis 2011 kirchenpolitischer Sprecher
der SPD-Fraktion.

Sonstige Funktionen und Mitgliedschaften:
Mitglied des Vereins Deutscher Ingenieure e. V., des CVJM Abstatt-Auenstein
und der NaturFreunde Deutschlands e. V. Vorsitzender der Bezirkssynode
des Evang. Kirchenbezirks Marbach. Mitglied des Kuratoriums der Stiftung
Jugend, Bibel, Bildung des Evang. Jugendwerks Württemberg. Mitglied des
Stiftungsrats der Stiftung Kinderland Baden-Württemberg. Mitglied des
Kuratoriums der Denkmalstiftung Baden-Württemberg.

Angaben nach Teil I der Offenlegungsregeln:
Politischer Staatssekretär im Ministerium für Finanzen und Wirtschaft. Vorsitzender des Aufsichtsrats der Baden-Württembergische Spielbanken Manage-
mentgesellschaft mbH. Vorsitzender des Aufsichtsrats und des Kuratoriums der
Staatlichen Toto-Lotto GmbH. Vorsitzender des Aufsichtsrats der Staatlichen
Rhein-Neckar-Hafengesellschaft Mannheim mbH. Stellv. Vorsitzender des Auf-
sichtsrats der Südwestdeutschen Salzwerke AG. Vorsitzender des Aufsichtsrats
der Südsalz GmbH. Vorsitzender des Aufsichtsrats der Landesmesse Stuttgart
GmbH. Mitglied des Aufsichtsrats der Flughafen Stuttgart GmbH. Mitglied des
Aufsichtsrats der Nahverkehrsgesellschaft Baden-Württemberg mbH (NVBW).
Mitglied des Aufsichtsrats der Badischen Staatsbrauerei Rothaus AG. Stellv.
Mitglied des Verwaltungsrats und Mitglied des Beirats der Landeskreditbank
Baden-Württemberg – Förderbank. Stellv. Vorsitzender des Aufsichtsrats der
Baden-Württembergischen Bank. 2. stellv. Vorsitzender des Verwaltungsrats
der Sachsen Bank. Mitglied des Verwaltungsrats der Rheinland-Pfalz Bank.

SAKELLARIOU, Nikolaos
Fotografenmeister, Rechtsanwalt und
Fachanwalt für Arbeitsrecht

Geschwister-Scholl-Str. 59/1
74523 Schwäbisch Hall
Telefon Wahlkreisbüro 0791 8875
Telefon privat 0791 48833
Telefax Wahlkreisbüro 0791 7941
E-Mail:
Nik.Sakellariou@t-online.de

*Fraktion der SPD
Zweitmandat im Wahlkreis 22
Schwäbisch Hall*

Persönliche Angaben:
Geboren am 8. Dezember 1962 in Athen/Griechenland; evangelisch, verheiratet, zwei Stieftöchter und drei Töchter.

Ausbildung, Berufslaufbahn, berufliche Funktionen:
Volksschulen in Ulm, Pinneberg und Kaltenkirchen; Gymnasien in Ulm, Altensteig (Schwarzwald) und Horb a.N.; Abitur in Horb a.N. Wehrdienst in Lübeck. Fotografenlehre und Gesellenprüfung. Betriebsratsvorsitzender. 1991 Meisterprüfung im Fotografenhandwerk. Studium der Rechtswissenschaft in Berlin und Heidelberg. 1998 erste juristische Staatsprüfung. Referendariat am Landgericht in Heilbronn. 2000 zweite juristische Staatsprüfung. Seit 2000 selbstständiger Rechtsanwalt in Schwäbisch Hall.

Politische Funktionen:
Seit 1981 Mitglied der SPD. Bis 1982 Landesausschuss der Jusos. 1998 bis 2005 Vorsitzender des SPD-Ortsvereins Schwäbisch Hall. Seit 1999 Stadtrat in Schwäbisch Hall. Seit 2005 Vorsitzender des SPD-Kreisverbands Schwäbisch Hall. Seit 2009 Kreisrat im Landkreis Schwäbisch Hall. 2005 Obmann der SPD-Fraktion im FlowTex-Untersuchungsausschuss. Mitglied des Landtags von Baden-Württemberg seit 11. April 2001. Vorsitzender des Gremiums nach Artikel 10 GG. 2009 bis 2011 stellv. Vorsitzender des Petitionsausschusses. 2001 bis 2011 Strafvollzugsbeauftragter der SPD-Fraktion. In der SPD-Fraktion Mitglied des Fraktionsvorstands, Vorsitzender des Arbeitskreises Innenpolitik, Polizeisprecher sowie Obmann im Petitionsausschuss.

Sonstige Funktionen und Mitgliedschaften:
Seit 1998 Vorsitzender der IG Medien Ortsverein Schwäbisch Hall. Seit 2000 DGB Ortskartell Schwäbisch Hall. Mitglied bei der Arbeiterwohlfahrt und Pro Familia.

Angaben nach Teil I der Offenlegungsregeln:
Selbstständiger Rechtsanwalt in Schwäbisch Hall. Mitglied des Aufsichtsrats der Grundstücks- und Wohnungsbaugesellschaft (GWG) Schwäbisch Hall mbH. Mitglied des Verwaltungsrats der Verbraucherzentrale Baden-Württemberg e.V. (ehrenamtlich). Landesvorsitzender der Naturfreunde Württemberg e.V.

135

SALOMON, Alexander
Landtagsabgeordneter

Gondelsheimer Str. 1
76139 Karlsruhe
Telefon 0711 2063-623
E-Mail:
alexander.salomon@gruene.landtag-bw.de
Internet:
www.alexander-salomon.de

Fraktion GRÜNE
Zweitmandat im Wahlkreis 28
Karlsruhe II

Persönliche Angaben:
Geboren am 6. August 1986 in Karlsruhe; ledig; doppelte Staatsbür-
gerschaft; jüngster Abgeordneter im Landtag von Baden-Württemberg.

Ausbildung, Berufslaufbahn, berufliche Funktionen:
Abitur in Karlsruhe. Studium der Rechtswissenschaften an der
Johannes Gutenberg-Universität Mainz.

Politische Funktionen:
Mitglied des Kreisvorstands von Bündnis 90/Die Grünen Karlsruhe.
Mitglied des Landtags von Baden-Württemberg seit 13. April 2011.

Sonstige Funktionen und Mitgliedschaften:
Mitglied des Beirats des Hauses der Geschichte Baden-Württem-
berg. Mitglied des Verwaltungsrats des Badischen Staatstheaters
Karlsruhe. Mitglied des Stiftungsrats des Zentrums für Kunst und
Medientechnologie Karlsruhe. Mitglied des Kuratoriums des Natur-
kundemuseums Karlsruhe.

Angaben nach Teil I der Offenlegungsregeln:
Mitglied des Aufsichtsrats der MFG Medien- und Filmgesellschaft
Baden-Württemberg mbH. Mitglied des Rundfunkrats des Südwest-
rundfunks.

SCHEBESTA, Volker
Rechtsanwalt

Heizengasse 12 b
77654 Offenburg
Wahlkreisbüro:
Waltersweierweg 5 b
77652 Offenburg
Telefon 0781 93008-23
Telefax 0781 93008-59
E-Mail: post@volker-schebesta.de

Fraktion der CDU
Direktmandat im Wahlkreis 51
Offenburg

Persönliche Angaben:
Geboren am 13. Juni 1971 in Oberkirch; römisch-katholisch, verheiratet, vier Kinder.

Ausbildung, Berufslaufbahn, berufliche Funktionen:
1990 Abitur. Wehrdienst. Studium der Rechtswissenschaften in Freiburg. 1996 und 1998 Erste und Zweite juristische Staatsprüfung. 1998 Parlamentarischer Berater der CDU-Landtagsfraktion Baden-Württemberg. 1998 bis 2001 Regierungsassessor im Staatsministerium Baden-Württemberg, persönlicher Referent von Minister Dr. Christoph-E. Palmer. Zugelassen als Rechtsanwalt.

Politische Funktionen:
Seit 2001 Vorsitzender der CDU Ortenau. Mitglied des Vorstands der CDU Südbaden.
Mitglied des Landtags von Baden-Württemberg seit 17. April 2001. Stellv. Vorsitzender und parlamentarischer Geschäftsführer der CDU-Fraktion. 2006 bis 2011 bildungspolitischer Sprecher der CDU-Fraktion.

Sonstige Funktionen und Mitgliedschaften:
Mitglied des Kuratoriums der Hochschule Offenburg. Mitglied des Vorstands des Dorfhelferinnenwerks Sölden e. V.

Angaben nach Teil I der Offenlegungsregeln:
Selbständiger Rechtsanwalt, Partner der Kanzlei Scheiderbauer, Müller & Partner in Offenburg. Regierungsassessor a. D. (Dienstverhältnis ruht wegen Mandats).

DR. SCHEFFOLD   CDU ****

SCHEFFOLD, Dr. Stefan
Rechtsanwalt

privat:
In den Riedäckern 25
73529 Schwäbisch Gmünd
Telefon 07171 83080
Telefax 07171 989174
E-Mail: stefan.scheffold@cdu.landtag-bw.de
Internet: www.stefan-scheffold.de
dienstlich:
Uferstr. 26
73525 Schwäbisch Gmünd
Telefon 07171 77992-0
Telefax 07171 77992-22

Fraktion der CDU
Direktmandat im Wahlkreis 25
Schwäbisch Gmünd

Persönliche Angaben:
Geboren am 30. November 1959 in Stuttgart; katholisch, verheiratet,
drei Kinder.

Ausbildung, Berufslaufbahn, berufliche Funktionen:
Schulzeit und Abitur in Schwäbisch Gmünd. Studium der Rechts-
wissenschaft in Tübingen und Lausanne; erstes Staatsexamen 1986.
Referendariat im OLG-Bezirk Stuttgart und in den USA; zweites
Staatsexamen 1989. 1992 Promotion zum Dr. jur. in Tübingen. 1989
bis 1990 bei einer Wirtschaftsprüfungsgesellschaft in Stuttgart. 1990
bis 1992 bei der Zahnradfabrik in Friedrichshafen. Februar 2010 bis
Mai 2011 politischer Staatssekretär im Finanzministerium Baden-
Württemberg. Seit Mai 2011 Rechtsanwalt in Schwäbisch Gmünd.

Politische Funktionen:
Ortsvorsitzender der CDU in Bettringen. 1994 bis 1999 Gemeinderat
der Stadt Schwäbisch Gmünd. 1999 bis Februar 2010 Kreisrat des
Ostalbkreises und stellv. Landrat.
Mitglied des Landtags von Baden-Württemberg seit 16. April 1996.
Vom Herbst 1998 bis zum Frühjahr 2005 finanzpolitischer Sprecher
der CDU-Fraktion. Frühjahr 2005 bis Februar 2010 stellv. Fraktions-
vorsitzender.

Sonstige Funktionen und Mitgliedschaften:
Rechtsbeistand beim Deutschen Roten Kreuz, Kreisverband Schwäbisch Gmünd e. V.

Angaben nach Teil I der Offenlegungsregeln:
Selbstständiger Rechtsanwalt.

SCHMID, Dr. Nils
Minister für Finanzen
und Wirtschaft

Nikolaiplatz 3
72764 Reutlingen
Telefon 07121 330011
Telefax 07121 330070
E-Mail: wahlkreis@nils-schmid.de

Fraktion der SPD
Zweitmandat im Wahlkreis 60
Reutlingen

Persönliche Angaben:
Geboren am 11. Juli 1973 in Trier; evangelisch, verheiratet, zwei Kinder.

Ausbildung, Berufslaufbahn, berufliche Funktionen:
Grundschule in Filderstadt-Harthausen. 1993 Abitur am Eduard-Spranger-Gymnasium in Filderstadt. 1994 bis 1999 Studium der Rechtswissenschaften an der Universität Tübingen. 1999 Erstes juristisches Staatsexamen. 2001 Zweites juristisches Staatsexamen. 2006 Promotion. 2001 bis 2011 selbständiger Rechtsanwalt.

Politische Funktionen:
1991 Eintritt in die SPD. 1993 bis 1997 Juso-Kreisvorsitzender. 1993 bis 2011 Mitglied des SPD-Kreisvorstands (u. a. als stellv. Kreisvorsitzender). 1996 bis 1998 Mitglied des Juso-Landesvorstands. Seit November 2009 Landesvorsitzender der SPD Baden-Württemberg. Mitglied des Landtags von Baden-Württemberg seit 20. Februar 1997.

Sonstige Funktionen und Mitgliedschaften:
Mitglied des Stiftungsrats der Werner-Weinmann-Stiftung. Mitglied des Kuratoriums der Kunststiftung Baden-Württemberg gGmbH. Mitglied des Kuratoriums des Deutsch-Türkischen Forums Stuttgart e. V.

Angaben nach Teil I der Offenlegungsregeln:
Minister für Finanzen und Wirtschaft. Vorsitzender des Aufsichtsrats von Baden-Württemberg International – Gesellschaft für internationale wirt-schaftliche und wissenschaftliche Zusammenarbeit mbH. Vorsitzender des Aufsichtsrats der e-mobil BW GmbH. Stellv. Vorsitzender des Aufsichtsrats der Landesbank Baden-Württemberg. Vorsitzender des Verwaltungsrats und des Beirats der Landeskreditbank Baden-Württemberg – Förderbank. Mitglied des Aufsichtsrats der EnBW Energie Baden-Württemberg AG. Mitglied des Aufsichtsrats der Kreditanstalt für Wiederaufbau. Mitglied des Aufsichtsrats und des Kulturunterausschusses der Baden-Württemberg Stiftung gGmbH.

SCHMID, Viktoria
Freie Journalistin

Forststraße 26
75223 Niefern-Öschelbronn
Telefon 07231 8006073
Telefax 07231 1558990
E-Mail: info@viktoria-schmid.de
Internet: www.viktoria-schmid.de

Fraktion der CDU
Direktmandat im Wahlkreis 44
Enz

Persönliche Angaben:
Geboren am 26. Januar 1969 in Bühl/Baden; evangelisch, verheiratet, drei Kinder.

Ausbildung, Berufslaufbahn, berufliche Funktionen:
1989 Abitur am Wirtschaftsgymnasium in Pforzheim. 1989 bis 1992 Kaufmännische Lehre in Mannheim. Studium der Politik- und Verwaltungswissenschaften an der Fernuniversität Hagen. 1999 bis 2011 freie Journalistin.

Politische Funktionen:
Vorsitzende des CDU-Gemeindeverbands Niefern-Öschelbronn. Mitglied des Vorstands des CDU-Kreisverbands Enzkreis/Pforzheim. Mitglied des Kreisvorstands der Frauen Union Enzkreis/Pforzheim. Mitglied des Bezirksvorstands der Frauen Union Nordbaden. Mitglied des Bezirksvorstands der CDU Nordbaden. Mitglied des Gemeinderats von Niefern-Öschelbronn.
Mitglied des Landtags von Baden-Württemberg seit 11. April 2011. Stellv. Vorsitzende des Ausschusses für Schule, Jugend und Sport. Mitglied des Integrationsausschusses. Sportpolitische Sprecherin und Sprecherin für Berufliche Schulen der CDU-Landtagsfraktion.

Sonstige Funktionen und Mitgliedschaften:
Mitglied des Kuratoriums der Landeszentrale für politische Bildung Baden-Württemberg.

Angaben nach Teil I der Offenlegungsregeln:
–

SCHMIDT-EISENLOHR, Dr. Kai
Projektmanager, IT-Berater

Holunderweg 25
69168 Wiesloch
E-Mail:
kai.schmidt-eisenlohr@gruene.landtag-bw.de
Internet:
www.schmidt-eisenlohr.com

Fraktion GRÜNE
Zweitmandat im Wahlkreis 37
Wiesloch

Persönliche Angaben:
Geboren am 4. Oktober 1978 in Heidelberg; in einer Partnerschaft
lebend.

Ausbildung, Berufslaufbahn, berufliche Funktionen:
Abitur am Gymnasium Wiesloch. Zivildienst am Pfarramt Heilig
Kreuz am Psychiatrischen Zentrum Nordbaden. Studium der Be-
triebswirtschaftslehre an der BA Mannheim. Aufbaustudium zum
Master of Science Wirtschaftsingenieurwesen. Berufsbegleitende
Promotion zum Dr. rer. pol. an der TU Darmstadt am Lehrstuhl für
Wirtschaftsinformatik. Projektmanager und IT-Berater in mittelstän-
dischen Unternehmen.

Politische Funktionen:
Seit 1999 Mitglied des Wieslocher Gemeinderats.
Mitglied des Landtags von Baden-Württemberg seit 12. April 2011.

Sonstige Funktionen und Mitgliedschaften:
Mitglied der Turn- und Sportgemeinschaft 1885 Wiesloch e. V. und
der Stadtkapelle Wiesloch e. V.

Angaben nach Teil I der Offenlegungsregeln:
Projektmanager und IT-Berater bei der BridgingIT GmbH (Beratung
im Bereich der Informations- und Kommunikationstechnologie)
(Arbeitsverhältnis ruht). Stellv. Mitglied des Beirats der Palatin Kon-
gresshotel- und Kulturzentrum GmbH, Wiesloch.

SCHMIEDEL, Claus
Landtagsabgeordneter

Anna-Neff-Straße 4
71640 Ludwigsburg
Telefon 07141 2394837

Fraktion der SPD
Zweitmandat im Wahlkreis 12
Ludwigsburg

Persönliche Angaben:
Geboren am 8. März 1951 in Ludwigsburg; evangelisch.

Ausbildung, Berufslaufbahn, berufliche Funktionen:
Grundschule in Ludwigsburg und Marbach. Gymnasium und Abitur in Marbach. Studium der Politischen Wissenschaften und Deutsch an der Universität Stuttgart und der Pädagogischen Hochschule Ludwigsburg. Bis 1992 Lehrer an der Johannes-Gutenberg-Schule (Berufs- und Fachschule).

Politische Funktionen:
Mitglied der SPD seit 1972. 1975 bis 1991 Stadtrat in Marbach. 1985 bis 1994 und ab 2009 Mitglied des Kreistags in Ludwigsburg. 1994 bis 2008 Vorsitzender der SPD-Fraktion des Verbands Region Stuttgart. Seit 2010 Mitglied der Regionalversammlung des Verbands Region Stuttgart.
Mitglied des Landtags von Baden-Württemberg seit 24. April 1992. Seit 2008 Vorsitzender der SPD-Landtagsfraktion.

Sonstige Funktionen und Mitgliedschaften:
Mitglied des Kuratoriums und des Kuratoriumsausschusses der Steinbeis-Stiftung für Wirtschaftsförderung. Mitglied bei der Arbeiterwohlfahrt und der Deutschen Schillergesellschaft.

Angaben nach Teil I der Offenlegungsregeln:
Mitglied des Aufsichtsrats und des Risikoausschusses der Landesbank Baden-Württemberg. Mitglied des Aufsichtsrats der Baden-Württembergischen Bank. Mitglied des Beirats der Landeskreditbank Baden-Württemberg – Förderbank.

SCHNEIDER, Peter
Präsident Sparkassenverband
Baden-Württemberg
Landrat a. D.

88515 Langenenslingen-Andelfingen
Am Hauptbahnhof 2
70173 Stuttgart
Telefon 0711 127-77820
Telefax 0711 127-77900
E-Mail: peter.schneider@sv-bw.de
Internet: www.schneider-biberach.de

Fraktion der CDU
Direktmandat im Wahlkreis 66
Biberach

Persönliche Angaben:
Geboren am 27. Juli 1958 in Riedlingen, katholisch, verheiratet, zwei erwachsene Söhne.

Ausbildung, Berufslaufbahn, berufliche Funktionen:
Grundschule in Zwiefalten, Gymnasium und Reifeprüfung am Kreisgymnasium Riedlingen. Studium der Rechtswissenschaften in Freiburg und Tübingen. Erstes und Zweites juristisches Staatsexamen. 1986 bis 1988 Dezernent beim Landratsamt Sigmaringen. 1988 bis 1992 persönlicher Referent des Innenministers. 1992 bis 2006 Landrat des Landkreises Biberach. Seit 2006 Präsident des Sparkassenverbands Baden-Württemberg.

Politische Funktionen:
Seit 1976 Mitglied der CDU.
Mitglied des Landtags von Baden-Württemberg seit 10. April 2001.

Sonstige Funktionen und Mitgliedschaften:
Kreisvorsitzender des Deutschen Roten Kreuzes Kreisverband Biberach. Vorsitzender des Fördervereins Musikfestspiele Schwäbischer Frühling, Ochsenhausen. Mitglied des Vorstands des Freundeskreises des Museums zur Geschichte von Christen und Juden in Laupheim. Mitglied des Kuratoriums der Hochschule Biberach und der SRH Fernfachhochschule Riedlingen sowie des Landeskuratoriums des Stifterverbands für die Deutsche Wissenschaft und des Stiftungsrats der Stiftung zur Förderung des Landesjugend-orchesters Baden-Württemberg.

Angaben nach Teil I der Offenlegungsregeln:
Präsident des Sparkassenverbands Baden-Württemberg. Geschäftsführer der Solidarpakt Grundstücks-gesellschaft des Badischen Sparkassen- und Giroverbandes KG, Mannheim. Mitglied der Hauptversamm-lung, Mitglied des Aufsichtsrats und stellv. Vorsitzender des Stiftungsrats der Landesbank Baden-Würt-temberg, Stuttgart. Stellv. Vorsitzender des Aufsichtsrats der Baden-Württembergischen Bank, Stuttgart. Stellv. Vorsitzender des Verwaltungsrats der Rheinland-Pfalz Bank, Mainz. Erster stellv. Vorsitzender des Verwaltungsrats der Sachsen Bank, Leipzig. Mitglied der Aufsichtsräte der Landesbank Berlin Holding AG und der Landesbank Berlin AG. Vorsitzender des Aufsichtsrats der SV SparkassenVersicherung Holding AG, Stuttgart. Stellv. Vorsitzender der Aufsichtsräte der SV SparkassenVersicherung Lebensversicherung AG und der SV SparkassenVersicherung Gebäudeversicherung AG, Stuttgart. Vorsitzender des Beirats Süd der SV SparkassenVersicherungen. Vorsitzender der Trägerversammlung und des Verwaltungsrats der LBS Landesbausparkasse Baden-Württemberg, Stuttgart/Karlsruhe. Stellv. Vorsitzender der Träger-versammlung und des Verwaltungsrats der Landesbausparkasse Rheinland-Pfalz, Mainz. Mitglied der Gesellschafterversammlungen der Finanz Informatik GmbH & Co. KG und der Finanz Informatik Ver-waltungsgesellschaft mbH, Frankfurt a.M. Stellv. Vorsitzender des Aufsichtsrats der Finanz Informatik GmbH & Co. KG, Frankfurt a.M. Mitglied des Aufsichtsrats des Deutschen Sparkassenverlags GmbH, Stutt-gart. Vorsitzender des Aufsichtsrats der Sparkassen-Beteiligungen Baden-Württemberg GmbH (SBBW), Stuttgart. Mitglied der Gesellschafterversammlung der Beteiligungsgesellschaft des Sparkassenverbands Baden-Württemberg mbH & Co. KG, Stuttgart. Mitglied des Verwaltungsrats der DekaBank, Frankfurt a.M. Stellv. Vorsitzender des Aufsichtsrats der S.V. Holding AG, Dresden. Mitglied der Verbandsversammlung des Deutschen Sparkassen- und Giroverbands ö.K. Mitglied des Vorstands des Deutschen Sparkassen- und Giroverbands e. V. Mitglied des Verwaltungsrats des BGV Badischer Gemeinde-Versicherungs-Verband, Karlsruhe. Mitglied des Aufsichtsrats der Badischen Allgemeinen Versicherung AG, Karlsruhe. Mitglied der Gesellschafterversammlung und Vorsitzender des Beirats der WIRTSCHAFTSPRÜFUNG Treuhand-, Revisions- und Unternehmensberatungsgesellschaft mbH, Ditzingen. Mitglied des Beirats der Deutschen Bundesbank, Hauptverwaltung Stuttgart (ehrenamtlich).

SCHNEIDEWIND-HARTNAGEL, Charlotte
Landtagsabgeordnete

Schafwiesenweg 22
69412 Eberbach
Wahlkreisbüro:
Obere Badstraße 6
69412 Eberbach
Telefon 06271 8467080
Telefax 06271 8467052
Telefon mobil 0171 7041604
E-Mail: info@charlotte-schneidewind.de
Landtagsbüro:
Haus der Abgeordneten
Konrad-Adenauer-Straße 12
70173 Stuttgart
Telefon 0711 2063-651
Telefax 0711 2063-660
E-Mail:
Charlotte.Schneidewind-Hartnagel@gruene.landtag-bw.de

Fraktion GRÜNE
Zweitmandat im Wahlkreis 41
Sinsheim

Persönliche Angaben:
Geboren 1953 in Göttingen; verheiratet, ein Kind.

Ausbildung, Berufslaufbahn, berufliche Funktionen:
1973 Abitur am Alten Kurfürstlichen Gymnasium in Bensheim. 1973 Studium Germanistik, Anglistik und Publizistik an der Georg-August-Universität in Göttingen. 1986 Studium Betriebswirtschaftslehre an der Fachhochschule des Landes Rheinland-Pfalz, Standort Worms. 1989 Examen Diplom-Betriebswirtin. 1978 Lektoratsvolontariat im Agora-Verlag, Akademie der Künste, Berlin. 1980 FWS Worpswede. 1985 Telecommunication Schöpp GmbH, Bensheim. 1990 Pressestelle des Bundesverbands des Deutschen Güterfernverkehrs (BDF), Frankfurt am Main. 1996 Pressereferentin der Frauenbeauftragten, Bensheim. 2000 freie Journalistin.

Politische Funktionen:
1998 bis 2007 Gründungsmitglied und Vorstand der Alternativen Grünen Liste. 2005 Kreisvorstand Odenwald Kraichgau. 2006 Landesarbeitsgemeinschaft FrauenPolitik. 2009 Bundestagskandidatin im Wahlkreis Rhein-Neckar, Landesliste Platz 13. 2009 Parteirat Baden-Württemberg. 2010 Programmkommission. Mitglied des Bundesfrauenrats. Mitglied des Landtags von Baden-Württemberg seit 13. April 2011. Mitglied des Sozialausschusses. Stellv. Vorsitzende und frauenpolitische Sprecherin der Fraktion GRÜNE.

Sonstige Funktionen und Mitgliedschaften:
Mitglied des Studentenparlaments der FH Worms. Studentenvertreterin im Senat der FH Rheinland-Pfalz. 1994 bis 1997 Vorstand des AK Elternbeiräte der Bensheimer Kindergärten. 2001 bis 2007 Elternbeirätin und Mitglied der Schulkonferenz am Hohenstaufen-Gymnasium. Mitglied des Landeselternbeirats. 2005 bis 2007 Gesamtelternbeiratsvorsitzende der Eberbacher Schulen. Mitglied des Beirats für den Schülerwettbewerb des Landtags von Baden-Württemberg zur Förderung der politischen Bildung. Mitgliedschaften: Grüne und Alternative in den Räten von Baden-Württemberg (GAR), Mehr Demokratie e. V., Stiftung Klimaschutz+, Arbeitsgemeinschaft für Interkulturelle Frauenbegegnung, Interkultureller Garten e. V., LandFrauenverband Württemberg-Baden e. V., Deutsch-Amerikanisches-Institut (dai), Institut Solidarische Moderne.

Angaben nach Teil I der Offenlegungsregeln:
Mitglied des Rundfunkrats des Südwestrundfunks.

SCHOCH, Alexander
Diplompädagoge und -politologe

Schützenstraße 9
79183 Waldkirch
Telefon 07681 5939
Telefon mobil 0171 7603558
Telefax 07681 5981
E-Mail:
Alexander.Schoch@gruene.landtag-bw.de
Internet:
www.alexander-schoch.de

*Fraktion GRÜNE
Zweitmandat im Wahlkreis 49
Emmendingen*

Persönliche Angaben:
Geboren am 14. August 1954 in Freiburg; evangelisch, verheiratet, zwei Kinder.

Ausbildung, Berufslaufbahn, berufliche Funktionen:
Grund- und Hauptschule. Ausbildung zum Vermessungstechniker. Wehrdienst. Zweiter Bildungsweg zum Abitur. Studium der Rechtswissenschaft, Politikwissenschaft, Wirtschaftswissenschaft und Geographie. Studium der Diplompädagogik und Psychologie. Abschluss mit Staatsexamen und Diplom. Dozent beim Bildungswerk der südbadischen Wirtschaft. Dozent an der Dualen Hochschule in Lörrach. Dozent an der Pädagogischen Hochschule Freiburg, sowie an der DAA und IB. Bundesabteilungsgeschäftsführer und Tarifverhandlungsführer bei der Gewerkschaft ÖTV bzw. ver.di. Bundesfachgruppenleiter und Tarifverhandlungsführer bei der Vereinten Dienstleistungsgewerkschaft (ver.di). Bildungsreferent der Gewerkschaft ver.di. Fachbereichsleiter im ver.di-Bezirk Mittelbaden-Nordschwarzwald.

Politische Funktionen:
Mitglied des Vorstands von Bündnis 90/Die Grünen Kreisverband Emmendingen. Kreisrat im Landkreis Emmendingen. Stadtrat in Waldkirch.
Mitglied des Landtages von Baden-Württemberg seit 14. April 2011.

Sonstige Funktionen und Mitgliedschaften:
Mitglied des Vorstands des Kommunalen Kino Waldkirch e. V. „Klappe 11". Mitglied der Gewerkschaft ver.di. Mitglied der Naturfreunde Waldkirch, von Greenpeace, des BUND, VCD, ACE, Skiclub Waldkirch, des Sportvereins Waldkirch SVW, WABE e.V., WiWaldi, DLRG, Rotes Kreuz, Kinderschutzbund, Narrenzunft Krakeelia, TRAS, Deutsches Tagebucharchiv, Öko-Institut, Radio Dreyeckland, Förderverein Förderschule und vieler weiterer Vereine und Fördervereine.

Angaben nach Teil I der Offenlegungsregeln:
Fachbereichsleiter (Gewerkschaftssekretär) im ver.di-Bezirk Mittelbaden-Nordschwarzwald (Arbeitsverhältnis ruht).

SCHREINER, Felix
Abgeordneter

Edwin-Kessler-Str. 3
79787 Lauchringen
Telefon 07741 689903
Telefax 07741 689927
E-Mail: info@felix-schreiner.de
Internet: www.felix-schreiner.de

Fraktion der CDU
Direktmandat im Wahlkreis 59
Waldshut

Persönliche Angaben:
Geboren am 29. Januar 1986 in Waldshut; evangelisch, ledig.

Ausbildung, Berufslaufbahn, berufliche Funktionen:
Grundschule in Lauchringen. Realschule in Tiengen. Fachhochschulreife am Wirtschaftsgymnasium in Waldshut. Ausbildung
zum Verwaltungsfachangestellten. Angestellter in der Kommunal-
verwaltung in Lauchringen. Angestellter bei einem Kreditinstitut.
FH-Studium Wirtschaftsrecht.

Politische Funktionen:
Kreisvorsitzender der CDU im Landkreis Waldshut. Ortsvorsitzender
der CDU in Lauchringen. Mitglied des Landesvorstands der Jungen
Union Baden-Württemberg. Gemeinderat und Fraktionsvorsitzender
in Lauchringen.
Mitglied des Landtags von Baden-Württemberg seit 11. April 2011.
Jugendpolitischer Sprecher der CDU-Landtagsfraktion.

Sonstige Funktionen und Mitgliedschaften:
Mitglied der Wirtschaftsjunioren.

Angaben nach Teil I der Offenlegungsregeln:
–

SCHÜTZ, Katrin
Landtagsabgeordnete

Grashofstraße 3
76133 Karlsruhe
Telefon 0721 8307610
Telefax 0721 8307611
E-Mail:
katrin.schuetz@cdu.landtag-bw.de

Fraktion der CDU
Direktmandat im Wahlkreis 28
Karlsruhe II

Persönliche Angaben:
Geboren am 20. März 1967 in Ettlingen als ältestes von sieben Kindern; katholisch, zwei Söhne.

Ausbildung, Berufslaufbahn, berufliche Funktionen:
Mittlere Reife in Karlsruhe, Abschluss zur Damenschneiderin im Handwerk, Einkäuferin und Abteilungsleiterin, 1991 bis 2006 Geschäftsführerin eines mittelständischen Einzelhandelsunternehmens; in dieser Zeit fachliche Fort- und Weiterbildungen. Ausbilderin nach der Ausbildereignungsverordnung.

Politische Funktionen:
Seit 2005 stellvertretende Kreisvorsitzende der Frauen Union Karlsruhe. Seit 2009 Bezirksvorsitzende der Frauen Union Nordbaden. Seit 2009 Mitglied des Landesvorstands der CDU Baden-Württemberg. Stellv. Landesvorsitzende der Frauen Union Baden-Württemberg. Seit 2011 Mitglied des Oberrheinrats.
Mitglied des Landtags von Baden-Württemberg seit 12. April 2006. 2006 bis 2011 stellv. Vorsitzende des Ausschusses für Wissenschaft, Forschung und Kunst. Seit 2011 Vorsitzende des Ausschusses für Integration und Mitglied des Ausschusses für Wissenschaft, Forschung und Kunst. Seit 2012 Mitglied des Untersuchungsausschusses „Ankauf der EnBW-Anteile der Électricité de France (EdF) durch das Land Baden-Württemberg und seine Folgen (EnBW-Deal)".

Sonstige Funktionen und Mitgliedschaften:
Stellv. Vorsitzende des Kuratoriums der Landeszentrale für politische Bildung Baden-Württemberg. Mitglied des Aufsichtsrats der Karlshochschule gGmbH. Mitglied des Kuratoriums der Hochschule Karlsruhe – Technik und Wirtschaft. Senatorin der Junior Chamber International. Mitglied des Stiftungsrats des Zentrums für Kunst und Medientechnologie Karlsruhe. Mitglied des Vorstands des Wirtschaftsrats der CDU e. V. Sektion Karlsruhe-Bruchsal. Mitglied des Verwaltungsrats des Badischen Staatstheaters Karlsruhe (alle ehrenamtlich). Mitglied in verschiedenen örtlichen Vereinen.

Angaben nach Teil I der Offenlegungsregeln:
–

SCHWARZ, Andreas
Wirtschaftsjurist
Master of Business Administration

Postplatz 7
73230 Kirchheim unter Teck
Telefon 07021 9317040
Konrad-Adenauer-Str. 12
70173 Stuttgart
Telefon 0711 2063-648
E-Mail:
andreas.schwarz@gruene.landtag-bw.de
Internet:
www.andreas-schwarz.net

Fraktion GRÜNE
Zweitmandat im Wahlkreis 8
Kirchheim

Persönliche Angaben:
Geboren am 30. August 1979 in Nürtingen; verheiratet, eine Tochter.

Ausbildung, Berufslaufbahn, berufliche Funktionen:
Gymnasium und Abitur in Kirchheim unter Teck. Zivildienst bei der Freiwilligen Feuerwehr. 2000 bis 2004 Studium des Wirtschaftsrechts (Fachrichtung: Arbeitsrecht und Wirtschaftspsychologie). 2004 bis 2006 General Management-Studium (Fachrichtung: Public Management). Tätigkeiten während des Studiums für die Landeszentrale für politische Bildung (1999 bis 2004), die Robert Bosch GmbH (2001), das Innenministerium Baden-Württemberg (2002 bis 2003) und den Verband Region Stuttgart (2004 bis 2006). Seit 2007 Referent für Wirtschaft und Infrastruktur beim Verband Region Stuttgart (beurlaubt seit 14. April 2011).

Politische Funktionen:
1995 bis 1998 Jugendgemeinderat in Kirchheim unter Teck. 1998 bis 1999 Sprecher des Dachverbands der Jugendgemeinderäte in Baden-Württemberg. Seit 1999 Stadtrat in Kirchheim unter Teck, 2006 bis April 2011 Fraktionsvorsitzender der Grünen. Seit 2004 Mitglied des Kreistags des Landkreises Esslingen, von 2009 bis Oktober 2011 Fraktionsvorsitzender der Grünen. Mitglied des Spitzenteams der Grünen zur Landtagswahl.
Mitglied des Landtags von Baden-Württemberg seit 12. April 2011. Mitglied des Präsidiums, des Ausschusses für Finanzen und Wirtschaft sowie des Ausschusses für Verkehr und Infrastruktur. Stellv. Fraktionsvorsitzender, Vorsitzender des Arbeitskreises Verkehr und Infrastruktur und kommunalpolitischer Sprecher der Fraktion GRÜNE.

Sonstige Funktionen und Mitgliedschaften:
Mitglied des Kuratoriums der Landeszentrale für politische Bildung Baden-Württemberg. Landesvorsitzender der kommunalpolitischen Vereinigung Grüne und Alternative in den Räten von Baden-Württemberg (GAR). Mitglied des Hochschulbunds Nürtingen e.V., der Europa-Union Deutschland e.V. / Kreisverband Esslingen, des Fördervereins Palliativversorgung im Landkreis Esslingen e.V., des Clubs Bastion – kultureller, literarischer, politischer Club e.V., des Vereins der Freunde und ehemaligen Schüler des Schlossgymnasiums Kirchheim unter Teck und des Vereins der Freunde und Förderer der historischen Feuerwehrtechnik. Gesellschafter der Bürgersolaranlage Jesingen.

Angaben nach Teil I der Offenlegungsregeln:
Referent für Wirtschaft und Infrastruktur beim Verband Region Stuttgart (beurlaubt). Mitglied des Aufsichtsrats der Flughafen Stuttgart GmbH. Stellv. Mitglied des Aufsichtsrats der Kreiskliniken Esslingen gGmbH. Stellv. Mitglied des Verwaltungsrats der Kreissparkasse Esslingen-Nürtingen. Stellv. Mitglied des Aufsichtsrats der Kompostwerk Kirchheim unter Teck GmbH.

SCHWEHR, Marcel
Landtagsabgeordneter

Im Erle 16
79346 Endingen a. K.
Telefon 07641 2017
Telefax 07641 3703
E-Mail:
marcel.schwehr.mdl@t-online.de
Internet:
www.marcel-schwehr.de

Fraktion der CDU
Direktmandat im Wahlkreis 49
Emmendingen

Persönliche Angaben:
Geboren am 4. Dezember 1966 in Endingen; katholisch, verheiratet, zwei Kinder.

Ausbildung, Berufslaufbahn, berufliche Funktionen:
Grundschule, Realschule (Mittlere Reife) in Endingen. 1983 bis 1986 Ausbildung zum Drucker. 1987 bis 1989 Drucker. 1989 bis 1991 Ausbildung zum Industriekaufmann in einem Verlag. 1992 Mitarbeiter bei MdB Rainer Haungs. 1992 bis 1998 Kundenberater bei der Raiffeisenbank Kaiserstuhl. 1999 bis 2001 Ausbildung zum Bauspar- und Finanzierungsberater. Bis 2011 Beschäftigung bei der Landesbausparkasse als Bauspar- und Finanzierungsberater im Sparkassenfinanzierungsverbund.

Politische Funktionen:
1982 bis 2001 Mitglied der Jungen Union. Mitglied der Mittelstandsvereinigung der CDU, Kreisverband Emmendingen. 1983 bis 1990 Vorsitzender der JU Endingen-Nördlicher Kaiserstuhl. 1987 bis 1990 Kreisvorsitzender der JU Emmendingen. 1989 bis 2005 Stadtverbandsvorsitzender der CDU Endingen. Seit 1989 Gemeinderat der Stadt Endingen, seit 1999 Vorsitzender der CDU-Fraktion. Seit 1994 Kreisrat im Landkreis Emmendingen. Seit Oktober 2011 Vorsitzender des CDU-Kreisverbands Emmendingen.
Mitglied des Landtags von Baden-Württemberg seit 10. April 2006.

Sonstige Funktionen und Mitgliedschaften:
Fünf Jahre Vorsitzender des Sportvereins Endingen. Viele Jahre Vorstandsmitglied der Chorvereinigung Amicitia Kaiserstuhl. Mitglied in mehreren Vereinen und Organisationen.

Angaben nach Teil I der Offenlegungsregeln:
–

SCKERL, Hans-Ulrich
Geschäftsführer

Haselnussweg 12
69469 Weinheim
Telefon 06201 959089
E-Mail: wk@uli-sckerl.de
Internet: www.uli-sckerl.de

Fraktion GRÜNE
Zweitmandat im Wahlkreis 39
Weinheim

Persönliche Angaben:
Geboren am 28. April 1951 in Weinheim; verheiratet, zwei Kinder.

Ausbildung, Berufslaufbahn, berufliche Funktionen:
Grundschule, Gymnasium und Abitur in Weinheim. Jura- und Volks-
wirtschaftsstudium in Heidelberg und Frankfurt. Seit 1980 selbständige und beratende Tätigkeiten in Firmen und für eine Rechtsan-
waltssozietät; Geschäftsführer.

Politische Funktionen:
Seit 1980 Mitglied der Grünen. Seit 1984 Kreisrat im Rhein-Neckar-
Kreis, 1984 bis 2011 Fraktionsvorsitzender. Seit 1999 Mitglied der
Verbandsversammlung des Verbands Region Rhein-Neckar. 1989 bis
1998 Gemeinderat in Hirschberg. Seit 2004 Stadtrat in Weinheim,
stellv. Fraktionsvorsitzender. 1980 bis 1990 und seit 1998 Kreisvor-
stand der Grünen Neckar-Bergstraße. 2001 bis 2009 Mitglied des
Landesvorstands Baden-Württemberg von Bündnis 90/Die Grünen.
Mitglied des Landtags von Baden-Württemberg seit 12. April 2006.
Seit 2011 stellv. Fraktionsvorsitzender und parlamentarischer
Geschäftsführer.

Sonstige Funktionen und Mitgliedschaften:
Mitglied des Beirats des Pilgerhauses Weinheim. 1999 bis 2010 Vorsitzender der Kommunalpolitischen Vereinigung Grüne und Alternative in den Räten von Baden-Württemberg.

Angaben nach Teil I der Offenlegungsregeln:
Geschäftsführende Tätigkeit für die Sozietät Dr. Zimmermann & Kollegen (derzeit beurlaubt). Mitglied des Aufsichtsrats der Stadtwerke
Weinheim GmbH. Stellv. Mitglied der Aufsichtsräte der Abfallverwertungsgesellschaft des Rhein-Neckar-Kreises mbH, der GRN Gesundheitszentren Rhein-Neckar gGmbH und der Jugendeinrichtung
Stift Sunnisheim gGmbH.

SITZMANN, Edith
Fraktionsvorsitzende

Wahlkreisbüro
Haslacher Str. 61
79115 Freiburg
Telefon 0761 702102
Telefax 0761 75405
E-Mail:
edith.sitzmann@gruene.landtag-bw.de
Internet:
www.edith-sitzmann.de

Fraktion GRÜNE
Direktmandat im Wahlkreis 47
Freiburg II

Persönliche Angaben:
Geboren am 4. Januar 1963 in Regensburg; verheiratet.

Ausbildung, Berufslaufbahn, berufliche Funktionen:
Grundschule und Wirtschaftsgymnasium in Regensburg, 1982 Abitur. Studium der
Geschichte und Kunstgeschichte an den Universitäten Regensburg, Heidelberg und
Freiburg, 1989 Abschluss zum Magister Artium. 1991 bis 1992 Kreisgeschäftsführe-
rin von Bündnis 90/Die Grünen in Freiburg. 1992 bis 2001 persönliche Referentin.
Viele Jahre freiberuflich tätig als Reiseleiterin und als Moderatorin, Trainerin und
Beraterin.

Politische Funktionen:
Seit 1992 Mitglied von Bündnis 90/Die Grünen. 1994 bis 1998 Mitglied des An-
staltsbeirats der Justizvollzugsanstalt Freiburg. Juni 2009 bis Juli 2011 Mitglied des
Freiburger Gemeinderats und der Verbandsversammlung des Regionalverbands
Südlicher Oberrhein.
Mitglied des Landtags von Baden-Württemberg seit 30. August 2002. 2004 bis 2006
finanzpolitische Sprecherin, 2006 bis 2011 wirtschaftspolitische Sprecherin, 2006
bis 2009 stellv. Fraktionsvorsitzende und seit Mai 2011 Vorsitzende der Fraktion
GRÜNE.

Sonstige Funktionen und Mitgliedschaften:
Mitglied des Vorstands von Pro Familia e. V. Freiburg. Mitglied des Beirats der Uni-
versität Freiburg. Mitglied des Beirats von Justitia Mentoring, Freiburg. Mitglied des
Beirats der Hochschule für Kunst, Design und Populäre Musik Freiburg gGmbH.
Mitglied des Beirats des Arnold-Bergstraesser-Instituts für kulturwissenschaftliche
Forschung e. V., Freiburg. Mitglied des Aufsichtsrats des Freiburger Münsterbau-
vereins e. V. Weitere Mitgliedschaften: Heinrich-Böll-Stiftung Baden-Württemberg,
Grüne und Alternative in den Räten von Baden-Württemberg (GAR), Kulturpoli-
tische Gesellschaft, Verein Freunde und Förderer des SWR Sinfonieorchesters
Baden-Baden und Freiburg e.V., Allgemeiner Deutscher Fahrrad Club e. V. (ADFC),
Verkehrsclub Deutschland (VCD), Naturschutzbund e. V. (NABU), Car-Sharing
Südbaden, Ski-Club Thurnerspur, Tiergehege Mundenhof Freiburg, Freiburger
Initiative gegen Arbeitslosigkeit e. V. (FRIGA), Freiburger Bündnis „Eine Schule
für alle", Kinderlernhaus e. V. Freiburg, Stadtteilverein Vauban, Archiv soziale
Bewegungen e. V. Freiburg.

Angaben nach Teil I der Offenlegungsregeln:
Selbständige Moderatorin, Trainerin und Beraterin. Mitglied des Verwaltungsrats
und des Beirats der Landeskreditbank Baden-Württemberg – Förderbank. Mitglied
des Aufsichtsrats der Baden-Württemberg Stiftung gGmbH.

SPLETT, Dr. Gisela
Staatssekretärin im Ministerium
für Verkehr und Infrastruktur

Breslauer Straße 43 d
76139 Karlsruhe
Telefon 0721 9687186
E-Mail:
gisela.splett@gruene.landtag-bw.de
Internet:
www.gisela-splett.de

Fraktion GRÜNE
Zweitmandat im Wahlkreis 27
Karlsruhe I

Persönliche Angaben:
Geboren am 20. Januar 1967 in Sindelfingen; verheiratet, zwei Kinder.

Ausbildung, Berufslaufbahn, berufliche Funktionen:
Grundschule in Böblingen. Gymnasium in Böblingen und Holzgerlingen, 1986 Abitur. Studium der Geoökologie in Bayreuth, 1991 Diplomprüfung. 1999 Promotion an der Universität Karlsruhe (Dr. rer. nat.). 1991 bis 1992 Mitarbeiterin des Norwegischen Waldforschungsinstituts. Seit 1992 wissenschaftliche Angestellte bei der Landesanstalt für Umweltschutz Baden-Württemberg (heute LUBW); 2001 bis 2004 abgeordnet an das Regierungspräsidium Karlsruhe.

Politische Funktionen:
1999 Mitglied des Kreisvorstands der Grünen in Karlsruhe. 1999 bis 2006 Stadträtin in Karlsruhe; 2003 bis 2006 Fraktionsvorsitzende. Mitglied des Landtags von Baden-Württemberg seit 11. April 2006.

Sonstige Funktionen und Mitgliedschaften:
Mitglied u. a. in folgenden Vereinen: Verband für Geoökologie in Deutschland (VGöD), Naturschutzbund Deutschland (NABU), Bund für Umwelt und Naturschutz Deutschland (BUND), Verkehrsclub Deutschland (VCD) und bei den Freunden des Naturkundemuseums Karlsruhe.

Angaben nach Teil I der Offenlegungsregeln:
Staatssekretärin im Ministerium für Verkehr und Infrastruktur. Wissenschaftliche Angestellte bei der Landesanstalt für Umwelt, Messungen und Naturschutz Baden-Württemberg (Beschäftigungsverhältnis ruht wegen Mandats). Stellv. Vorsitzende des Aufsichtsrats der Staatlichen Rhein-Neckar-Hafengesellschaft Mannheim mbH.

STÄCHELE, Willi
Minister a.D.
Rechtsanwalt

Gaisbacher Straße 19
77704 Oberkirch
Telefon 07802 981680

Fraktion der CDU
Direktmandat im Wahlkreis 52
Kehl

Persönliche Angaben:
Geboren am 17. November 1951 in Rheinweiler; katholisch, verheiratet, zwei Kinder.

Ausbildung, Berufslaufbahn, berufliche Funktionen:
Volksschule, Gymnasium, Abitur 1970. Studium der Rechts- und Staatswissenschaften in Freiburg. Erste und Zweite juristische Staatsprüfung 1977 und 1979. Staatsanwalt in Freiburg. Beauftragter des Justizministeriums Baden-Württemberg in der Landesvertretung in Bonn. 1981 bis 1998 Bürgermeister der Stadt Oberkirch. Wiederwahl 1989 und 1997. Ab November 1998 Staatssekretär mit Kabinettsrang und Bevollmächtigter des Landes beim Bund und in Europa. Juni 2001 bis April 2005 Minister für Ernährung und Ländlichen Raum. April 2005 bis Juni 2008 Minister des Staatsministeriums und für europäische Angelegenheiten. Juni 2008 bis Mai 2011 Finanzminister.

Politische Funktionen:
Mitglied des Landtags von Baden-Württemberg seit 24. April 1992. Mai bis Oktober 2011 Landtagspräsident.

Sonstige Funktionen und Mitgliedschaften:
Mitglied des Kuratoriums des „Fördervereins für krebskranke Kinder e.V.", Freiburg.

Angaben nach Teil I der Offenlegungsregeln:
Selbständiger Rechtsanwalt. Mitglied des Beirats der Landeskreditbank Baden-Württemberg – Förderbank. Mitglied des Beirats der RAMPF Holding GmbH & Co. KG, Grafenberg.

STICKELBERGER, Rainer
Justizminister
Rechtsanwalt

Wölblinstr. 78
79539 Lörrach
Telefon 07621 550311
Telefax 07621 550321
E-Mail:
wahlkreisbuero@stickelberger.de
Internet:
www.stickelberger.de

Fraktion der SPD
Zweitmandat im Wahlkreis 58
Lörrach

Persönliche Angaben:
Geboren am 6. April 1951 in Lörrach; evangelisch, verheiratet, eine Tochter.

Ausbildung, Berufslaufbahn, berufliche Funktionen:
1970 Abitur in Lörrach. Anschließend Studium der Rechtswissenschaften in Freiburg. 1979 bis 1984 Richter an den Verwaltungsgerichten Freiburg und Karlsruhe. 1984 bis 1992 Bürgermeister (1. Beigeordneter) der Stadt Weil am Rhein. Seit 1992 Rechtsanwalt in Lörrach (Anwaltstätigkeit ruht).

Politische Funktionen:
Mitglied der SPD seit 1971.
Mitglied des Landtags von Baden-Württemberg seit 17. April 2001.

Sonstige Funktionen und Mitgliedschaften:
Vorsitzender des Kuratoriums der Landesstiftung Opferschutz. Mitglied des Beirats des Sportvereins Weil 1910 e. V. Mitglied in der Arbeiterwohlfahrt und zahlreichen regionalen Organisationen und Vereinen.

Angaben nach Teil I der Offenlegungsregeln:
Justizminister. Selbstständiger Rechtsanwalt (Anwaltstätigkeit ruht). Stellv. Mitglied des Rundfunkrats des Südwestrundfunks (Vertreter der Landesregierung).

STOBER, Johannes
Dipl.-Informatiker

Goerdelerstr. 5
76189 Karlsruhe
Telefon: 0721 1321501
Telefax: 0721 1321502
E-Mail:
johannes.stober@spd.landtag-bw.de
Internet:
www.johannes-stober.de

Fraktion der SPD
Zweitmandat im Wahlkreis 27
Karlsruhe I

Persönliche Angaben:
Geboren am 28. September 1968 in Karlsruhe; evangelisch, ledig.

Ausbildung, Berufslaufbahn, berufliche Funktionen:
Abitur am Bismarck-Gymnasium in Karlsruhe. Ausbildung zum Mathematisch-technischen Assistenten bei der Hoechst AG in Frankfurt/Main. Informatik-Studium an der Universität Karlsruhe. Beschäftigung als Softwareentwickler im Bereich Verkehrstelematik bei der PTV AG in Karlsruhe.

Politische Funktionen:
1995 bis 1997 Landeskoordinator der Juso-Hochschulgruppen Baden-Württemberg. 1997 bis 1999 Sprecher der Jusos Karlsruhe-Stadt. 1998 bis 2006 Mitglied des SPD-Kreisvorstands Karlsruhe. Seit 2003 Vorsitzender des SPD-Ortsvereins Karlsruhe-Oberreut. Mitglied des Oberrheinrats.
Mitglied des Landtags von Baden-Württemberg seit 11. April 2006.

Sonstige Funktionen und Mitgliedschaften:
Mitglied des Verwaltungsrats des Badischen Staatstheaters. Mitglied des Stiftungsrats des Zentrums für Kunst und Medientechnologie (ZKM). Mitglied des Umweltbeirats der Ev. Landeskirche in Baden. Mitglied des Kuratoriums des Naturkundemuseums Karlsruhe. Mitglied des Kuratoriums der Hochschule Karlsruhe – Technik und Wirtschaft (HsKA). Mitglied des Kuratoriums der Landesvereinigung Baden in Europa e. V. Mitglied des Vorstands der Badischen Bibliotheksgesellschaft, des Vereins „Bürgergartenschau e. V." und des Bürgervereins Oberreut. Mitglied u. a. bei der IG Metall, den Naturfreunden, der Arbeiterwohlfahrt, PRO BAHN, der Europa-Union, dem Karlsruher Sport-Club und dem Verein Gegen Vergessen – für Demokratie e. V.

Angaben nach Teil I der Offenlegungsregeln:
Softwareentwickler bei der PTV AG (Planung, Transport, Verkehr) (ruhendes Arbeitsverhältnis).

STOCH, Andreas
Rechtsanwalt

Wildstr. 9
89522 Heidenheim
Telefon 07321 40080
Telefax 07321 40042
Telefon privat 07321 95741
Telefax privat 07321 315321
E-Mail:
andreas.stoch@spd.landtag-bw.de
Internet:
www.andreas-stoch.de

Fraktion der SPD
Zweitmandat im Wahlkreis 24
Heidenheim

Persönliche Angaben:
Geboren am 10. Oktober 1969 in Heidenheim; evangelisch, verheiratet, vier Kinder.

Ausbildung, Berufslaufbahn, berufliche Funktionen:
1989 Abitur am Margarete-Steiff-Gymnasium in Giengen. Zivildienst bei der Arbeiterwohlfahrt. 1990 bis 1995 Studium der Rechtswissenschaften in Tübingen und Heidelberg. Erste juristische Staatsprüfung, anschließend Referendariat am Landgericht Ellwangen. 1997 Zweite juristische Staatsprüfung. Seit 1998 selbständig tätig als Rechtsanwalt in Heidenheim.

Politische Funktionen:
Seit 2001 Vorsitzender des SPD-Kreisverbands Heidenheim.
Mitglied des Landtags von Baden-Württemberg seit 1. April 2009.

Sonstige Funktionen und Mitgliedschaften:
Mitglied der Arbeiterwohlfahrt e. V., des Anwaltvereins Heidenheim e. V., des Vereins Freie Waldorfschule Heidenheim e. V. und verschiedener Organisationen und Vereine in Stadt und Kreis Heidenheim.

Angaben nach Teil I der Offenlegungsregeln:
Selbständiger Rechtsanwalt in Heidenheim.

STOLZ, Dr. med. Monika
Ministerin a. D.

Wichernstraße 10
89073 Ulm
Telefon 0731 92609944
Telefax 0731 92609844
E-Mail:
monika.stolz@cdu.landtag-bw.de
Internet: www.dr-monika-stolz.de

Fraktion der CDU
Direktmandat im Wahlkreis 64
Ulm

Persönliche Angaben:
Geboren am 24. März 1951 in Worms; katholisch, verheiratet, vier
Kinder.

Ausbildung, Berufslaufbahn, berufliche Funktionen:
Volksschule, Gymnasium und Abitur in Worms. Studium der Volkswirtschaftslehre in Freiburg mit Abschlußdiplom 1974. 1974 bis 1977
wissenschaftliche Referentin bei der Konrad-Adenauer-Stiftung.
1976 bis 1983 Studium der Humanmedizin in Gießen, Würzburg und
Bonn. 1985 Promotion zum Dr. med., danach als Ärztin tätig. Vom
5. Oktober 2005 bis zum 1. Februar 2006 politische Staatssekretärin
im Ministerium für Kultus, Jugend und Sport. Vom 1. Februar 2006
bis zum 24. Februar 2010 Ministerin für Arbeit und Soziales. Vom
24. Februar 2010 bis 12. Mai 2011 Ministerin für Arbeit und Sozialordnung, Familien und Senioren.

Politische Funktionen:
1989 bis 2005 Gemeinderätin in Ulm und Ortschaftsrätin in Ulm-
Unterweiler, davon 1991 bis 1999 als Vorsitzende der CDU-Gemeinderatsfraktion.
Mitglied des Landtags von Baden-Württemberg seit 11. April 2001.

Sonstige Funktionen und Mitgliedschaften:
Vorsitzende des Beirats der Stiftung „Singen mit Kindern". Mitglied
des Stiftungsrats der Stiftung „Kinderland Baden-Württemberg".
Mitglied des Vorstands der Familienbildungsstätte Ulm. Mitglied
des Vorstands der Veronika-Stiftung. Mitglied des Zentralkomitees
der deutschen Katholiken.

Angaben nach Teil I der Offenlegungsregeln:
Vorsitzende des Bundesverbands katholischer Vorsorge- und Reha-
bilitationseinrichtungen für Kinder und Jugendliche e. V. (ehrenamtlich).

STORZ, Hans-Peter
Pastoralreferent

Ekkehardstraße 78
78224 Singen
Telefon 07731 747168
E-Mail: info@hans-peter-storz.de
Internet: www.hans-peter-storz.de

*Fraktion der SPD
Zweitmandat im Wahlkreis 57
Singen*

Persönliche Angaben:
Geboren am 21. Januar 1960 in Tuttlingen; verheiratet, zwei Kinder.

Ausbildung, Berufslaufbahn, berufliche Funktionen:
Grundschule Irndorf. Gymnasium und Abitur in Sigmaringen.
Zivildienst. 1981 bis 1987 Studium Latein und Theologie in München
und Freiburg. 1987 bis 1990 Erzieher im Studienheim St. Konrad in
Konstanz. 1990 bis 1993 Pastoralassistent in Kehl und St. Georgen.
Seit 1993 Pastoralreferent in Singen.

Politische Funktionen:
Seit 2009 Mitglied des Gemeinderats der Stadt Singen.
Mitglied des Landtags von Baden-Württemberg seit 14. April 2011.

Sonstige Funktionen und Mitgliedschaften:
Vertretung der Region im Familienbund der Katholiken, Diözesan-
verband Freiburg. Mitglied des Vereins zur Förderung des Kulturzentrums Gems. Vorstand der Initiative „Stolpersteine für Singen".
Mitglied des Vorstands des Fördervereins Stadtpark Singen e. V. Mitglied des Vorstands des Otto-Sauter-Hilfsfonds.

Angaben nach Teil I der Offenlegungsregeln:
Pastoralreferent bei der Erzdiözese Freiburg (beurlaubt). Religions-
lehrer bei der Erzdiözese Freiburg (4 Std. am Hegau-Gymnasium
Singen).

STRATTHAUS, Gerhard
Finanzminister a. D.

Eulenstraße 6
68782 Brühl
Telefon 0711 2063-870
E-Mail:
Gerhard.Stratthaus@cdu.landtag-bw.de
Internet:
www.gerhard-stratthaus.de

Fraktion der CDU
Direktmandat im Wahlkreis 40
Schwetzingen

Persönliche Angaben:
Geboren am 22. März 1942 in Heidelberg; katholisch, verheiratet.

Ausbildung, Berufslaufbahn, berufliche Funktionen:
Hebelgymnasium in Schwetzingen. Kaufmännisches Praktikum.
Studium der Betriebswirtschaftslehre an der Universität Mannheim,
im Frühjahr 1966 Examen Diplomhandelslehrer. Bildungsreferent am
Heinrich-Pesch-Haus in Mannheim. 1973 Wahl zum Bürgermeister
in Brühl. 1981 Wahl zum Bürgermeister in Schwetzingen, 1993 Ober-
bürgermeister. 11. November 1998 bis 4. Juni 2008 Finanzminister.
Oktober 2008 bis Juni 2011 Mitglied des Leitungsausschusses der
Finanzmarktstabilisierungsanstalt.

Politische Funktionen:
1968 bis 1973 Mitglied des Gemeinderats in Brühl. Mitglied des Landesvorstands der CDU Baden-Württemberg.
Mitglied des Landtags von Baden-Württemberg seit 2. Mai 1992.

Sonstige Funktionen und Mitgliedschaften:
Vorsitzender des Aufsichtsrats des Zentrums für Europäische Wirt-
schaftsforschung gGmbH (ZEW), Mannheim. Vorsitzender des
Freundeskreises der Schwetzinger Festspiele. Vorsitzender der Stiftung „Brühler Bürger in Not". Mitglied im Konvent für Deutschland
e. V.

Angaben nach Teil I der Offenlegungsregeln:
Vorsitzender des Aufsichtsrats der Badischen Staatsbrauerei Rot-
haus AG. Mitglied des Aufsichtsrats der EnBW Energie Baden-
Württemberg AG.

TEUFEL, Stefan
Abteilungsleiter

Im Geigenrain 26
78628 Rottweil
Telefon 0741 41506
Telefax 0741 43112
E-Mail: info@stefanteufel.de

Fraktion der CDU
Direktmandat im Wahlkreis 53
Rottweil

Persönliche Angaben:
Geboren am 20. Mai 1972 in Rottweil a. N.; römisch-katholisch, ledig.

Ausbildung, Berufslaufbahn, berufliche Funktionen:
Fachhochschulreife. Ausbildung zum Industriekaufmann. Studium
zum Betriebswirt (GA). 1996 bis 2000 Tätigkeit bei der AOK Baden-
Württemberg. Seit 2000 Abteilungsleiter Controlling/Unterneh-
mensentwicklung bei der BKK Gesundheit.

Politische Funktionen:
1990 bis 1997 Vorsitzender der Jungen Union Ortsverband Zimmern.
1994 bis 2001 Kreisvorsitzender der Jungen Union Rottweil. Seit 2001
CDU-Ortsvorsitzender Zimmern. Seit 1999 Mitglied des Kreistages;
Mitglied des Ausschusses Umwelt und Verkehr. Seit 2005 CDU-
Kreisvorsitzender.
Mitglied des Landtags von Baden-Württemberg seit 12. April 2006.

Sonstige Funktionen und Mitgliedschaften:
Mitglied des Kreisausschusses des Deutschen Roten Kreuzes und in
verschiedenen Vereinen.

Angaben nach Teil I der Offenlegungsregeln:
Abteilungsleiter bei der Betriebskrankenkasse Gesundheit. Stellv.
Vorsitzender des Aufsichtsrats der Gesundheitszentren Landkreis
Rottweil GmbH.

THROM, Alexander
Rechtsanwalt

Schweinsbergstraße 76
74074 Heilbronn
Telefon 07131 64281-111
Telefax 07131 64281-128
E-Mail throm@throm-hauser.de
Internet: www.alexander-throm.de

Fraktion der CDU
Direktmandat im Wahlkreis 18

Heilbronn

Persönliche Angaben:
Geboren am 8. September 1968 in Heilbronn; evangelisch, verheiratet, ein Sohn.

Ausbildung, Berufslaufbahn, berufliche Funktionen:
Silchergrundschule Heilbronn, anschließend Justinus-Kerner-Gymnasium Heilbronn, 1988 Abitur am Wirtschaftsgymnasium Heilbronn. 1988 bis 1993 Studium der Rechtswissenschaften an der Universität Mannheim, 1993 Erstes Staatsexamen. 1993 bis 1995 Referendariat am Landgericht Heilbronn, 1995 Zweites Staatsexamen. Seit 1995 Rechtsanwalt. 2001 Gründung der Anwaltskanzlei THSB Throm, Hauser, Strobl, von Berlichingen in Heilbronn; Fachanwalt für Bau- und Architektenrecht sowie Fachanwalt für Arbeitsrecht.

Politische Funktionen:
Seit 2006 Vorsitzender des CDU-Stadtverbands Heilbronn. Seit 2007 stellv. Vorsitzender des CDU-Kreisverbands Heilbronn. Seit 1994 Stadtrat der Stadt Heilbronn, seit 2003 Vorsitzender der CDU-Gemeinderatsfraktion. Erster Stellvertreter des Oberbürgermeisters der Stadt Heilbronn aus der Mitte des Gemeinderats.
Mitglied des Landtags von Baden-Württemberg seit 13. April 2011.

Sonstige Funktionen und Mitgliedschaften:
–

Angaben nach Teil I der Offenlegungsregeln:
Selbständiger Rechtsanwalt als Partner der Anwaltskanzlei THSB Throm, Hauser, Strobl, von Berlichingen. Mitglied des Aufsichtsrats der Südwestdeutschen Salzwerke AG. Mitglied des Aufsichtsrats der Bundesgartenschau 2019 GmbH. Mitglied des Aufsichtsrats der Beteiligungsgesellschaft Stadt Heilbronn mbH. Mitglied der Gewährträgerversammlung der Kreissparkasse Heilbronn. Stellv. Mitglied des Aufsichtsrats der SLK-Kliniken Heilbronn GmbH. Justiziar der Innung für Orthopädie-Schuhtechnik Baden-Württemberg.

TRAUB, Karl
Landwirtschaftsmeister
Bürgermeister a. D.

Zehntscheuerstraße 20
89597 Hausen am Bussen
Telefon 07393 91430
Telefax 07393 91431
E-Mail: Traub.Karl@t-online.de
Internet: www.traub-karl.de

Fraktion der CDU
Direktmandat im Wahlkreis 65
Ehingen

Persönliche Angaben:
Geboren am 9. April 1941 in Hausen am Bussen; katholisch, verheiratet, vier erwachsene Söhne.

Ausbildung, Berufslaufbahn, berufliche Funktionen:
Grund- und Hauptschule in Hausen am Bussen. Ausbildung im Beruf
des Landwirts mit Berufsschule und Fachschule in Ehingen. 1965
Abschluss zum Landwirtschaftsmeister. Übernahme des elterlichen
landwirtschaftlichen Betriebs als selbstständiger Landwirt (Betriebs-
abgabe 2006). 1967 bis 2009 Bürgermeister der Gemeinde Hausen am
Bussen. 1979 bis 2009 ehrenamtlicher Bürgermeister der Gemeinde
Unterwachingen.

Politische Funktionen:
1960 Eintritt in die Junge Union. Seit 1966 Mitglied der CDU. Seit
1971 Kreisrat im Alb-Donau-Kreis und ab 1978 Vorsitzender der
CDU-Kreistagsfraktion. Mitglied des Kreisvorstands der CDU Alb-
Donau/Ulm.
Mitglied des Landtags von Baden-Württemberg seit 15. April 1996.
Seit 2001 Vorsitzender des Landwirtschaftsausschusses. Seit 2011
Mitglied des Präsidiums.

Sonstige Funktionen und Mitgliedschaften:
Mit Wirkung vom 30. April 2009 Ehrenbürger der Gemeinde Hausen
am Bussen und Ehrenbürger der Gemeinde Unterwachingen.

Angaben nach Teil I der Offenlegungsregeln:
Mitglied des Verwaltungsrats der Sparkasse Ulm (ehrenamtlich).
Mitglied des Aufsichtsrats der Krankenhaus GmbH Alb-Donau-Kreis
(ehrenamtlich).

TSCHENK, Nikolaus
Redakteur und Pädagoge

Anna-Peters-Straße 23
70597 Stuttgart
Telefon 0711 2063-659
Telefax 0711 2063-660
E-Mail: N.Tschenk@web.de
Internet: www.Nikolaus-Tschenk.de

Fraktion GRÜNE
Nachfolger im Direktmandat
im Wahlkreis 2
Stuttgart II

Persönliche Angaben:
Geboren am 16. November 1953 in Stanischitsch (Ex-Jugoslawien); konfessionslos, verheiratet, zwei Kinder.

Ausbildung, Berufslaufbahn, berufliche Funktionen:
Volksschule in Rödermark/Hessen. Abitur in Stuttgart. Studium der Geschichte, Politologie und Volkswirtschaft an der Universität Stuttgart, Abschluss Magister Artium. Arbeit als Journalist und Redakteur bei Tageszeitungen, Kultur- und Fachzeitschriften. Seit 2005 Oberstufenlehrer (Sekundarstufe II) für die Fächer Deutsch, Geschichte und Gemeinschaftskunde an einer Waldorfschule.

Politische Funktionen:
1986 bis 1988 Bezirksbeirat in Stuttgart-Möhringen. 1987/88 Mitglied des Kreisvorstands von Bündnis 90/Die Grünen Stuttgart. Seit 1998 Sprecher (Vorsitzender) des Ortsvereins Stuttgart-Möhringen von Bündnis 90/die Grünen.
Mitglied des Landtags von Baden-Württemberg seit 1. Dezember 2011.

Sonstige Funktionen und Mitgliedschaften:
Fördermitglied der Menschenrechtsorganisation Amnesty International. Mitglied des Evangelischen Studienwerks (Altvilligster). Mitglied des Fördervereins der Freien Waldorfschule Backnang.

Angaben nach Teil I der Offenlegungsregeln:
Waldorflehrer an der Freien Waldorfschule Backnang (5 Wochenstunden).

Eingetreten am 1. Dezember 2011
für den ausgeschiedenen Abg. Werner Wölfle.

UNTERSTELLER, Franz
Umweltminister

Konrad-Adenauer-Str. 12
70173 Stuttgart
Telefon 0711 2063-689
Telefax 0711 2063-660
E-Mail:
franz.untersteller@gruene.landtag-bw.de
Internet:
www.franz-untersteller.de

*Fraktion GRÜNE
Zweitmandat im Wahlkreis 3
Stuttgart III*

Persönliche Angaben:
Geboren am 4. April 1957 in Ensheim/Saar; katholisch, verheiratet, zwei
Kinder.

Ausbildung, Berufslaufbahn, berufliche Funktionen:
Volksschule in Ensheim/Saar. Realschule in St. Ingbert. Städtisches
Wirtschaftsgymnasium in Saarbrücken; 1977 Abitur. Ab 1978 Studium
am Fachbereich Landschaftsplanung der Fachhochschule Nürtingen;
Abschluss als Dipl.-Ing. (FH). 1981 zunächst Praktikant, später wissenschaftlicher Mitarbeiter am Öko-Institut, Freiburg. 1982 Stipendiat der
Carl-Duisberg-Gesellschaft in Kolumbien; Mitarbeit an einem Projekt
des kolumbianischen Umweltministeriums. 1983 bis 2006 Parlamentarischer Berater der Fraktion GRÜNE im Landtag von Baden-Württemberg.

Politische Funktionen:
Seit 1983 Mitglied der Grünen. 1998 bis 2000 Mitglied des Kreisvor-
stands von Bündnis 90/Die Grünen Kreisverband Esslingen.
Mitglied des Landtags von Baden-Württemberg seit 12. April 2006.
Dezember 2006 bis Mai 2011 stellv. Vorsitzender der Landtagsfraktion
GRÜNE.

Sonstige Funktionen und Mitgliedschaften:
Vorsitzender des Verwaltungsrats der Landesanstalt für Umwelt, Messungen und Naturschutz. Mitglied des Beirats der Bundesnetzagen-
tur. 2003 bis März 2011 Mitglied des Vorstands des Öko-Instituts e. V.
(ehrenamtlich). Mitglied des Vorstands des Vereins der Freunde und
Förderer der Wilhelma e. V. Mitglied bei Plan International e. V., TTF
Tischtennisfreunde Neckarhausen e. V. und dem Deutschen Skiverband
e. V. (DSV).

Angaben nach Teil I der Offenlegungsregeln:
Minister für Umwelt, Klima und Energiewirtschaft. Parlamentarischer
Berater beim Landtag von Baden-Württemberg (Arbeitsverhältnis ruht
wegen Mandats). Mitglied des Verwaltungsrats der Landeskreditbank
Baden-Württemberg – Förderbank. Mitglied des Aufsichtsrats der
e-mobil BW GmbH. Mitglied des Aufsichtsrats der Baden-Württemberg
Stiftung gGmbH.

WACKER, Georg
Diplom-Musiklehrer

In den Fensenbäumen 23
69198 Schriesheim
Telefon 06203 692239
Telefax 06203 692249
E-Mail:
georg.wacker@cdu.landtag-bw.de
Internet:
www.georg-wacker.de

Fraktion der CDU
Direktmandat im Wahlkreis 39
Weinheim

Persönliche Angaben:
Geboren am 9. Januar 1962 in Ulm; römisch-katholisch, verheiratet.

Ausbildung, Berufslaufbahn, berufliche Funktionen:
Hauptschule in Schriesheim. Studium an der Staatlichen Hochschule für Musik Heidelberg-Mannheim mit Diplom-Musiklehrerprüfung 1982 und Orchesterabschlussprüfung 1983. Grundwehrdienst 1983/84. 1985 bis 1991 Lehrer an den Musikschulen in Neckargemünd und Korntal-Münchingen. 1992 bis 1996 Musikschulleiter in Renningen. Februar 2006 bis Mai 2011 politischer Staatssekretär im Ministerium für Kultus, Jugend und Sport Baden-Württemberg.

Politische Funktionen:
1984 bis 1990 und 1999 bis 2005 Gemeinderat der Stadt Schriesheim. 1992 bis 1996 stellv. Bezirksvorsitzender der Jungen Union Nordbaden. 1993 bis 2003 Kreispressesprecher der CDU Rhein-Neckar. 1997 bis 2004 Vorsitzender des CDU-Stadtverbands Schriesheim. Seit 2003 Vorsitzender des CDU-Kreisverbands Rhein-Neckar. 2003 bis 2009 Mitglied des Bezirksvorstands der CDU Nordbaden. Seit 2007 Mitglied des Landesvorstands der CDU Baden-Württemberg. Mitglied des Bundesfachausschusses für Bildung, Forschung und Innovation der CDU Deutschlands.
Mitglied des Landtags von Baden-Württemberg seit 18. April 1996. Mitglied des Ausschusses für Kultus, Jugend und Sport. 1996 bis 2001 jugendpolitischer Sprecher der CDU-Landtagsfraktion. 2001 bis 2006 bildungspolitischer Sprecher der CDU-Landtagsfraktion.

Sonstige Funktionen und Mitgliedschaften:
Mitglied und Vorstandstätigkeit in verschiedenen örtlichen und überregionalen Vereinen. Mitglied des Kuratoriums der Landeszentrale für politische Bildung Baden-Württemberg. Mitglied des Kuratoriums der Dr. h. c. Gerhard-Weiser-Stiftung. Mitglied des Beirats der Kunststiftung Baden-Württemberg gGmbH. Stellv. Mitglied des Aufsichtsrats des Badischen Staatstheaters Karlsruhe. Mitglied des Kuratoriums der Kinderturnstiftung Baden-Württemberg.

Angaben nach Teil I der Offenlegungsregeln:
Leiter der Musikschule Renningen (beurlaubt für die Dauer des Mandats). Mitglied des Aufsichtsrats der Baden-Württemberg Stiftung gGmbH.

WAHL, Florian
Landtagsabgeordneter

Sindelfinger Straße 8
71032 Böblingen
Telefon 07031 220258
Telefax 07031 220268
E-Mail: info@florian-wahl.de
Internet: www.florian-wahl.de

Fraktion der SPD
Zweitmandat im Wahlkreis 5
Böblingen

Persönliche Angaben:
Geboren am 7. Juni 1984 in Stuttgart; evangelisch, ledig.

Ausbildung, Berufslaufbahn, berufliche Funktionen:
Grundschule in Stuttgart-Möhringen und Böblingen. Gymnasium
und Abitur in Böblingen. Studium der Politikwissenschaften und
Anglistik in Tübingen und in Maynooth, Kildare, Irland. Parlamentarischer Mitarbeiter in verschiedenen Landtagsabgeordnetenbüros
in Stuttgart.

Politische Funktionen:
Seit 2002 Mitglied der SPD. Seit 2011 Ortsvereinsvorsitzender der
SPD Böblingen. Seit 2004 Stadtrat in Böblingen. Seit 2009 Kreisrat
im Landkreis Böblingen.
Mitglied des Landtags von Baden-Württemberg seit 13. April 2011.

Sonstige Funktionen und Mitgliedschaften:
Mitglied des Kuratoriums der Landeszentrale für politische Bildung
Baden-Württemberg. Mitglied des Kuratoriums der Jugendstiftung
Baden-Württemberg. Mitglied des Medienrats der Landesanstalt
für Kommunikation Baden-Württemberg. Mitglied des Vorstands
der Gesellschaft zur Förderung der Aktion Jugendschutz Landesar-
beitsstelle Baden-Württemberg e. V. Mitglied des Vorstands der Arbeiterwohlfahrt, Kreisverband Böblingen-Tübingen e. V. Engagiert
im Evangelischen Jugendwerk Böblingen. Seit 2007 ver.di-Mitglied.
Mitglied des Kinderschutzbunds.

Angaben nach Teil I der Offenlegungsregeln:
Mitglied des Aufsichtsrats der Therme GmbH Böblingen. Mitglied
des Zweckverbands Restmüllheizkraftwerk (Kreis Böblingen).
Mitglied des Kuratoriums des Zweckverbands Flugfeld Böblingen/
Sindelfingen.

WALD, Tobias
Bankkaufmann,
Diplom-Betriebswirt (FH)

Wahlkreisbüro
Ooser Bahnhofstr. 23
76532 Baden-Baden
Telefon 07221 9710086
Telefax 07221 9710031
E-Mail: post@tobiaswald.de
Internet: www.tobiaswald.de

*Fraktion der CDU
Direktmandat im Wahlkreis 33
Baden-Baden*

Persönliche Angaben:
Geboren am 26. August 1973 in Bühl/Baden; römisch-katholisch, verheiratet.

Ausbildung, Berufslaufbahn, berufliche Funktionen:
Grund- und Hauptschule in Ottersweier. Wirtschaftsgymnasium mit fachgebundener Hochschulreife in Bühl. Grundwehrdienst beim 4./ ABC Abwehrbataillon 750 in Bruchsal. Ausbildung zum Bankkaufmann und Finanzassistenten. Berufsbegleitendes Studium zum Diplom-Betriebswirt (FH). Handlungsbevollmächtigter bei der Volksbank Baden-Baden/Rastatt eG.

Politische Funktionen:
Seit 1991 Mitglied der Jungen Union und der CDU. 1991 bis 1999 Vorsitzender der Jungen Union Ottersweier. 1993 bis 1996 Vorsitzender der Jungen Union Kreisverband Rastatt. 1998 bis 2003 Mitglied des Landesvorstands der Jungen Union Baden-Württemberg. Seit 1997 Mitglied des Vorstands des CDU-Kreisverbands Rastatt. Seit 2001 Mitglied des Vorstands des CDU-Bezirksverbands Nordbaden. Stellv. Sektionssprecher des Wirtschaftsrats der CDU e. V., Sektion Baden-Baden/Rastatt. Seit 1999 Gemeinderat der Gemeinde Ottersweier, seit 2009 stellv. Vorsitzender der CDU-Fraktion.
Mitglied des Landtags von Baden-Württemberg seit 11. April 2011. Mitglied des Finanz- und Wirtschaftsausschusses und des Ausschusses für Kultus, Jugend und Sport.

Sonstige Funktionen und Mitgliedschaften:
Mitglied des Beirats der Stiftung „Singen mit Kindern". Stellv. Mitglied des Verwaltungsrats des Badischen Staatstheaters Karlsruhe. Mitglied des Kuratoriums der Steinbeis-Stiftung für Wirtschaftsförderung (StW).

Angaben nach Teil I der Offenlegungsregeln:
Handlungsbevollmächtigter bei der Volksbank Baden-Baden/Rastatt eG. Mitglied des Aufsichtsrats der Baugenossenschaft Familienheim Baden-Baden eG.

WALTER, Jürgen
Staatssekretär im Ministerium für
Wissenschaft, Forschung und Kunst

Stuttgarter Str. 62
71679 Asperg
Telefon 07141 664466
Telefax 07141 664467
E-Mail:
juergen.walter@gruene.landtag-bw.de
Internet:
www.juergenwalter.de

Fraktion GRÜNE
Zweitmandat im Wahlkreis 12
Ludwigsburg

Persönliche Angaben:
Geboren am 11. Mai 1957 in Stuttgart; evangelisch, verheiratet, ein
Kind.

Ausbildung, Berufslaufbahn, berufliche Funktionen:
1977 bis 1985 Studium der Anglistik und Germanistik in Stuttgart
und Eugene, Oregon (USA). 1986 bis 1992 Mitverantwortlicher für
das Kulturprogramm im Scala-Theater Ludwigsburg. 1988 bis 1992
persönlicher Referent eines Landtagsabgeordneten. 1990 bis 1993
Geschäftsführer der Firma Ecotopia Productions, Ludwigsburg.

Politische Funktionen:
Seit 1983 Mitglied der Grünen, heute Bündnis 90/Die Grünen. 1983
bis 1991 Ortsvorsitzender der Grünen in Asperg. 1984 bis 1987 und
1999 bis 2006 Mitglied des Kreisvorstands der Grünen in Ludwigsburg. 1989 bis 2011 Gemeinderat in Asperg, Fraktionsvorsitzender.
1989 bis 1992 Mitglied des Kreistags in Ludwigsburg.
Mitglied des Landtags von Baden-Württemberg seit 23. April 1992.

Sonstige Funktionen und Mitgliedschaften:
Vorsitzender des Aufsichtsrats der Popakademie Baden-Württemberg
GmbH (ehrenamtlich). Vorsitzender des Aufsichtsrats der Akademie
für Darstellende Kunst Baden-Württemberg GmbH. Stellv. Vorsitzender des Aufsichtsrats der Filmakademie Baden-Württemberg GmbH
(ehrenamtlich). Mitglied des Aufsichtsrats und des Kuratoriums der
Ludwigsburger Schlossfestspiele gGmbH (ehrenamtlich). Stellv. Vorsitzender des Stiftungsrats des Zentrums für Kunst und Medientechnologie Karlsruhe (ZKM). Zweiter Vorsitzender des Fördervereins
Hohenasperg e. V.

Angaben nach Teil I der Offenlegungsregeln:
Politischer Staatssekretär im Ministerium für Wissenschaft, Forschung
und Kunst. Vorsitzender des Aufsichtsrats der MFG Medien- und
Filmgesellschaft Baden-Württemberg mbH (ehrenamtlich). Mitglied
des Rundfunkrats des Südwestrundfunks.

WINKLER, Alfred
Techniker

Rabenfelsstraße 22
79618 Rheinfelden
Telefon 07623 965687
Telefax 07623 965688
E-Mail: a-winkler@t-online.de
Internet: www.alfredwinkler.de

Fraktion der SPD
Zweitmandat im Wahlkreis 59
Waldshut

Persönliche Angaben:
Geboren am 5. Juni 1946 in Lörrach; verwitwet, vier Kinder.

Ausbildung, Berufslaufbahn, berufliche Funktionen:
Volksschule in Herten. Metallfachschule. Maschinenschlosserlehre, Technikerschule in Lörrach. 1971 bis 1982 berufliche Tätigkeit im Maschinenbau als Konstrukteur, im Verkauf von Maschinen und Anlagen. 1982 bis 2002 Leiter technische Dokumentation.

Politische Funktionen:
Seit 1979 Mitglied der SPD. 1985 bis 1993 Vorsitzender des SPD-Ortsvereins Rheinfelden. 1983 bis 1992 Mitglied des SPD-Kreisvorstands. 1980 bis 2012 Ortschaftsrat in Rheinfelden-Herten. Seit 1989 Gemeinderat in Rheinfelden, 1994 bis 1999 Fraktionsvorsitzender. 1994 bis 2004 Mitglied des Kreistags des Landkreises Lörrach. 1999 bis 2012 Ortsvorsteher in Rheinfelden-Herten.
Mitglied des Landtags von Baden-Württemberg seit 14. August 2002.

Sonstige Funktionen und Mitgliedschaften:
1990 bis 2002 stellv. Betriebsratsvorsitzender. Mitglied der Arbeiterwohlfahrt u. a.

Angaben nach Teil I der Offenlegungsregeln:
–

WÖLFLE, Sabine
Reiseverkehrskauffrau

Bürgerbüro Emmendingen:
Franz-Josef-Baumgartner-Str 1/1
79312 Emmendingen
Telefon 07641 9628182
Telefax 07641 9628184
E-Mail:
info@wahlkreisbuero-woelfle.de
Internet:
www.sabine-wölfle.de

Fraktion der SPD
Zweitmandat im Wahlkreis 49
Emmendingen

Persönliche Angaben:
Geboren am 21. Juni 1959 in Wuppertal; verheiratet, zwei Kinder.

Ausbildung, Berufslaufbahn, berufliche Funktionen:
Ausbildung zur Reiseverkehrskauffrau. Auslandstätigkeiten bei Reiseveranstaltern und Fluggesellschaften. Abteilungsleitung in Reisebüros. Pressereferentin in einem Abgeordnetenbüro.

Politische Funktionen:
1986 Eintritt in die SPD. Seit 2004 Ortsvereinsvorsitzende in Waldkirch. Seit 2006 stellv. Kreisvorsitzende. Seit 2007 Mitglied des SPD-Landesvorstands. Seit 2009 Stadträtin in Waldkirch.
Mitglied des Landtags von Baden-Württemberg seit 12. April 2011.

Sonstige Funktionen und Mitgliedschaften:
Mitglied bei der Arbeiterwohlfahrt Waldkirch, Tafel Emmendingen, Kinderschutzbund, SolarRegio, Schule mit Zukunft, Naturschutzbund Deutschland, Lebenswerke e.V. Gutach u. v. m.

Angaben nach Teil I der Offenlegungsregeln:
–

WÖLFLE, Werner
Bürgermeister

Zeppelinstraße 47
70193 Stuttgart
Telefon privat 0711 9933535
Telefon dienstlich 0711 216-2340
Telefax dienstlich 0711 216-3385
E-Mail:
werner.woelfle@stuttgart.de

Fraktion GRÜNE
Direktmandat im Wahlkreis 2
Stuttgart II

Persönliche Angaben:
Geboren am 8. Juli 1953 in Konstanz; katholisch, zwei Kinder.

Ausbildung, Berufslaufbahn, berufliche Funktionen:
Grundschule, Gymnasium und Abitur in Konstanz. Studium der Sozialpädagogik an der Fachhochschule in Reutlingen, Abschluss als Dipl.-Sozialpädagoge (FH). Bis 2011 Leitender Mitarbeiter beim Caritasverband für Stuttgart, Bereich Jugend- und Familienhilfe. Seit 15. August 2011 Bürgermeister der Landeshauptstadt Stuttgart mit dem Geschäftskreis Allgemeine Verwaltung und Krankenhäuser.

Politische Funktionen:
1994 bis Juli 2011 Stadtrat für Bündnis 90/DIE GRÜNEN im Gemeinderat Stuttgart, 1996 bis Juli 2011 Fraktionsvorsitzender. 1999 bis 2004 Regionalrat im Verband Region Stuttgart.
Mitglied des Landtags seit 11. April 2006.

Sonstige Funktionen und Mitgliedschaften:
Mitglied des Verwaltungsrats der Kommunalen Gemeinschaftsstelle für Verwaltungsmanagement. Mitglied des Verwaltungsrats des Kommunalen Versorgungsverbands Baden-Württemberg. Mitglied des Kuratoriums Kinderfreundliches Stuttgart. Mitglied der Mitgliederversammlung und des Kuratoriums der Württembergischen Verwaltungs- und Wirtschafts-Akademie e. V. Vorstandsvorsitzender des Verbands der Stuttgarter Krankenhäuser. Mitglied des Landeskrankenhausausschusses des Sozialministeriums Baden-Württemberg. Ehrenamtliches Mitglied des Verwaltungsausschusses der Agentur für Arbeit Stuttgart.

Angaben nach Teil I der Offenlegungsregeln:
Bürgermeister der Landeshauptstadt Stuttgart mit dem Geschäftskreis Allgemeine Verwaltung und Krankenhäuser. Mitglied des Aufsichtsrats der NetCom Stuttgart GmbH Telekommunikationsdienste. Mitglied des Verwaltungsrats der Datenzentrale Baden-Württemberg. Stellv. Vorsitzender der Verbandsversammlung und des Verwaltungsrats des Zweckverbands Kommunale Datenverarbeitung Region Stuttgart. Mitglied des Aufsichtsrats des Rechenzentrums Region Stuttgart GmbH. Mitglied des Aufsichtsrats der Sportklinik Stuttgart GmbH. Stellv. Vorsitzender des Aufsichtsrats der Volkshochschule Stuttgart e. V. Mitglied des Personal- und Organisationsausschusses und des Krankenhaus- und Gesundheitsausschusses des Deutschen Städtetags. Mitglied des Krankenhaus- und Gesundheitsausschusses und des Personal- und Organisationsausschusses des Städtetags Baden-Württemberg.

Mandat niedergelegt mit Ablauf des 30. November 2011.
Nachfolger: Nikolaus Tschenk.

WOLF, Guido
Landtagspräsident,
Landrat a. D.

In Wöhrden 6
78532 Tuttlingen
E-Mail: guido.wolf@landtag-bw.de
Internet: www.der-wolf-im-revier.de

Fraktion der CDU
Direktmandat im Wahlkreis 55
Tuttlingen-Donaueschingen

Persönliche Angaben:
Geboren am 28. September 1961 in Weingarten (Kreis Ravensburg);
verheiratet, katholisch.

Ausbildung, Berufslaufbahn, berufliche Funktionen:
Grundschule in Weingarten. Gymnasium und Abitur am Spohn-
gymnasium in Ravensburg. Studium der Rechtswissenschaften an
der Universität Konstanz. 1988 bis 1991 Verwaltungsjurist am Landratsamt Tuttlingen. 1991 bis 1993 persönlicher Referent des Ver-
kehrsministers von Baden-Württemberg. 1993 bis 1994 Richter am
Verwaltungsgericht Sigmaringen. 1994 bis 1996 Referatsleiter am
Staatsministerium Baden-Württemberg. 1996 bis 2003 Erster Bürgermeister von Nürtingen. Januar 2003 bis November 2011 Landrat
des Landkreises Tuttlingen.

Politische Funktionen:
Seit 1985 Mitglied der CDU. Mitglied des Landesvorstands der CDU
Baden-Württemberg. Mitglied der CDU-Fraktion in der Verbands-
versammlung des Regionalverbands Schwarzwald-Baar-Heuberg.
Mitglied des Landtags von Baden-Württemberg seit 11. April 2006.
Juni bis November 2011 Vorsitzender des Ausschusses für Finanzen
und Wirtschaft. Seit 26. Oktober 2011 Präsident des Landtags.

Sonstige Funktionen und Mitgliedschaften
Vorsitzender des Interessenverbands Gäu-Neckar-Bodenseebahn.
Mitglied des Hochschulrats der Musikhochschule Trossingen.
Mitglied des Stiftungsrats der Stiftung Theater Lindenhof.

Angaben nach Teil I der Offenlegungsregeln:
Mitglied des Beirats der Landeskreditbank Baden-Württemberg –
Förderbank. Vorsitzender des Aufsichtsrats der Baugenossenschaft
Donau-Baar-Heuberg.

ZIMMERMANN, Karl
Dipl.-Verwaltungswirt (FHPol)

Alleenstraße 18
73230 Kirchheim u. T.
Telefon 07021 483904
Telefax 07021 483932
E-Mail: info@zimmermann-cdu.de
Internet: www.zimmermann-cdu.de

Fraktion der CDU
Direktmandat im Wahlkreis 8
Kirchheim

Persönliche Angaben:
Geboren am 21. Januar 1951 in Kirchheim u. T.; katholisch, verheiratet, zwei Kinder.

Ausbildung, Berufslaufbahn, berufliche Funktionen:
Volksschule in Gutenberg, Gymnasium und Abitur am Ludwig-Uhland-Gymnasium in Kirchheim u. T. Zwei Jahre Bundeswehr in Ulm/Donau. Mehrere Semester Studium der Rechtswissenschaft an der Universität Tübingen. Dipl.-Verwaltungswirt Fachhochschule der Polizei in Villingen-Schwenningen. Finanz- und Wirtschaftskriminalist beim Landeskriminalamt Baden-Württemberg.

Politische Funktionen:
1988 bis 2000 1. Vorsitzender des CDU-Stadtverbands Kirchheim u. T. 1999 bis 2004 Stadtrat in Kirchheim u. T. Seit 2004 Kreisrat im Landkreis Esslingen/Neckar.
Mitglied des Landtags von Baden-Württemberg seit 17. April 2001.

Sonstige Funktionen und Mitgliedschaften:
Aktives und passives Mitglied in mehreren Sport- und Kulturvereinen.

Angaben nach Teil I der Offenlegungsregeln:
Kriminalhauptkommissar a. D. (Dienstverhältnis ruht wegen Mandats). Mitglied des Beirats Süd der SV SparkassenVersicherungen.

FRAKTIONEN

Christlich-Demokratische Union CDU (60 Mitglieder)

Vorsitzender:	Peter Hauk
Stellv. Vorsitzende:	Gurr-Hirsch, Friedlinde
	Mack, Winfried
	Röhm, Karl-Wilhelm
	Rüeck, Helmut Walter
	Schebesta, Volker
Parl. Geschäftsführer:	Schebesta, Volker

Beck, Norbert
Dr. Birk, Dietrich
Blenke, Thomas
Brunnemer, Elke
Burger, Klaus
Deuschle, Andreas
Dr. Engeser, Marianne
Epple, Konrad
Freiherr von Eyb, Arnulf
Groh, Manfred
Gurr-Hirsch, Friedlinde
Hauk, Peter
Herrmann, Klaus
Hillebrand, Dieter
Hitzler, Bernd
Hollenbach, Manfred
Jägel, Karl-Wolfgang
Klein, Karl
Klenk, Wilfried
Köberle, Rudolf
Kößler, Joachim
Kunzmann, Thaddäus
Kurtz, Sabine
Dr. Lasotta, Bernhard
Locherer, Paul
Dr. Löffler, Reinhard
Lusche, Ulrich
Mack, Winfried
Müller, Ulrich
Nemeth, Paul

Paal, Claus
Pauli, Günther-Martin
Pröfrock, Matthias
Raab, Werner
Dr. Rapp, Patrick
Rau, Helmut
Razavi, Nicole
Rech, Heribert
Dr. Reinhart, Wolfgang
Reuther, Wolfgang
Röhm, Karl-Wilhelm
Rombach, Karl
Rüeck, Helmut Walter
Schebesta, Volker
Dr. Scheffold, Stefan
Schmid, Viktoria
Schneider, Peter
Schreiner, Felix
Schütz, Katrin
Schwehr, Marcel
Stächele, Willi
Dr. Stolz, Monika
Stratthaus, Gerhard
Teufel, Stefan
Throm, Alexander
Traub, Karl
Wacker, Georg
Wald, Tobias
Wolf, Guido
Zimmermann, Karl

Bündnis 90/Die Grünen (GRÜNE) (36 Mitglieder)

Vorsitzende:	Edith Sitzmann
Stellv. Vorsitzende:	Lindlohr, Andrea
	Schneidewind-Hartnagel, Charlotte
	Schwarz, Andreas
Parl. Geschäftsführer:	Sckerl, Hans-Ulrich

Aras, Muhterem
Bauer, Theresia
Böhlen, Beate
Boser, Sandra
Filius, Jürgen
Frey, Josef
Fritz, Jörg
Häffner, Petra
Hahn, Martin
Halder, Wilhelm
Kern, Manfred
Kretschmann, Winfried
Lede Abal, Daniel Andreas
Lehmann, Siegfried
Lindlohr, Andrea
Lösch, Brigitte
Lucha, Manfred
Marwein, Thomas
Mielich, Bärbl

Dr. Murschel, Bernd
Pix, Reinhold
Poreski, Thomas
Raufelder, Wolfgang
Renkonen, Daniel
Dr. Rösler, Markus
Salomon, Alexander
Dr. Schmidt-Eisenlohr, Kai
Schneidewind-Hartnagel,
   Charlotte
Schoch, Alexander
Schwarz, Andreas
Sckerl, Hans-Ulrich
Sitzmann, Edith
Dr. Splett, Gisela
Tschenk, Nikolaus
Untersteller, Franz
Walter, Jürgen

Sozialdemokratische Partei Deutschlands (SPD) (35 Mitglieder)

Vorsitzender:	Schmiedel, Claus
Stellv. Vorsitzende:	Grünstein, Rosa
	Haller-Haid, Rita
	Rivoir, Martin
Parl. Geschäftsführer:	Stoch, Andreas

Altpeter, Katrin
Bayer, Christoph
Binder, Sascha
Drexler, Wolfgang
Dr. Fulst-Blei, Stefan
Funk, Thomas
Gall, Reinhold
Gruber, Gernot
Grünstein, Rosa
Haller, Hans-Martin
Haller-Haid, Rita
Heberer, Helen
Heiler, Walter
Hinderer, Rainer
Hofelich, Peter
Käppeler, Klaus
Kleinböck, Gerhard
Kopp, Ernst

Maier, Klaus
Dr. Mentrup, Frank
Nelius, Georg
Reusch-Frey, Thomas
Rivoir, Martin
Rolland, Gabi
Rust, Ingo
Sakellariou, Nikolaos
Dr. Schmid, Nils
Schmiedel, Claus
Stickelberger, Rainer
Stober, Johannes
Stoch, Andreas
Storz, Hans-Peter
Wahl, Florian
Winkler, Alfred
Wölfle, Sabine

Freie Demokratische Partei/Demokratische Volkspartei FDP/DVP (7 Mitglieder)

Vorsitzender:	Dr. Rülke, Hans-Ulrich
Stellv. Vorsitzende:	Dr. Bullinger, Friedrich
	Haußmann, Jochen
Parl. Geschäftsführer:	Dr. Bullinger, Friedrich

Dr. Bullinger, Friedrich
Glück, Andreas
Dr. Goll, Ulrich
Grimm, Leopold

Haußmann, Jochen
Dr. Kern, Timm
Dr. Rülke, Hans-Ulrich

VERTEILUNG DER SITZE IM PRÄSIDIUM UND IN DEN FACHAUSSCHÜSSEN

	Vorsitz, Stellv. Vorsitz	Zahl der Mit- glieder	CDU	GRÜNE	SPD	FDP/ DVP
Präsidium	CDU GRÜNE SPD	19	8	5	5	1
Ausschuss						
Ständiger Ausschuss	CDU GRÜNE	19	8	5	5	1
Finanzen und Wirtschaft	CDU GRÜNE	23	10	6	6	1
Kultus, Jugend und Sport	GRÜNE CDU	19	8	5	5	1
Wissenschaft, Forschung und Kunst	SPD CDU	19	8	5	5	1
Innenausschuss	SPD CDU	19	8	5	5	1
Umwelt, Klima und Energie- wirtschaft	CDU SPD	19	8	5	5	1
Arbeit und Sozialordnung, Familie, Frauen und Senioren	GRÜNE CDU	19	8	5	5	1
Ländlicher Raum und Verbraucher- schutz	CDU SPD	19	8	5	5	1
Verkehr und Infrastruktur	CDU SPD	19	8	5	5	1
Integration	CDU GRÜNE	19	8	5	5	1
Europa und Internationales	SPD CDU	19	8	5	5	1
Petitions- ausschuss	GRÜNE CDU	23	10	6	6	1
Ausschuss nach Artikel 62 der Verfassung		19	8	5	5	1
Wahlprüfungs- ausschuss	GRÜNE SPD	8	3	2	2	1 bera- tend

PRÄSIDIUM, SCHRIFTFÜHRER

Präsidium (19 Mitglieder)

Präsident:	Wolf, Guido	CDU
Stellv. Präsidentin:	Lösch, Brigitte	GRÜNE
Stellv. Präsident:	Drexler, Wolfgang	SPD

Fraktion	Mitglieder	Stellvertreter
CDU	Gurr-Hirsch, Friedlinde	Deuschle, Andreas
	Hauk, Peter	Epple, Konrad
	Mack, Winfried	Herrmann, Klaus
	Röhm, Karl-Wilhelm	Hollenbach, Manfred
	Rüeck, Helmut Walter	Kunzmann, Thaddäus
	Schebesta, Volker	Kurtz, Sabine
	Traub, Karl	Dr. Löffler, Reinhard
	Wolf, Guido	Pröfrock, Matthias
GRÜNE	Lindlohr, Andrea	Fritz, Jörg
	Lösch, Brigitte	Mielich, Bärbl
	Schwarz, Andreas	Dr. Rösler, Markus
	Sckerl, Hans-Ulrich	Dr. Schmidt-Eisenlohr, Kai
	Sitzmann, Edith	Schneidewind-Hartnagel, Charlotte
SPD	Drexler, Wolfgang	Heberer, Helen
	Grünstein, Rosa	Hofelich, Peter
	Haller-Haid, Rita	Maier, Klaus
	Schmiedel, Claus	Rivoir, Martin
	Stoch, Andreas	Wölfle, Sabine
FDP/DVP	Dr. Rülke, Hans-Ulrich	Dr. Bullinger, Friedrich

Schriftführer

CDU	Deuschle, Andreas	SPD	Binder, Sascha
	Epple, Konrad		Nelius, Georg
	Kunzmann, Thaddäus		Rolland, Gabi
	Pröfrock, Matthias		Wahl, Florian
	Dr. Rapp, Patrick		Wölfle, Sabine
	Reuther, Wolfgang		
	Schmid, Viktoria		
	Wald, Tobias	FDP/DVP	Haußmann, Jochen
GRÜNE	Boser, Sandra		
	Filius, Jürgen		
	Häffner, Petra		
	Dr. Schmidt-Eisenlohr, Kai		
	Schoch, Alexander		

AUSSCHÜSSE[1]

Ständiger Ausschuss (19 Mitglieder)

Vorsitzender:	Dr. Scheffold, Stefan	CDU
Stellv. Vorsitzender:	Filius, Jürgen	GRÜNE

Fraktion	Mitglieder	Stellvertreter
CDU	Hitzler, Bernd Dr. Lasotta, Bernhard Pauli, Günther-Martin Rau, Helmut Rech, Heribert Schebesta, Volker Dr. Scheffold, Stefan Zimmermann, Karl	Beck, Norbert; Dr. Birk, Dietrich; Blenke, Thomas; Brunnemer, Elke; Epple, Konrad; Freiherr von Eyb, Arnulf; Gurr-Hirsch, Friedlinde; Hauk, Peter; Herrmann, Klaus; Hillebrand, Dieter; Hollenbach, Manfred; Jägel, Karl-Wolfgang; Klein, Karl; Klenk, Wilfried; Kößler, Joachim; Mack, Winfried; Müller, Ulrich; Pröfrock, Matthias; Dr. Rapp, Patrick; Razavi, Nicole; Dr. Reinhart, Wolfgang; Röhm, Karl-Wilhelm; Rüeck, Helmut Walter; Throm, Alexander
GRÜNE	Filius, Jürgen Halder, Wilhelm Lede Abal, Daniel Andreas Lindlohr, Andrea Sckerl, Hans-Ulrich	Aras, Muhterem; Boser, Sandra; Frey, Josef; Fritz, Jörg; Häffner, Petra; Hahn, Martin; Kern, Manfred; Marwein, Thomas; Poreski, Thomas; Raufelder, Wolfgang; Dr. Rösler, Markus; Salomon, Alexander; Schoch, Alexander; Schwarz, Andreas; Sitzmann, Edith
SPD	Binder, Sascha Kopp, Ernst Sakellariou, Nikolaos Stoch, Andreas Wahl, Florian	Bayer, Christoph; Drexler, Wolfgang; Grünstein, Rosa; Haller-Haid, Rita; Heiler, Walter; Rivoir, Martin; Schmiedel, Claus
FDP/DVP	Dr. Goll, Ulrich	Dr. Bullinger, Friedrich; Haußmann, Jochen; Dr. Rülke, Hans-Ulrich

---

1) Die Stellvertreter sind jeweils im Alphabet aufgeführt und keine persönlichen Stellvertreter der Mitglieder.

Ausschuss für Finanzen und Wirtschaft (23 Mitglieder)

Vorsitzender:	Klein, Karl	CDU
Stellv. Vorsitzender:	Dr. Rösler, Markus	GRÜNE

Fraktion	*Mitglieder*	*Stellvertreter*
CDU	Herrmann, Klaus Hollenbach, Manfred Jägel, Karl-Wolfgang Klein, Karl Kößler, Joachim Dr. Löffler, Reinhard Mack, Winfried Paal, Claus Schütz, Katrin Wald, Tobias	Beck, Norbert; Dr. Birk, Dietrich; Blenke, Thomas; Dr. Engeser, Marianne; Epple, Konrad; Hauk, Peter; Hitzler, Bernd; Klenk, Wilfried; Kunzmann, Thaddäus; Kurtz, Sabine; Dr. Lasotta, Bernhard; Locherer, Paul; Lusche, Ulrich; Nemeth, Paul; Raab, Werner; Dr. Rapp, Patrick; Razavi, Nicole; Dr. Reinhart, Wolfgang; Reuther, Wolfgang; Röhm, Karl-Wilhelm; Rüeck, Helmut Walter; Schebesta, Volker; Dr. Scheffold, Stefan; Schmid, Viktoria; Schneider, Peter; Dr. Stolz, Monika; Stratthaus, Gerhard; Teufel, Stefan; Throm, Alexander; Wacker, Georg
GRÜNE	Aras, Muhterem Fritz, Jörg Hahn, Martin Lindlohr, Andrea Dr. Rösler, Markus Schwarz, Andreas	Böhlen, Beate; Boser, Sandra; Filius, Jürgen; Frey, Josef; Halder, Wilhelm; Kern, Manfred; Lehmann, Siegfried; Lösch, Brigitte; Lucha, Manfred; Dr. Murschel, Bernd; Raufelder, Wolfgang; Renkonen, Daniel; Salomon, Alexander; Dr. Schmidt-Eisenlohr, Kai; Schoch, Alexander; Sckerl, Hans-Ulrich; Sitzmann, Edith; Tschenk, Nikolaus
SPD	Dr. Fulst-Blei, Stefan Haller, Hans-Martin Hofelich, Peter Maier, Klaus Stoch, Andreas Storz, Hans-Peter	Bayer, Christoph; Binder, Sascha; Gruber, Gernot; Grünstein, Rosa; Haller-Haid, Rita; Heberer, Helen; Heiler, Walter; Käppeler, Klaus; Kopp, Ernst; Nelius, Georg; Rivoir, Martin; Rolland, Gabi; Schmiedel, Claus; Stober, Johannes; Wahl, Florian; Winkler, Alfred
FDP/DVP	Dr. Rülke, Hans-Ulrich	Dr. Bullinger, Friedrich; Grimm, Leopold; Haußmann, Jochen

Ausschuss für Kultus, Jugend und Sport (19 Mitglieder)

Vorsitzender:	Lehmann, Siegfried	GRÜNE
Stellv. Vorsitzende:	Schmid, Viktoria	CDU

Fraktion	*Mitglieder*	*Stellvertreter*
CDU	Kurtz, Sabine Müller, Ulrich Schebesta, Volker Schmid, Viktoria Dr. Stolz, Monika Traub, Karl Wacker, Georg Wald, Tobias	Beck, Norbert; Dr. Birk, Dietrich; Blenke, Thomas; Brunnemer, Elke; Burger, Klaus; Deuschle, Andreas; Epple, Konrad; Freiherr von Eyb, Arnulf; Gurr-Hirsch, Friedlinde; Hauk, Peter; Herrmann, Klaus; Hillebrand, Dieter; Hitzler, Bernd; Hollenbach, Manfred; Klenk, Wilfried; Kunzmann, Thaddäus; Locherer, Paul; Mack, Winfried; Pröfrock, Matthias; Reuther, Wolfgang; Röhm, Karl-Wilhelm; Rüeck, Helmut Walter; Schreiner, Felix; Throm, Alexander
GRÜNE	Aras, Muhterem Boser, Sandra Fritz, Jörg Lehmann, Siegfried Poreski, Thomas	Böhlen, Beate; Filius, Jürgen; Frey, Josef; Häffner, Petra; Hahn, Martin; Kern, Manfred; Lucha, Manfred; Marwein, Thomas; Dr. Murschel, Bernd; Dr. Rösler, Markus; Salomon, Alexander; Dr. Schmidt- Eisenlohr, Kai; Schneidewind- Hartnagel, Charlotte; Schoch, Alexander; Sitzmann, Edith
SPD	Bayer, Christoph Dr. Fulst-Blei, Stefan Käppeler, Klaus Kleinböck, Gerhard Wölfle, Sabine	Funk, Thomas; Gruber, Gernot; Grünstein, Rosa; Haller-Haid, Rita; Heberer, Helen; Heiler, Walter; Hinderer, Rainer; Hofelich, Peter; Reusch- Frey, Thomas; Rivoir, Martin; Schmiedel, Claus; Stober, Johannes; Stoch, Andreas; Wahl, Florian
FDP/DVP	Dr. Kern, Timm	Dr. Bullinger, Friedrich; Haußmann, Jochen; Dr. Rülke, Hans-Ulrich

Ausschuss für Wissenschaft, Forschung und Kunst (19 Mitglieder)

Vorsitzende:	Heberer, Helen	SPD
Stellv. Vorsitzender:	Deuschle, Andreas	CDU

Fraktion	*Mitglieder*	*Stellvertreter*
CDU	Dr. Birk, Dietrich Deuschle, Andreas Kurtz, Sabine Röhm, Karl-Wilhelm Schmid, Viktoria Stächele, Willi Dr. Stolz, Monika Wacker, Georg	Beck, Norbert; Blenke, Thomas; Brunnemer, Elke; Burger, Klaus; Dr. Engeser, Marianne; Epple, Konrad; Freiherr von Eyb, Arnulf; Gurr-Hirsch, Friedlinde; Hauk, Peter; Herrmann, Klaus; Hillebrand, Dieter; Hitzler, Bernd; Hollenbach, Manfred; Klein, Karl; Klenk, Wilfried; Köberle, Rudolf; Kößler, Joach- im; Kunzmann, Thaddäus; Mack, Winfried; Rau, Helmut; Rüeck, Helmut Walter; Schebesta, Volker; Dr. Schef- fold, Stefan; Schütz, Katrin
GRÜNE	Häffner, Petra Kern, Manfred Lede Abal, Daniel Andreas Salomon, Alexander Dr. Schmidt-Eisenlohr, Kai	Böhlen, Beate; Boser, Sandra; Fritz, Jörg; Halder, Wilhelm; Lehmann, Siegfried; Lindlohr, Andrea; Lösch, Brigitte; Dr. Murschel, Bernd; Pix, Reinhold; Poreski, Thomas; Raufelder, Wolfgang; Renkonen, Daniel; Schoch, Alexander; Sitzmann, Edith; Tschenk, Nikolaus
SPD	Haller-Haid, Rita Heberer, Helen Rivoir, Martin Rolland, Gabi Stober, Johannes	Binder, Sascha; Grünstein, Rosa; Hinderer, Rainer; Hofelich, Peter; Schmiedel, Claus; Stoch, Andreas; Winkler, Alfred
FDP/DVP	Dr. Kern, Timm	Dr. Bullinger, Friedrich; Dr. Goll, Ulrich; Dr. Rülke, Hans-Ulrich

Innenausschuss (19 Mitglieder)

Vorsitzender:	Heiler, Walter	SPD
Stellv. Vorsitzender:	Klein, Karl	CDU

Fraktion	*Mitglieder*	*Stellvertreter*
CDU	Blenke, Thomas Epple, Konrad Hillebrand, Dieter Hollenbach, Manfred Klein, Karl Pröfrock, Matthias Schneider, Peter Throm, Alexander	Deuschle, Andreas; Dr. Engeser, Marianne; Freiherr von Eyb, Arnulf; Gurr-Hirsch, Friedlinde; Hauk, Peter; Herrmann, Klaus; Hitzler, Bernd; Klenk, Wilfried; Kunzmann, Thaddäus; Locherer, Paul; Mack, Winfried; Müller, Ulrich; Paal, Claus; Pauli, Günther-Martin; Rech, Heribert; Röhm, Karl-Wilhelm; Rüeck, Helmut Walter; Schebesta, Volker; Dr. Scheffold, Stefan; Schmid, Viktoria; Schreiner, Felix; Schwehr, Marcel; Traub, Karl; Zimmermann, Karl
GRÜNE	Filius, Jürgen Häffner, Petra Halder, Wilhelm Salomon, Alexander Sckerl, Hans-Ulrich	Böhlen, Beate; Frey, Josef; Kern, Manfred; Lede Abal, Daniel Andreas; Lindlohr, Andrea; Lösch, Brigitte; Lucha, Manfred; Mielich, Bärbl; Raufelder, Wolfgang; Renkonen, Daniel; Dr. Rösler, Markus; Dr. Schmidt-Eisenlohr, Kai; Schoch, Alexander; Schwarz, Andreas; Sitzmann, Edith
SPD	Funk, Thomas Heiler, Walter Hinderer, Rainer Nelius, Georg Sakellariou, Nikolaos	Grünstein, Rosa; Haller-Haid, Rita; Hofelich, Peter; Käppeler, Klaus; Kleinböck, Gerhard; Rivoir, Martin; Schmiedel, Claus; Stoch, Andreas; Wahl, Florian
FDP/DVP	Dr. Goll, Ulrich	Dr. Bullinger, Friedrich; Glück, Andreas; Dr. Rülke, Hans-Ulrich

Ausschuss für Umwelt, Klima und Energiewirtschaft
(19 Mitglieder)

Vorsitzender:	Müller, Ulrich	CDU
Stellv. Vorsitzender:	Winkler, Alfred	SPD

Fraktion	Mitglieder	Stellvertreter
CDU	Freiherr von Eyb, Arnulf Jägel, Karl-Wolfgang Lusche, Ulrich Müller, Ulrich Nemeth, Paul Razavi, Nicole Reuther, Wolfgang Röhm, Karl-Wilhelm	Deuschle, Andreas; Dr. Engeser, Marianne; Epple, Konrad; Groh, Manfred; Gurr-Hirsch, Friedlinde; Hauk, Peter; Herr- mann, Klaus; Hitzler, Bernd; Hollenbach, Manfred; Klein, Karl; Klenk, Wilfried; Köberle, Rudolf; Kößler, Joachim; Mack, Winfried; Paal, Claus; Pauli, Günther-Martin; Pröfrock, Matthias; Dr. Rapp, Patrick; Rombach, Karl; Rüeck, Helmut Walter; Schebesta, Volker; Schütz, Katrin; Throm, Alexan- der; Zimmermann, Karl
GRÜNE	Marwein, Thomas Dr. Murschel, Bernd Raufelder, Wolfgang Renkonen, Daniel Schoch, Alexander	Aras, Muhterem; Böhlen, Beate; Frey, Josef; Fritz, Jörg; Hahn, Martin; Halder, Wilhelm; Kern, Manfred; Lindlohr, Andrea; Pix, Reinhold; Poreski, Thomas; Dr. Rösler, Markus; Dr. Schmidt- Eisenlohr, Kai; Schwarz, Andreas; Sitzmann, Edith; Tschenk, Nikolaus
SPD	Gruber, Gernot Grünstein, Rosa Rolland, Gabi Stober, Johannes Winkler, Alfred	Funk, Thomas; Haller, Hans- Martin; Haller-Haid, Rita; Heiler, Walter; Hofelich, Peter; Käppeler, Klaus; Kopp, Ernst; Reusch-Frey, Thomas; Rivoir, Martin; Schmiedel, Claus; Stoch, Andreas; Storz, Hans-Peter
FDP/DVP	Glück, Andreas	Dr. Bullinger, Friedrich; Grimm, Leopold; Dr. Rülke, Hans-Ulrich

Ausschuss für Arbeit und Sozialordnung, Familie, Frauen und Senioren
(19 Mitglieder)

Vorsitzende:	Mielich, Bärbl	GRÜNE
Stellv. Vorsitzender:	Teufel, Stefan	CDU

Fraktion	Mitglieder	Stellvertreter
CDU	Brunnemer, Elke Dr. Engeser, Marianne Klenk, Wilfried Kunzmann, Thaddäus Raab, Werner Rüeck, Helmut Walter Schreiner, Felix Teufel, Stefan	Beck, Norbert; Dr. Birk, Dietrich; Blenke, Thomas; Deuschle, Andreas; Epple, Konrad; Freiherr von Eyb, Arnulf; Gurr-Hirsch, Friedlinde; Hauk, Peter; Herrmann, Klaus; Hillebrand, Dieter; Hitzler, Bernd; Hollenbach, Manfred; Jägel, Karl-Wolfgang; Kurtz, Sabine; Dr. Lasotta, Bernhard; Locherer, Paul; Lusche, Ulrich; Mack, Winfried; Pauli, Günther-Martin; Röhm, Karl-Wilhelm; Rombach, Karl; Schebesta, Volker; Dr. Scheffold, Stefan; Dr. Stolz, Monika
GRÜNE	Frey, Josef Lucha, Manfred Mielich, Bärbl Poreski, Thomas Schneidewind- Hartnagel, Charlotte	Aras, Muhterem; Böhlen, Beate; Boser, Sandra; Häffner, Petra; Halder, Wilhelm; Lede Abal, Daniel Andreas; Lehmann, Siegfried; Lindlohr, Andrea; Lösch, Brigitte; Marwein, Thomas; Pix, Reinhold; Raufelder, Wolfgang; Schoch, Alexander; Sitzmann, Edith; Tschenk, Nikolaus
SPD	Hinderer, Rainer Kopp, Ernst Reusch-Frey, Thomas Wahl, Florian Wölfle, Sabine	Bayer, Christoph; Dr. Fulst-Blei, Stefan; Funk, Thomas; Grünstein, Rosa; Haller-Haid, Rita; Hofelich, Peter; Käppeler, Klaus; Kleinböck, Gerhard; Rivoir, Martin; Schmiedel, Claus; Stober, Johannes; Stoch, Andreas; Storz, Hans-Peter
FDP/DVP	Haußmann, Jochen	Dr. Bullinger, Friedrich; Glück, Andreas; Dr. Rülke, Hans-Ulrich

Ausschuss für Ländlichen Raum und Verbraucherschutz
(19 Mitglieder)

Vorsitzender:	Traub, Karl	CDU
Stellv. Vorsitzender:	Käppeler, Klaus	SPD

Fraktion	*Mitglieder*	*Stellvertreter*
CDU	Brunnemer, Elke Burger, Klaus Locherer, Paul Dr. Rapp, Patrick Reuther, Wolfgang Rombach, Karl Rüeck, Helmut Walter Traub, Karl	Beck, Norbert; Dr. Birk, Dietrich; Blenke, Thomas; Deuschle, Andreas; Dr. Engeser, Marianne; Epple, Konrad; Freiherr von Eyb, Arnulf; Hauk, Peter; Herrmann, Klaus; Hillebrand, Dieter; Jägel, Karl-Wolfgang; Klein, Karl; Klenk, Wilfried; Lusche, Ulrich; Mack, Winfried; Paal, Claus; Rau, Helmut; Razavi, Nicole; Röhm, Karl-Wilhelm; Schebesta, Volker; Schneider, Peter; Schwehr, Marcel; Teufel, Stefan; Wald, Tobias
GRÜNE	Boser, Sandra Hahn, Martin Dr. Murschel, Bernd Pix, Reinhold Dr. Rösler, Markus	Filius, Jürgen; Frey, Josef; Fritz, Jörg; Häffner, Petra; Halder, Wil- helm; Kern, Manfred; Lehmann, Siegfried; Lindlohr, Andrea; Lucha, Manfred; Marwein, Thomas; Raufelder, Wolfgang; Renkonen, Daniel; Schneidewind-Hartnagel, Charlotte; Schoch, Alexander; Sitzmann, Edith
SPD	Käppeler, Klaus Kopp, Ernst Reusch-Frey, Thomas Storz, Hans-Peter Winkler, Alfred	Bayer, Christoph; Funk, Thomas; Grünstein, Rosa; Haller, Hans- Martin; Haller-Haid, Rita; Hofelich, Peter; Nelius, Georg; Rivoir, Martin; Sakellariou, Nikolaos; Schmiedel, Claus; Stober, Johannes; Stoch, Andreas: Wölfle, Sabine
FDP/DVP	Dr. Bullinger, Friedrich	Glück, Andreas; Haußmann, Jochen; Dr. Kern, Timm

Ausschuss für Verkehr und Infrastruktur (19 Mitglieder)

Vorsitzender:	Köberle, Rudolf	CDU
Stellv. Vorsitzender:	Rivoir, Martin	SPD

Fraktion	Mitglieder	Stellvertreter
CDU	Groh, Manfred Köberle, Rudolf Kunzmann, Thaddäus Mack, Winfried Dr. Rapp, Patrick Razavi, Nicole Schreiner, Felix Schwehr, Marcel	Dr. Birk, Dietrich; Burger, Klaus; Dr. Engeser, Marianne; Epple, Konrad; Gurr-Hirsch, Friedlinde; Hauk, Peter; Hillebrand, Dieter; Hitzler, Bernd; Hollenbach, Manfred; Klein, Karl; Klenk, Wilfried; Kößler, Joachim; Kurtz, Sabine; Pröfrock, Matthias; Raab, Werner; Rau, Helmut; Reuther, Wolfgang; Röhm, Karl-Wilhelm; Rüeck, Helmut Walter; Schebesta, Volker; Dr. Stolz, Monika; Teufel, Stefan; Traub, Karl; Wald, Tobias
GRÜNE	Marwein, Thomas Raufelder, Wolfgang Renkonen, Daniel Schwarz, Andreas Tschenk, Nikolaus	Frey, Josef; Fritz, Jörg; Hahn, Martin; Kern, Manfred; Lede Abal, Daniel Andreas; Lindlohr, Andrea; Lucha, Manfred; Mielich, Bärbl; Dr. Murschel, Bernd; Pix, Reinhold; Dr. Rösler, Markus; Dr. Schmidt-Eisenlohr, Kai; Schneidewind-Hartnagel, Charlotte; Schoch, Alexander; Sitzmann, Edith
SPD	Binder, Sascha Drexler, Wolfgang Haller, Hans-Martin Maier, Klaus Rivoir, Martin	Bayer, Christoph; Gruber, Gernot; Grünstein, Rosa; Haller-Haid, Rita; Heiler, Walter; Hofelich, Peter; Kleinböck, Gerhard; Kopp, Ernst; Reusch-Frey, Thomas; Rolland, Gabi; Schmiedel, Claus; Stober, Johannes; Stoch, Andreas; Winkler, Alfred; Wölfle, Sabine
FDP/DVP	Haußmann, Jochen	Dr. Bullinger, Friedrich; Grimm, Leopold; Dr. Kern, Timm

Ausschuss für Integration (19 Mitglieder)

| *Vorsitzende:* | Schütz, Katrin | CDU |
| *Stellv. Vorsitzender:* | Fritz, Jörg | GRÜNE |

Fraktion	Mitglieder	Stellvertreter
CDU	Deuschle, Andreas Gurr-Hirsch, Friedlinde Dr. Lasotta, Bernhard Paal, Claus Pauli, Günther-Martin Schmid, Viktoria Schütz, Katrin Teufel, Stefan	Epple, Konrad; Hauk, Peter; Klenk, Wilfried; Kößler, Joachim; Kurtz, Sabine; Locherer, Paul; Dr. Löffler, Reinhard; Lusche, Ulrich; Mack, Winfried; Müller, Ulrich; Nemeth, Paul; Pröfrock, Matthias; Raab, Werner; Dr. Rapp, Patrick; Rau, Helmut; Razavi, Nicole; Rech, Heribert; Dr. Reinhart, Wolfgang; Reuther, Wolfgang; Röhm, Karl-Wilhelm; Rüeck, Helmut Walter; Schebesta, Volker; Schreiner, Felix; Wald, Tobias
GRÜNE	Fritz, Jörg Kern, Manfred Lede Abal, Daniel Andreas Mielich, Bärbl Poreski, Thomas	Aras, Muhterem; Böhlen, Beate; Frey, Josef; Häffner, Petra; Halder, Wilhelm; Lehmann, Siegfried; Lindlohr, Andrea; Lucha, Manfred; Raufelder, Wolfgang; Renkonen, Daniel; Schneidewind-Hartnagel, Charlotte; Schoch, Alexander; Schwarz, Andreas; Sckerl, Hans-Ulrich; Sitzmann, Edith
SPD	Bayer, Christoph Grünstein, Rosa Kleinböck, Gerhard Wahl, Florian Wölfle, Sabine	Dr. Fulst-Blei, Stefan; Haller- Haid, Rita; Heberer, Helen; Maier, Klaus; Sakellariou, Nikolaos; Schmiedel, Claus; Stober, Johannes; Stoch, Andreas
FDP/DVP	Glück, Andreas	Dr. Bullinger, Friedrich; Haußmann, Jochen; Dr. Rülke, Hans-Ulrich

Ausschuss für Europa und Internationales (19 Mitglieder)

Vorsitzender:	Hofelich, Peter	SPD
Stellv. Vorsitzender:	Rombach, Karl	CDU

Fraktion	Mitglieder	Stellvertreter
CDU	Blenke, Thomas Gurr-Hirsch, Friedlinde Kößler, Joachim Dr. Löffler, Reinhard Dr. Reinhart, Wolfgang Rombach, Karl Stratthaus, Gerhard Throm, Alexander	Beck, Norbert; Brunnemer, Elke; Deuschle, Andreas; Dr. Engeser, Marianne; Epple, Konrad; Hauk, Peter; Klein, Karl; Klenk, Wilfried; Mack, Winfried; Pröfrock, Matthias; Rau, Helmut; Röhm, Karl- Wilhelm; Rüeck, Helmut Walter; Schebesta, Volker; Dr. Scheffold, Stefan; Schmid, Viktoria; Schreiner, Felix; Schütz, Katrin; Schwehr, Marcel; Dr. Stolz, Monika; Teufel, Stefan; Traub, Karl; Wald, Tobias; Zimmermann, Karl
GRÜNE	Böhlen, Beate Frey, Josef Lehmann, Siegfried Lösch, Brigitte Dr. Schmidt-Eisenlohr, Kai	Boser, Sandra; Filius, Jürgen; Fritz, Jörg; Häffner, Petra; Hahn, Martin; Halder, Wilhelm; Kern, Manfred; Lindlohr, Andrea; Marwein, Thomas; Dr. Murschel, Bernd; Dr. Rösler, Markus; Schoch, Alexander; Sckerl, Hans-Ulrich; Sitzmann, Edith; Tschenk, Nikolaus
SPD	Drexler, Wolfgang Haller-Haid, Rita Heberer, Helen Heiler, Walter Hofelich, Peter	Binder, Sascha; Dr. Fulst-Blei, Stefan; Gruber, Gernot; Grün- stein, Rosa; Hinderer, Rainer; Käppeler, Klaus; Rivoir, Martin; Rolland, Gabi; Schmiedel, Claus; Stoch, Andreas; Winkler, Alfred
FDP/DVP	Grimm, Leopold	Dr. Bullinger, Friedrich; Haußmann, Jochen; Dr. Rülke, Hans-Ulrich

Petitionsausschuss (23 Mitglieder)

Vorsitzende:	Böhlen, Beate	GRÜNE
Stellv. Vorsitzender:	Beck, Norbert	CDU

Fraktion	Mitglieder	Stellvertreter
CDU	Beck, Norbert Epple, Konrad Groh, Manfred Hillebrand, Dieter Pröfrock, Matthias Raab, Werner Rech, Heribert Dr. Scheffold, Stefan Schwehr, Marcel Zimmermann, Karl	Dr. Birk, Dietrich; Burger, Klaus; Dr. Engeser, Marianne; Freiherr von Eyb, Arnulf; Gurr-Hirsch, Friedlinde; Hauk, Peter; Klenk, Wilfried; Dr. Löffler, Reinhard; Mack, Winfried; Paal, Claus; Pauli, Günther-Martin; Dr. Rapp, Patrick; Rau, Helmut; Razavi, Nicole; Dr. Reinhart, Wolfgang; Reuther, Wolfgang; Röhm, Karl-Wilhelm; Rombach, Karl; Rüeck, Helmut Walter; Schebesta, Volker; Schmid, Viktoria; Schneider, Peter; Schreiner, Felix; Schütz, Katrin; Dr. Stolz, Monika; Stratthaus, Gerhard; Teufel, Stefan; Throm, Alexander; Traub, Karl; Wald, Tobias
GRÜNE	Böhlen, Beate Lucha, Manfred Marwein, Thomas Salomon, Alexander Schoch, Alexander Tschenk, Nikolaus	Filius, Jürgen; Frey, Josef; Hahn, Martin; Kern, Manfred; Lede Abal, Daniel Andreas; Lehmann, Siegfried; Lindlohr, Andrea; Mielich, Bärbl; Dr. Murschel, Bernd; Pix, Reinhold; Poreski, Thomas; Raufelder, Wolfgang; Renkonen, Daniel; Dr. Rösler, Markus; Dr. Schmidt-Eisenlohr, Kai; Schneidewind-Hartnagel, Charlotte; Schwarz, Andreas; Sckerl, Hans-Ulrich
SPD	Binder, Sascha Funk, Thomas Gruber, Gernot Nelius, Georg Rolland, Gabi Sakellariou, Nikolaos	Drexler, Wolfgang; Grünstein, Rosa; Haller-Haid, Rita; Reusch-Frey, Thomas; Schmiedel, Claus; Stober, Johannes; Stoch, Andreas
FDP/DVP	Grimm, Leopold	Glück, Andreas; Dr. Kern, Timm; Dr. Rülke, Hans-Ulrich

Ausschuss nach Artikel 62 der Verfassung (Notparlament)
(19 Mitglieder)

Vorsitzender:	Wolf, Guido	CDU
Stellv. Vorsitzende:	Lösch, Brigitte	GRÜNE

Fraktion	Mitglieder	Stellvertreter
CDU	Gurr-Hirsch, Friedlinde Hauk, Peter Mack, Winfried Röhm, Karl-Wilhelm Rüeck, Helmut Walter Schebesta, Volker Traub, Karl Wolf, Guido	Deuschle, Andreas; Epple, Konrad; Herrmann, Klaus; Hollenbach, Manfred; Kunzmann, Thaddäus; Kurtz, Sabine; Dr. Löffler, Reinhard; Pröfrock, Matthias
GRÜNE	Lindlohr, Andrea Lösch, Brigitte Schwarz, Andreas Sckerl, Hans-Ulrich Sitzmann, Edith	Filius, Jürgen; Halder, Wilhelm; Lehmann, Siegfried; Poreski, Thomas; Schneidewind- Hartnagel, Charlotte
SPD	Drexler, Wolfgang Haller-Haid, Rita Rivoir, Martin Schmiedel, Claus Stoch, Andreas	Bayer, Christoph; Grünstein, Rosa; Haller, Hans-Martin; Heiler, Walter; Hofelich, Peter
FDP/DVP	Dr. Rülke, Hans-Ulrich	Dr. Kern, Timm

Wahlprüfungsausschuss (8 Mitglieder)

Vorsitzender:	Filius, Jürgen	GRÜNE
Stellv. Vorsitzender:	Stoch, Andreas	SPD

Fraktion	*Mitglieder*	*Stellvertreter*
CDU	Herrmann, Klaus Hitzler, Bernd Pauli, Günther-Martin	Hollenbach, Manfred; Schebesta, Volker; Throm, Alexander
GRÜNE	Filius, Jürgen Halder, Wilhelm	Lindlohr, Andrea; Sckerl, Hans-Ulrich
SPD	Sakellariou, Nikolaos Stoch, Andreas	Binder, Sascha; Heiler, Walter
FDP/DVP	Dr. Kern, Timm (beratend)	

Untersuchungsausschuss (15 Mitglieder)
„Ankauf der EnBW-Anteile der Électricité de France (EdF) durch
das Land Baden-Württemberg und seine Folgen (EnBW-Deal)"

Vorsitzender:	Müller, Ulrich	CDU
Stellv. Vorsitzender:	Filius, Jürgen	GRÜNE

Fraktion	Mitglieder	Stellvertreter
CDU	Herrmann, Klaus Müller, Ulrich Paal, Claus Schebesta, Volker Schütz, Katrin Throm, Alexander	Groh, Manfred; Hauk, Peter; Kößler, Joachim; Dr. Löffler, Reinhard; Mack, Winfried; Zimmermann, Karl
GRÜNE	Aras, Muhterem Filius, Jürgen Lindlohr, Andrea Sckerl, Hans-Ulrich	Dr. Rösler, Markus; Schoch, Alexander; Schwarz, Andreas; Sitzmann, Edith
SPD	Binder, Sascha Haller-Haid, Rita Sakellariou, Nikolaos Stoch, Andreas	Drexler, Wolfgang, Grünstein, Rosa; Rivoir, Martin; Schmiedel, Claus
FDP/DVP	Glück, Andreas	Dr. Bullinger, Friedrich

GREMIEN

Gremium nach Artikel 10 GG (5 Mitglieder)

Vorsitzender:	Sakellariou, Nikolaos	SPD
Stellv. Vorsitzender:	Halder, Wilhelm	GRÜNE

Fraktion	*Mitglieder*	*Stellvertreter*
CDU	Blenke, Thomas Pauli, Günther-Martin Zimmermann, Karl	Freiherr von Eyb, Arnulf; Herrmann, Klaus; Mack, Winfried; Schneider, Peter
GRÜNE	Halder, Wilhelm	Filius, Jürgen; Sckerl, Hans-Ulrich
SPD	Sakellariou, Nikolaos	Binder, Sascha; Funk, Thomas

Landesausschuss für Information (5 Mitglieder)

Fraktion	*Mitglieder*
CDU	Deuschle, Andreas Dr. Lasotta, Bernhard Teufel, Stefan
GRÜNE	Dr. Schmidt-Eisenlohr, Kai
SPD	Rivoir, Martin

Mitglieder des Oberrheinrates aus Baden Württemberg

Landtagsabgeordnete

Fraktion	Mitglieder
CDU	Jägel, Karl-Wofgang
	Lusche Ulrich
	Dr. Rapp, Patrick
	Rau, Helmut
	Schreiner, Felix
	Schütz, Katrin
	Schwehr, Marcel
	Stächele, Willi
GRÜNE	Böhlen, Beate
	Frey, Josef
	Pix, Reinhold
	Schoch, Alexander
SPD	Bayer, Christoph
	Kopp, Ernst
	Rolland, Gabi
	Stober, Johannes

Kommunale Vertreter

Bollacher, Tilman, Landrat (Landkreis Waldshut)

Bäuerle, Jürgen, Landrat (Landkreis Rastatt)

Dammann, Marion, Landrätin (Landkreis Lörrach)

Fenrich, Heinz, Oberbürgermeister (Stadt Karlsruhe)

Gerstner, Wolfgang, Oberbürgermeister (Stadt Baden-Baden)

Hurth, Hanno, Landrat (Landkreis Emmendingen)

Dr. Salomon, Dieter, Oberbürgermeister (Stadt Freiburg)

Scherer, Frank, Landrat (Ortenaukreis)

Dr. Schnaudigel, Christoph, Landrat (Landkreis Karlsruhe)

Störr-Ritter, Dorothea, Landrätin
(Landkreis Breisgau-Hochschwarzwald)

BERUFLICHE GLIEDERUNG DER ABGEORDNETEN*
Stand: Juli 2012

		CDU	GRÜNE	SPD	FDP/ DVP	LAND- TAG
1.	**Arbeitnehmertätigkeiten im privaten und gesell- schaftlichen Bereich**					
1.1	Privatwirtschaft	6	3	3	1	13
1.2	Privatwirtschaft: mediz. Tätigkeit	2	-	-	1	3
1.3	Kirchen, kirchl. Einrichtungen, sozialer Bereich	-	2	4	-	6
1.4	Gewerkschaften	-	1	-	-	1
1.5	Verbände, Vereine, Parteien, Stiftungen	4	2	1	1	8
		12	**8**	**8**	**3**	**31**
		(8,63%)	(5,76%)	(5,76%)	(2,16%)	(22,30%)
2.	**Öffentlicher Dienst**					
2.1	Richter, Staatsanwälte, Amtsanwälte	-	-	-	-	-
2.2	Beamte und Angestellte des Landes					
2.2.1	Landesbehörden, Polizei	7	1	1	-	9
2.2.2	Lehrkräfte an Hoch- schulen, Seminaren	-	-	-	-	-
2.2.3	Lehrkräfte an Höheren Schulen, Berufsschulen	4	2	4	2	12
2.2.4	Lehrkräfte an Grund-, Haupt-, Real- und Sonderschulen	-	-	2	-	2
2.3	Kommunale Gebiets- körperschaften, juristische Personen des öffentlichen Rechts					
2.3.1	Oberbürgermeister, Bürger- meister, Beigeordnete	-	-	2	-	2
2.3.2	Landräte	1	-	-	-	1
2.3.3	Beschäftigte bei juristischen Personen des öffentlichen Rechts	6	5	2	-	13
2.4	Bund	1	-	-	-	1
		19	**8**	**11**	**2**	**40**
		(13,67%)	(5,76%)	(7,91%)	(1,44%)	(28,78%)

	CDU	GRÜNE	SPD	FDP/ DVP	LAND- TAG
3. Regierungsmitglieder, politische Staatssekretäre					
3.1 Regierungsmitglieder	-	4	4	-	8
3.2 Politische Staats- sekretäre	-	1	2	-	3
	-	**5** (3,60%)	**6** (4,32%)	-	**11** (7,91%)
4. Ehemalige Regierungs- mitglieder und ehemalige politische Staatssekretäre					
4.1 Ehemalige Regierungs- mitglieder	9	-	-	1	10
4.2 Ehemalige politische Staatssekretäre	5	-	-	-	5
	14 (10,07%)	-	-	**1** (0,72%)	**15** (10,79%)
5. Selbstständige Tätigkeiten					
5.1 Rechtsanwälte	12	1	4	1	18
5.2 Ärzte, Apotheker	1	1	-	-	2
5.3 Architekten u. Ingenieure	-	-	-	-	-
5.4 Unternehmer, selbststän- dige Gewerbetreibende	4	3	1	1	9
5.5 Landwirtschaft, Weinbau	1	2	-	-	3
5.6 Andere selbstständige Tätigkeiten (Berater usw.)	5	8	6	-	19
	23 (16,55%)	**15** (10,79%)	**11** (7,91%)	**2** (1,44%)	**51** (36,69%)
6. Hausfrauen, Hausmänner	-	-	-	-	-
7. Pensionäre, Rentner	7 (5,04%)	-	3 (2,16%)	-	10 (7,19%)
8. Andere	1 (0,72%)	6 (4,32%)	2 (1,44%)	-	9 (6,47%)

* Abgeordnete können mehreren Berufsgruppen zugeordnet sein. Prozentangaben beziehen sich auf die Gesamtanzahl von 138 Abgeordneten und liegt daher in der Summe über 100%.

ALTERSSTRUKTUR DER ABGEORDNETEN

Stand: 1. August 2012

Altersgruppe (Jahre)	Fraktion der CDU		Fraktion GRÜNE		Fraktion der SPD		Fraktion der FDP/DVP		Gesamter Landtag	
	Abg.	%*	Abg.	%*	Abg.	%*	Abg.	%*	Abg.	%*
20 – 25	–	–	1	2,8	–	–	–	–	1	0,7
26 – 30	1	1,7	–	–	2	5,7	–	–	3	2,2
31 – 35	2	3,3	2	5,6	1	2,9	–	–	5	3,6
36 – 40	2	3,3	3	8,3	1	2,9	2	28,6	8	5,8
41 – 45	10	16,7	3	8,3	3	8,6	–	–	16	11,6
46 – 50	11	18,3	8	22,2	7	20,0	3	42,9	29	21,0
51 – 55	10	16,7	11	30,6	5	14,3	–	–	26	18,8
56 – 60	10	16,7	6	16,7	6	17,1	1	14,3	23	16,7
61 – 65	10	16,7	2	5,6	8	22,9	1	14,3	21	15,2
66 – 70	3	5,0	–	–	2	5,7	–	–	5	3,6
71 – 75	1	1,7	–	–	–	–	–	–	1	0,7
insgesamt	60		36		35		7		138	
Durchschnittsalter	52,8		49,8		53,0		49,4		51,9	

Jüngster Abgeordneter: Alexander Salomon geb. 6.8.1986
Ältester Abgeordneter: Karl Traub geb. 9.4.1941

*) Rundungsbedingt kann die Summe der Prozentzahlen von 100 % abweichen.

GESCHLECHT DER ABGEORDNETEN

Stand: 1. August 2012

	Fraktion der CDU		Fraktion GRÜNE		Fraktion der SPD		Fraktion der FDP/DVP		Landtag gesamt	
	Abg.	%	Abg.	%	Abg.	%	Abg.	%	Abg.	%
männlich	52	86,7	25	69,4	29	82,9	7	100,0	113	81,9
weiblich	8	13,3	11	30,6	6	17,1	–	–	25	18,1
insgesamt	60		36		35		7		138	

WAHLERGEBNIS

Wahltag	27. März 2011	26. März 2006
Wahlberechtigte	7622873	7516919
abgegebene Stimmen	5051941	4012441
gültig	4983719	3960615
ungültig	68222	51826
Wahlbeteiligung	66,3	53,4 %

Stimmenanteil	2011 absolut	2006 absolut	2011 in Prozent[*]	2006 in Prozent[*]
CDU	1943912	1748766	39,0	44,2
GRÜNE	1206182	462889	24,2	11,7
SPD	1152594	996207	23,1	25,2
FDP	262784	421994	5,3	10,7
DIE LINKE (2006 WASG)	139700	121753	2,8	3,1
PIRATEN	103618	–	2,1	–
Sonstige	174929	209006	3,5	5,1

Sitzverteilung	2011	2006
CDU	60	69
GRÜNE	36	17
SPD	35	38
FDP/DVP	7	15
Abgeordnete insgesamt	138	139

Erster Zusammentritt des neugewählten Parlaments: 11. Mai 2011
Legislaturperiode vom 1. Mai 2011 bis 30. April 2016

---

[*] Es wurde ohne Rücksicht auf die Endsumme auf- oder abgerundet.

Wahlkreis	Partei	Stimm-anteil in %	Man-dat[1]	Name der gewählten Abgeordneten
Wahlkreis 1	CDU	26,9		
Stuttgart I	GRÜNE	42,5	D	Aras, Muhterem
	SPD	17,5		
	FDP	6,1		
Wahlkreis 2	CDU	33,8		
Stuttgart II	GRÜNE	34,2	D	Wölfle, Werner
	SPD	19,1		
	FDP	7,1		
Wahlkreis 3	CDU	34,2	D	Löffler, Dr. Reinhard
Stuttgart III	GRÜNE	28,0	Z	Untersteller, Franz
	SPD	23,1		
	FDP	6,0		
Wahlkreis 4	CDU	31,4		
Stuttgart IV	GRÜNE	32,3	D	Lösch, Brigitte
	SPD	22,4		
	FDP	5,1		
Wahlkreis 5	CDU	41,1	D	Nemeth, Paul
Böblingen	GRÜNE	21,7		
	SPD	23,5	Z	Wahl, Florian
	FDP	5,2		
Wahlkreis 6	CDU	39,1	D	Kurtz, Sabine
Leonberg	GRÜNE	24,5	Z	Murschel, Dr. Bernd
	SPD	21,9		
	FDP	6,7		
Wahlkreis 7	CDU	36,5	D	Deuschle, Andreas
Esslingen	GRÜNE	26,7	Z	Lindlohr, Andrea
	SPD	25,4	Z	Drexler, Wolfgang
	FDP	4,4		
Wahlkreis 8	CDU	38,6	D	Zimmermann, Karl
Kirchheim	GRÜNE	23,3	Z	Schwarz, Andreas
	SPD	23,5		
	FDP	6,0		
Wahlkreis 9	CDU	39,7	D	Kunzmann, Thaddäus
Nürtingen	GRÜNE	25,7	Z	Kretschmann, Winfried
	SPD	22,1		
	FDP	4,6		
Wahlkreis 10	CDU	38,0	D	Birk, Dr. Dietrich
Göppingen	GRÜNE	22,0	Z	Fritz, Jörg
	SPD	26,4	Z	Hofelich, Peter
	FDP	4,7		

1) D = Direktmandat, Z = Zweitmandat

Wahlkreis	Partei	Stimm-anteil in %	Man-dat[1]	Name der gewählten Abgeordneten
Wahlkreis 11	CDU	41,4	D	Razavi, Nicole
Geislingen	GRÜNE	21,3		
	SPD	24,2	Z	Binder, Sascha
	FDP	4,8		
Wahlkreis 12	CDU	35,1	D	Herrmann, Klaus
Ludwigsburg	GRÜNE	26,9	Z	Walter, Jürgen
	SPD	24,0	Z	Schmiedel, Claus
	FDP	5,6		
Wahlkreis 13	CDU	38,8	D	Epple, Konrad
Vaihingen	GRÜNE	25,5	Z	Rösler, Dr. Markus
	SPD	22,0		
	FDP	6,1		
Wahlkreis 14	CDU	38,2	D	Hollenbach, Manfred
Bietigheim-	GRÜNE	25,0	Z	Renkonen, Daniel
Bissingen	SPD	24,1	Z	Reusch-Frey, Thomas
	FDP	5,2		
Wahlkreis 15	CDU	36,8	D	Pröfrock, Matthias
Waiblingen	GRÜNE	23,5	Z	Halder, Wilhelm
	SPD	24,2	Z	Altpeter, Katrin
	FDP	8,0	Z	Goll, Prof. Dr. Ulrich
Wahlkreis 16	CDU	39,2	D	Paal, Claus
Schorndorf	GRÜNE	22,5	Z	Häffner, Petra
	SPD	22,3		
	FDP	8,4	Z	Haußmann, Jochen
Wahlkreis 17	CDU	40,8	D	Klenk, Wilfried
Backnang	GRÜNE	20,0		
	SPD	23,8	Z	Gruber, Gernot
	FDP	5,4		
Wahlkreis 18	CDU	37,0	D	Throm, Alexander
Heilbronn	GRÜNE	21,5		
	SPD	26,4	Z	Hinderer, Rainer
	FDP	6,1		
Wahlkreis 19	CDU	40,9	D	Gurr-Hirsch, Friedlinde
Eppingen	GRÜNE	19,4		
	SPD	24,3	Z	Rust, Ingo
	FDP	5,6		
Wahlkreis 20	CDU	40,7	D	Lasotta, Dr. Bernhard
Neckarsulm	GRÜNE	19,1		
	SPD	25,9	Z	Gall, Reinhold
	FDP	4,7		

1) D = Direktmandat, Z = Zweitmandat

Wahlkreis	Partei	Stimm-anteil in %	Man-dat[1]	Name der gewählten Abgeordneten
Wahlkreis 21	CDU	40,7	D	Freiherr von Eyb, Arnulf
Hohenlohe	GRÜNE	19,7		
	SPD	22,0		
	FDP	7,8		
Wahlkreis 22	CDU	35,4	D	Rüeck, Helmut Walter
Schwäbisch	GRÜNE	22,0		
Hall	SPD	25,1	Z	Sakellariou, Nikolaos
	FDP	8,4	Z	Bullinger, Dr. Friedrich
Wahlkreis 23	CDU	47,7	D	Reinhart, Dr. Wolfgang
Main-Tauber	GRÜNE	18,4		
	SPD	19,8		
	FDP	4,4		
Wahlkreis 24	CDU	37,8	D	Hitzler, Bernd
Heidenheim	GRÜNE	18,1		
	SPD	29,8	Z	Stoch, Andreas
	FDP	3,1		
Wahlkreis 25	CDU	43,9	D	Scheffold, Dr. Stefan
Schwäbisch	GRÜNE	18,8		
Gmünd	SPD	24,4	Z	Maier, Klaus
	FDP	3,9		
Wahlkreis 26	CDU	46,4	D	Mack, Winfried
Aalen	GRÜNE	18,4		
	SPD	22,4		
	FDP	3,4		
Wahlkreis 27	CDU	30,8	D	Groh, Manfred
Karlsruhe I	GRÜNE	30,2	Z	Splett, Dr. Gisela
	SPD	25,2	Z	Stober, Johannes
	FDP	5,3		
Wahlkreis 28	CDU	30,6	D	Schütz, Katrin
Karlsruhe II	GRÜNE	30,3	Z	Salomon, Alexander
	SPD	25,1		
	FDP	4,8		
Wahlkreis 29	CDU	44,3	D	Rech, Heribert
Bruchsal	GRÜNE	17,6		
	SPD	25,6	Z	Heiler, Walter
	FDP	4,1		
Wahlkreis 30	CDU	40,4	D	Kößler, Joachim
Bretten	GRÜNE	21,5		
	SPD	24,1		
	FDP	5,3		

1) D = Direktmandat, Z = Zweitmandat

Wahlkreis	Partei	Stimm-anteil in %	Man-dat[1]	Name der gewählten Abgeordneten
Wahlkreis 31	CDU	41,0	D	Raab, Werner
Ettlingen	GRÜNE	22,4		
	SPD	25,1	Z	Mentrup, Dr. Frank
	FDP	4,8		
Wahlkreis 32	CDU	38,2	D	Jägel, Karl-Wolfgang
Rastatt	GRÜNE	20,1		
	SPD	29,9	Z	Kopp, Ernst
	FDP	4,1		
Wahlkreis 33	CDU	43,2	D	Wald, Tobias
Baden-Baden	GRÜNE	24,6	Z	Böhlen, Beate
	SPD	19,6		
	FDP	5,7		
Wahlkreis 34	CDU	28,0		
Heidelberg	GRÜNE	36,7	D	Bauer, Theresia
	SPD	22,9		
	FDP	5,3		
Wahlkreis 35	CDU	27,1		
Mannheim I	GRÜNE	21,2		
	SPD	34,2	D	Fulst-Blei, Dr. Stefan
	FDP	2,3		
Wahlkreis 36	CDU	28,4		
Mannheim II	GRÜNE	29,6	D	Raufelder, Wolfgang
	SPD	27,9	Z	Heberer, Helen
	FDP	5,2		
Wahlkreis 37	CDU	39,7	D	Klein, Karl
Wiesloch	GRÜNE	24,9	Z	Schmidt-Eisenlohr, Dr. Kai
	SPD	21,2		
	FDP	5,4		
Wahlkreis 38	CDU	48,4	D	Hauk, Peter
Neckar-	GRÜNE	14,6		
Odenwald	SPD	25,9	Z	Nelius, Georg
	FDP	3,4		
Wahlkreis 39	CDU	35,0	D	Wacker, Georg
Weinheim	GRÜNE	26,4	Z	Sckerl, Hans-Ulrich
	SPD	25,5	Z	Kleinböck, Gerhard
	FDP	5,6		
Wahlkreis 40	CDU	34,4	D	Stratthaus, Gerhard
Schwetzingen	GRÜNE	23,5	Z	Kern, Manfred
	SPD	28,2	Z	Grünstein, Rosa
	FDP	4,8		

1) D = Direktmandat, Z = Zweitmandat

Wahlkreis	Partei	Stimmanteil in %	Mandat[1]	Name der gewählten Abgeordneten
Wahlkreis 41	CDU	38,3	D	Brunnemer, Elke
Sinsheim	GRÜNE	23,0	Z	Schneidewind-Hartnagel, Charlotte
	SPD	25,3	Z	Funk, Thomas
	FDP	4,2		
Wahlkreis 42	CDU	44,5	D	Mappus, Stefan
Pforzheim	GRÜNE	19,0		
	SPD	22,8		
	FDP	4,7		
Wahlkreis 43	CDU	44,0	D	Blenke, Thomas
Calw	GRÜNE	18,0		
	SPD	22,2		
	FDP	6,5		
Wahlkreis 44	CDU	40,7	D	Schmid, Viktoria
Enz	GRÜNE	19,6		
	SPD	23,8		
	FDP	6,9	Z	Rülke, Dr. Hans-Ulrich
Wahlkreis 45	CDU	45,8	D	Beck, Norbert
Freudenstadt	GRÜNE	16,5		
	SPD	20,5		
	FDP	7,6	Z	Kern, Dr. Timm
Wahlkreis 46	CDU	32,6		
Freiburg I	GRÜNE	34,5	D	Pix, Reinhold
	SPD	21,9		
	FDP	4,9		
Wahlkreis 47	CDU	22,8		
Freiburg II	GRÜNE	39,9	D	Sitzmann, Edith
	SPD	24,6	Z	Rolland, Gabi
	FDP	3,3		
Wahlkreis 48	CDU	33,5	D	Rapp, Dr. Patrick
Breisgau	GRÜNE	30,2	Z	Mielich, Bärbl
	SPD	24,0	Z	Bayer, Christoph
	FDP	5,5		
Wahlkreis 49	CDU	32,4	D	Schwehr, Marcel
Emmendingen	GRÜNE	30,4	Z	Schoch, Alexander
	SPD	24,8	Z	Wölfle, Sabine
	FDP	4,3		
Wahlkreis 50	CDU	41,4	D	Rau, Helmut
Lahr	GRÜNE	24,0	Z	Boser, Sandra
	SPD	22,9		
	FDP	4,1		

1) D = Direktmandat, Z = Zweitmandat

Wahlkreis	Partei	Stimm-anteil in %	Man-dat[1]	Name der gewählten Abgeordneten
Wahlkreis 51 Offenburg	CDU	41,5	D	Schebesta, Volker
	GRÜNE	26,5	Z	Marwein, Thomas
	SPD	21,6		
	FDP	4,0		
Wahlkreis 52 Kehl	CDU	45,3	D	Stächele, Willi
	GRÜNE	22,8		
	SPD	19,8		
	FDP	4,8		
Wahlkreis 53 Rottweil	CDU	45,9	D	Teufel, Stefan
	GRÜNE	17,3		
	SPD	19,5		
	FDP	5,8		
Wahlkreis 54 Villingen-Schwenningen	CDU	42,6	D	Rombach, Karl
	GRÜNE	22,4		
	SPD	22,2		
	FDP	5,1		
Wahlkreis 55 Tuttlingen-Donaueschin-gen	CDU	46,3	D	Wolf, Guido
	GRÜNE	17,5		
	SPD	21,0		
	FDP	7,0	Z	Grimm, Leopold
Wahlkreis 56 Konstanz	CDU	32,8		
	GRÜNE	34,7	D	Lehmann, Siegfried
	SPD	20,3		
	FDP	5,5		
Wahlkreis 57 Singen	CDU	40,1	D	Reuther, Wolfgang
	GRÜNE	22,6		
	SPD	23,4	Z	Storz, Hans-Peter
	FDP	6,0		
Wahlkreis 58 Lörrach	CDU	31,8	D	Lusche, Ulrich
	GRÜNE	28,0	Z	Frey, Josef
	SPD	27,7	Z	Stickelberger, Rainer
	FDP	4,9		
Wahlkreis 59 Waldshut	CDU	39,2	D	Schreiner, Felix
	GRÜNE	23,0		
	SPD	24,8	Z	Winkler, Alfred
	FDP	5,3		
Wahlkreis 60 Reutlingen	CDU	36,3	D	Hillebrand, Dieter
	GRÜNE	25,6	Z	Poreski, Thomas
	SPD	24,7	Z	Schmid, Dr. Nils
	FDP	5,7		

1) D = Direktmandat, Z = Zweitmandat

Wahlkreis	Partei	Stimm-anteil in %	Man-dat[1]	Name der gewählten Abgeordneten
Wahlkreis 61	CDU	44,5	D	Röhm, Karl-Wilhelm
Hechingen-	GRÜNE	18,9		
Münsingen	SPD	21,3	Z	Käppeler, Klaus
	FDP	7,4	Z	Glück, Andreas
Wahlkreis 62	CDU	32,1		
Tübingen	GRÜNE	32,1	D	Lede Abal, Daniel Andreas
	SPD	21,8	Z	Haller-Haid, Rita
	FDP	5,0		
Wahlkreis 63	CDU	46,3	D	Pauli, Günther-Martin
Balingen	GRÜNE	16,9		
	SPD	23,9	Z	Haller, Hans-Martin
	FDP	4,4		
Wahlkreis 64	CDU	38,6	D	Stolz, Dr. Monika
Ulm	GRÜNE	24,7	Z	Filius, Jürgen
	SPD	23,9	Z	Rivoir, Martin
	FDP	4,1		
Wahlkreis 65	CDU	51,0	D	Traub, Karl
Ehingen	GRÜNE	19,2		
	SPD	17,7		
	FDP	3,8		
Wahlkreis 66	CDU	50,7	D	Schneider, Peter
Biberach	GRÜNE	18,8		
	SPD	17,0		
	FDP	4,5		
Wahlkreis 67	CDU	38,1	D	Müller, Ulrich
Bodensee	GRÜNE	26,3	Z	Hahn, Martin
	SPD	20,4		
	FDP	7,0		
Wahlkreis 68	CDU	48,6	D	Locherer, Paul
Wangen	GRÜNE	22,4		
	SPD	16,4		
	FDP	3,3		
Wahlkreis 69	CDU	43,5	D	Köberle, Rudolf
Ravensburg	GRÜNE	26,1	Z	Lucha, Manfred
	SPD	17,5		
	FDP	4,3		
Wahlkreis 70	CDU	50,2	D	Gönner, Tanja
Sigmaringen	GRÜNE	19,3		
	SPD	17,3		
	FDP	4,9		

1) D = Direktmandat, Z = Zweitmandat

Die Zusammensetzung des Landesparlaments
in den bisherigen Wahlperioden

Verfassungsgebende Versammlung und	1. Landtag Wahl vom 9.3.1952	2. Landtag Wahl vom 4.3.1956	3. Landtag Wahl vom 15.5.1960	4. Landtag Wahl vom 26.4.1964
CDU	50	56	52	59
SPD	38	36	44	47
FDP/DVP	23	21	18	14
GB/BHE (GDP)	6	7	7	–
KPD	4	–	–	–
insgesamt	121	120	121	120

	5. Landtag Wahl vom 24.4.1968	6. Landtag Wahl vom 23.4.1972	7. Landtag Wahl vom 4.4.1976	8. Landtag Wahl vom 16.3.1980
CDU	60	65	71	68
SPD	37	45	41	40
FDP/DVP	18	10	9	10
GRÜNE	–	–	–	6
NPD	12	–	–	–
insgesamt	127	120	121	124

	9. Landtag Wahl vom 25.3.1984	10. Landtag Wahl vom 20.3.1988	11. Landtag Wahl vom 5.4.1992	12. Landtag Wahl vom 24.3.1996
CDU	68	66	64	69
SPD	41	42	46	39
GRÜNE	9	10	13	19
FDP/DVP	8	7	8	14
REP	–	–	15	14
insgesamt	126	125	146	155

	13. Landtag Wahl vom 25.3.2001	14. Landtag Wahl vom 26.3.2006	15. Landtag Wahl vom 27.3.2011
CDU	63	69	60
SPD	45	38	35
GRÜNE	10	17	36
FDP/DVP	10	15	7
insgesamt	128	139	138

VERFASSUNG DES LANDES BADEN-WÜRTTEMBERG

vom 11. November 1953 (GBl. S. 173),
zuletzt geändert durch Gesetz vom 7. Februar 2011
(GBl. S. 46)

– Auszug –

Zweiter Hauptteil: Vom Staat und seinen Ordnungen

...

II. Der Landtag

Artikel 27

(1) Der Landtag ist die gewählte Vertretung des Volkes.

(2) Der Landtag übt die gesetzgebende Gewalt aus und überwacht die Ausübung der vollziehenden Gewalt nach Maßgabe dieser Verfassung.

(3) Die Abgeordneten sind Vertreter des ganzes Volkes. Sie sind nicht an Aufträge und Weisungen gebunden und nur ihrem Gewissen unterworfen.

Artikel 28

(1) Die Abgeordneten werden nach einem Verfahren gewählt, das die Persönlichkeitswahl mit den Grundsätzen der Verhältniswahl verbindet.

(2) Wählbar ist jeder Wahlberechtigte. Die Wählbarkeit kann von einer bestimmten Dauer der Staatsangehörigkeit und des Aufenthalts im Lande abhängig gemacht werden.

(3) Das Nähere bestimmt ein Gesetz. Es kann die Zuteilung von Sitzen davon abhängig machen, dass ein Mindestanteil der im Lande abgegebenen gültigen Stimmen erreicht wird. Der geforderte Anteil darf fünf vom Hundert nicht überschreiten.

Artikel 29

(1) Wer sich um einen Sitz im Landtag bewirbt, hat Anspruch auf den zur Vorbereitung seiner Wahl erforderlichen Urlaub.

(2) Niemand darf gehindert werden, das Amt eines Abgeordneten zu Übernehmen und auszuüben. Eine Kündigung oder Entlassung aus einem Dienst- oder Arbeitsverhältnis aus diesem Grunde ist unzulässig.

Artikel 30

(1) Die Wahlperiode des Landtags dauert fünf Jahre. Sie beginnt mit dem Ablauf der Wahlperiode des alten Landtags, nach einer Auflösung des Landtags mit dem Tage der Neuwahl.

(2) Die Neuwahl muss vor Ablauf der Wahlperiode, im Falle der Auflösung des Landtags binnen sechzig Tagen stattfinden.

(3) Der Landtag tritt spätestens am sechzehnten Tage nach Beginn der Wahlperiode zusammen. Die erste Sitzung wird vom Alterspräsidenten einberufen und geleitet.

(4) Der Landtag bestimmt den Schluss und den Wiederbeginn seiner Sitzungen. Der Präsident kann den Landtag früher einberufen. Er ist dazu verpflichtet, wenn ein Viertel der Mitglieder des Landtags oder die Regierung es verlangt.

Artikel 31

(1) Die Wahlprüfung ist Sache des Landtags. Er entscheidet auch, ob ein Abgeordneter seinen Sitz im Landtag verloren hat.

(2) Die Entscheidungen können beim Staatsgerichtshof angefochten werden.

(3) Das Nähere bestimmt ein Gesetz.

Artikel 32

(1) Der Landtag wählt seinen Präsidenten und dessen Stellvertreter, die zusammen mit weiteren Mitgliedern das Präsidium bilden, sowie die Schriftführer. Der Landtag gibt sich eine Geschäftsordnung, die nur mit einer Mehrheit von zwei Dritteln der anwesenden Abgeordneten geändert werden kann.

(2) Der Präsident übt das Hausrecht und die Polizeigewalt im Sitzungsgebäude aus. Ohne seine Zustimmung darf im Sitzungsgebäude keine Durchsuchung oder Beschlagnahme stattfinden.

(3) Der Präsident verwaltet die wirtschaftlichen Angelegenheiten des Landtags nach Maßgabe des Haushaltsgesetzes. Er vertritt das Land im Rahmen der Verwaltung des Landtags. Ihm steht die Einstellung und Entlassung der Angestellten und Arbeiter sowie im Einvernehmen mit dem Präsidium die Ernennung und Entlassung der Beamten des Landtags zu. Der Präsident ist oberste Dienstbehörde für die Beamten, Angestellten und Arbeiter des Landtags.

(4) Bis zum Zusammentritt eines neugewählten Landtags führt der bisherige Präsident die Geschäfte fort.

Artikel 33

(1) Der Landtag verhandelt öffentlich. Die Öffentlichkeit wird ausgeschlossen, wenn der Landtag es auf Antrag von zehn Abgeordneten oder eines Mitglieds der Regierung mit einer Mehrheit von zwei Dritteln der anwesenden Abgeordneten beschließt. Über den Antrag wird in nichtöffentlicher Sitzung entschieden.

(2) Der Landtag beschließt mit der Mehrheit der abgegebenen Stimmen, sofern die Verfassung nichts anderes bestimmt. Für die vom Landtag vorzunehmenden Wahlen kann die Geschäftsordnung Ausnahmen zulassen. Der Landtag gilt als beschlussfähig, solange nicht auf Antrag eines seiner Mitglieder vom Präsidenten festgestellt wird, dass weniger als die Hälfte der Abgeordneten anwesend sind.

(3) Für wahrheitsgetreue Berichte über die öffentlichen Sitzungen des Landtags und seiner Ausschüsse darf niemand zur Verantwortung gezogen werden.

Artikel 34

(1) Der Landtag und seine Ausschüsse können die Anwesenheit eines jeden Mitglieds der Regierung verlangen.

(2) Die Mitglieder der Regierung und ihre Beauftragten haben zu den Sitzungen des Landtags und seiner Ausschüsse Zutritt und müssen jederzeit gehört werden. Sie unterstehen der Ordnungsgewalt des Präsidenten und der Vorsitzenden der Ausschüsse. Der Zutritt der Mitglieder der Regierung und ihrer Beauftragten zu den Sitzungen der Untersuchungsausschüsse und ihr Rederecht in diesen Sitzungen wird durch Gesetz geregelt.

Artikel 34 a

(1) Die Landesregierung unterrichtet den Landtag zum frühestmöglichen Zeitpunkt über alle Vorhaben der Europäischen Union, die von erheblicher politischer Bedeutung für das Land sind und entweder die Gesetzgebungszuständigkeiten der Länder betreffen oder wesentliche Interessen des Landes unmittelbar berühren. Sie gibt dem Landtag Gelegenheit zur Stellungnahme.

(2) Sollen ausschließliche Gesetzgebungszuständigkeiten der Länder ganz oder teilweise auf die Europäische Union übertragen werden, ist die Landesregierung an Stellungnahmen des Landtags gebunden. Werden durch ein Vorhaben der Europäischen Union im Schwerpunkt ausschließliche Gesetzgebungszuständigkeiten der Länder unmittelbar betroffen, ist die Landesregierung an Stellungnahmen des Landtags gebunden, es sei denn, erhebliche Gründe des Landesinteresses stünden entgegen. Satz 2 gilt auch für Beschlüsse des Landtags, mit denen die Landesregierung ersucht wird, im Bundesrat darauf hinzuwirken, dass entweder der Bundesrat im Falle der Subsidiaritätsklage oder die Bundesregierung zum Schutz der

Gesetzgebungszuständigkeiten der Länder eine Klage vor dem Gerichtshof der Europäischen Union erhebt. Im Übrigen berücksichtigt die Landesregierung Stellungnahmen des Landtags zu Vorhaben der Europäischen Union, die Gesetzgebungszuständigkeiten der Länder wesentlich berühren.

(3) Die Einzelheiten der Unterrichtung und Beteiligung des Landtags werden durch Gesetz geregelt.

Artikel 35

(1) Der Landtag hat das Recht und auf Antrag von einem Viertel seiner Mitglieder die Pflicht, Untersuchungsausschüsse einzusetzen. Der Gegenstand der Untersuchung ist im Beschluss genau festzulegen.

(2) Die Ausschüsse erheben in öffentlicher Verhandlung die Beweise, welche sie oder die Antragsteller für erforderlich erachten. Beweise sind zu erheben, wenn sie von einem Viertel der Mitglieder des Ausschusses beantragt werden. Die Öffentlichkeit kann ausgeschlossen werden.

(3) Gerichte und Verwaltungsbehörden sind zur Rechts- und Amtshilfe verpflichtet.

(4) Das Nähere über die Einsetzung, die Befugnisse und das Verfahren der Untersuchungsausschüsse wird durch Gesetz geregelt. Das Briefgeheimnis sowie das Post- und Fernmeldegeheimnis bleiben unberührt.

(5) Die Gerichte sind frei in der Würdigung und Beurteilung des Sachverhalts, welcher der Untersuchung zugrunde liegt.

Artikel 35 a

(1) Der Landtag bestellt einen Petitionsausschuss, dem die Behandlung der nach Artikel 2 Abs. l dieser Verfassung und Artikel 17 des Grundgesetzes an den Landtag gerichteten Bitten und Beschwerden obliegt. Nach Maßgabe der Geschäftsordnung des Landtags können Bitten und Beschwerden auch einem anderen Ausschuss überwiesen werden.

(2) Die Befugnisse des Petitionsausschusses zur Überprüfung von Bitten und Beschwerden werden durch Gesetz geregelt.

Artikel 36

(1) Der Landtag bestellt einen Ständigen Ausschuss, der die Rechte des Landtags gegenüber der Regierung vom Ablauf der Wahlperiode oder von der Auflösung des Landtags an bis zum Zusammentritt eines neugewählten Landtags wahrt. Der Ausschuss hat in dieser Zeit auch die Rechte eines Untersuchungsausschusses.

(2) Weitergehende Befugnisse, insbesondere das Recht der Gesetzgebung, der Wahl des Ministerpräsidenten sowie der Anklage von Abgeordneten und von Mitgliedern der Regierung stehen dem Ausschuss nicht zu.

Artikel 37

(1) Ein Abgeordneter darf zu keiner Zeit wegen seiner Abstimmung oder wegen einer Äußerung, die er im Landtag, in einem Ausschuss, in einer Fraktion oder sonst in Ausübung seines Mandats getan hat, gerichtlich oder dienstlich verfolgt oder anderweitig außerhalb des Landtags zur Verantwortung gezogen werden.

Artikel 38

(1) Ein Abgeordneter kann nur mit Einwilligung des Landtags wegen einer mit Strafe bedrohten Handlung oder aus sonstigen Gründen zur Untersuchung gezogen, festgenommen, festgehalten oder verhaftet werden, es sei denn, dass er bei Verübung einer strafbaren Handlung oder spätestens im Laufe des folgenden Tages festgenommen wird.

(2) Jedes Strafverfahren gegen einen Abgeordneten und jede Haft oder sonstige Beschränkung seiner persönlichen Freiheit ist auf Verlangen des Landtags für die Dauer der Wahlperiode aufzuheben.

Artikel 39

Die Abgeordneten können über Personen, die ihnen in ihrer Eigenschaft als Abgeordnete oder denen sie als Abgeordnete Tatsachen anvertraut haben, sowie über diese Tatsachen selbst das Zeugnis verweigern. Personen, deren Mitarbeit ein Abgeordneter in Ausübung seines Mandats in Anspruch nimmt, können das Zeugnis über die Wahrnehmungen verweigern, die sie anlässlich dieser Mitarbeit gemacht haben. Soweit Abgeordnete und ihre Mitarbeiter dieses Recht haben, ist die Beschlagnahme von Schriftstücken unzulässig.

Artikel 40

Die Abgeordneten haben Anspruch auf eine angemessene Entschädigung, die ihre Unabhängigkeit sichert. Sie haben innerhalb des Landes das Recht der freien Benutzung aller staatlichen Verkehrsmittel. Näheres bestimmt ein Gesetz.

Artikel 41

(1) Wer zum Abgeordneten gewählt ist, erwirbt die rechtliche Stellung eines Abgeordneten mit der Annahme der Wahl. Der Gewählte kann die Wahl ablehnen.

(2) Ein Abgeordneter kann jederzeit auf sein Mandat verzichten. Der Verzicht ist von ihm selbst dem Präsidenten des Landtags schriftlich zu erklären. Die Erklärung ist unwiderruflich.

(3) Verliert ein Abgeordneter die Wählbarkeit, so erlischt sein Mandat.

Artikel 42

(1) Erhebt sich der dringende Verdacht, dass ein Abgeordneter seine Stellung als solcher in gewinnsüchtiger Absicht missbraucht habe, so

kann der Landtag beim Staatsgerichtshof ein Verfahren mit dem Ziel beantragen, ihm sein Mandat abzuerkennen.

(2) Der Antrag auf Erhebung der Anklage muss von mindestens einem Drittel der Mitglieder des Landtags gestellt werden. Der Beschluss auf Erhebung der Anklage erfordert bei Anwesenheit von mindestens zwei Dritteln der Mitglieder des Landtags eine Zweidrittelmehrheit, die jedoch mehr als die Hälfte der Mitglieder des Landtags betragen muss.

Artikel 43

(1) Der Landtag kann sich auf Antrag eines Viertels seiner Mitglieder vor Ablauf seiner Wahlperiode durch eigenen Beschluss, der der Zustimmung von zwei Dritteln seiner Mitglieder bedarf, selbst auflösen. Zwischen Antrag und Abstimmung müssen mindestens drei Tage liegen.

(2) Der Landtag ist ferner aufgelöst, wenn die Auflösung von einem Sechstel der Wahlberechtigten verlangt wird und bei einer binnen sechs Wochen vorzunehmenden Volksabstimmung die Mehrheit der Stimmberechtigten diesem Verlagen beitritt.

Artikel 44

Die Vorschriften der Artikel 29 Abs. 2, 37, 38, 39 und 40 gelten für die Mitglieder des Präsidiums und des Ständigen Ausschusses sowie deren erste Stellvertreter auch für die Zeit nach Ablauf der Wahlperiode oder nach Auflösung des Landtags bis zum Zusammentritt eines neugewählten Landtags.

III. Die Regierung

Artikel 45

(1) Die Regierung übt die vollziehende Gewalt aus.

(2) Die Regierung besteht aus dem Ministerpräsidenten und den Ministern. Als weitere Mitglieder der Regierung können Staatssekretäre und ehrenamtliche Staatsräte ernannt werden. Die Zahl der Staatssekretäre darf ein Drittel der Zahl der Minister nicht übersteigen. Staatssekretären und Staatsräten kann durch Beschluss des Landtags Stimmrecht verliehen werden.

(3) Die Regierung beschließt unbeschadet des Gesetzgebungsrechts des Landtags über die Geschäftsbereiche ihrer Mitglieder. Der Beschluss bedarf der Zustimmung des Landtags.

(4) Der Ministerpräsident kann einen Geschäftsbereich selbst übernehmen.

Artikel 46

(1) Der Ministerpräsident wird vom Landtag mit der Mehrheit seiner Mitglieder ohne Aussprache in geheimer Abstimmung gewählt. Wählbar ist, wer zum Abgeordneten gewählt werden kann und das 35. Lebensjahr vollendet hat.

(2) Der Ministerpräsident beruft und entlässt die Minister, Staatssekretäre und Staatsräte. Er bestellt seinen Stellvertreter.

(3) Die Regierung bedarf zur Amtsübernahme der Bestätigung durch den Landtag. Der Beschluss muss mit mehr als der Hälfte der abgegebenen Stimmen gefasst werden.

(4) Die Berufung eines Mitglieds der Regierung durch den Ministerpräsidenten nach der Bestätigung bedarf der Zustimmung des Landtages.

Artikel 47

Wird die Regierung nicht innerhalb von drei Monaten nach dem Zusammentritt des neugewählten Landtags oder nach der sonstigen Erledigung des Amtes des Ministerpräsidenten gebildet und bestätigt, so ist der Landtag aufgelöst.

Artikel 48

Die Mitglieder der Regierung leisten beim Amtsantritt den Amtseid vor dem Landtag. Er lautet:

„Ich schwöre, dass ich meine Kraft dem Wohle des Volkes widmen, seinen Nutzen mehren, Schaden von ihm wenden, Verfassung und Recht wahren und verteidigen, meine Pflichten gewissenhaft erfüllen und Gerechtigkeit gegen jedermann üben werde. So wahr mir Gott helfe."

Der Eid kann auch ohne religiöse Beteuerung geleistet werden.

Artikel 49

(1) Der Ministerpräsident bestimmt die Richtlinien der Politik und trägt dafür die Verantwortung. Er führt den Vorsitz in der Regierung und leitet ihre Geschäfte nach einer von der Regierung zu beschließenden Geschäftsordnung. Die Geschäftsordnung ist zu veröffentlichen. Innerhalb der Richtlinien der Politik leitet jeder Minister seinen Geschäftsbereich selbständig unter eigener Verantwortung.

(2) Die Regierung beschließt insbesondere über Gesetzesvorlagen, über die Stimmabgabe des Landes im Bundesrat, über Angelegenheiten, in denen ein Gesetz dies vorschreibt, über Meinungsverschiedenheiten, die den Geschäftskreis mehrerer Ministerien berühren, und über Fragen von grundsätzlicher oder weittragender Bedeutung.

(3) Die Regierung beschließt mit Mehrheit der anwesenden stimmberechtigten Mitglieder. Jedes Mitglied hat nur eine Stimme, auch wenn es mehrere Geschäftsbereiche leitet.

Artikel 50

Der Ministerpräsident vertritt das Land nach außen. Der Abschluss von Staatsverträgen bedarf der Zustimmung der Regierung und des Landtags.

Artikel 51

Der Ministerpräsident ernennt die Richter und Beamten des Landes. Dieses Recht kann durch Gesetz auf andere Behörden übertragen werden.

Artikel 52

(1) Der Ministerpräsident übt das Gnadenrecht aus. Er kann dieses Recht, soweit es sich nicht um schwere Fälle handelt, mit Zustimmung der Regierung auf andere Behörden übertragen.

(2) Ein allgemeiner Straferlass und eine allgemeine Niederschlagung anhängiger Strafverfahren können nur durch Gesetz ausgesprochen werden.

Artikel 53

(1) Das Amtsverhältnis der Mitglieder der Regierung, insbesondere die Besoldung und Versorgung der Minister und Staatssekretäre, regelt ein Gesetz.

(2) Die hauptamtlichen Mitglieder der Regierung dürfen kein anderes besoldetes Amt, kein Gewerbe und keinen Beruf ausüben. Kein Mitglied der Regierung darf der Leitung oder dem Aufsichtsorgan eines auf wirtschaftliche Betätigung gerichteten Unternehmens angehören. Ausnahmen kann der Landtag zulassen.

Artikel 54

(1) Der Landtag kann dem Ministerpräsidenten das Vertrauen nur dadurch entziehen, dass er mit der Mehrheit seiner Mitglieder einen Nachfolger wählt und die von diesem gebildete Regierung gemäß Artikel 46 Abs. 3 bestätigt.

(2) Zwischen dem Antrag auf Abberufung und der Wahl müssen mindestens drei Tage liegen.

Artikel 55

(1) Die Regierung und jedes ihrer Mitglieder können jederzeit ihren Rücktritt erklären.

(2) Das Amt des Ministerpräsidenten und der übrigen Mitglieder der Regierung endet mit dem Zusammentritt eines neuen Landtags, das Amt eines Ministers, eines Staatssekretärs und eines Staatsrats auch mit jeder anderen Erledigung des Amtes des Ministerpräsidenten.

(3) Im Falle des Rücktritts oder einer sonstigen Beendigung des Amtes haben die Mitglieder der Regierung bis zur Amtsübernahme der Nachfolger ihr Amt weiterzuführen.

Artikel 56

Auf Beschluss von zwei Dritteln der Mitglieder des Landtags muss der Ministerpräsident ein Mitglied der Regierung entlassen.

Artikel 57

(1) Die Mitglieder der Regierung können wegen vorsätzlicher oder grob fahrlässiger Verletzung der Verfassung oder eines anderen Gesetzes auf Beschluss des Landtags vor dem Staatsgerichtshof angeklagt werden.

(2) Der Antrag auf Erhebung der Anklage muss von mindestens einem Drittel der Mitglieder des Landtags unterzeichnet werden. Der Beschluss erfordert bei Anwesenheit von mindestens zwei Dritteln der Mitglieder des Landtags eine Zweidrittelmehrheit, die jedoch mehr als die Hälfte der Mitglieder des Landtags betragen muss. Der Staatsgerichtshof kann einstweilen anordnen, dass das angeklagte Mitglied der Regierung sein Amt nicht ausüben darf. Die Anklage wird durch den vor oder nach ihrer Erhebung erfolgten Rücktritt des Mitglieds der Regierung oder durch dessen Abberufung oder Entlassung nicht berührt.

(3) Befindet der Staatsgerichtshof im Sinne der Anklage, so kann er dem Mitglied der Regierung sein Amt aberkennen; Versorgungsansprüche können ganz oder teilweise entzogen werden.

(4) Wird gegen ein Mitglied der Regierung in der Öffentlichkeit ein Vorwurf im Sinne des Abs. 1 erhoben, so kann es mit Zustimmung der Regierung die Entscheidung des Staatsgerichtshofs beantragen.

IV. Die Gesetzgebung

Artikel 58

Niemand darf zu einer Handlung, Unterlassung oder Duldung gezwungen werden, wenn nicht ein Gesetz oder eine auf Gesetz beruhende Bestimmung es verlangt oder zulässt.

Artikel 59

(1) Gesetzesvorlagen werden von der Regierung, von Abgeordneten oder vom Volk durch Volksbegehren eingebracht.

(2) Dem Volksbegehren muss ein ausgearbeiteter und mit Gründen versehener Gesetzentwurf zugrunde liegen. Das Volksbegehren ist zustande gekommen, wenn es von mindestens einem Sechstel der Wahlberechtigten gestellt wird. Das Volksbegehren ist von der Regierung mit ihrer Stellungnahme unverzüglich dem Landtag zu unterbreiten.

(3) Die Gesetze werden vom Landtag oder durch Volksabstimmung beschlossen.

Artikel 60

(1) Eine durch Volksbegehren eingebrachte Gesetzesvorlage ist zur Volksabstimmung zu bringen, wenn der Landtag der Gesetzesvorlage nicht unverändert zustimmt. In diesem Fall kann der Landtag dem Volk einen eigenen Gesetzentwurf zur Entscheidung mitvorlegen.

(2) Die Regierung kann ein vom Landtag beschlossenes Gesetz vor seiner Verkündung zur Volksabstimmung bringen, wenn ein Drittel der Mitglieder des Landtags es beantragt. Die angeordnete Volksabstimmung unterbleibt, wenn der Landtag mit Zweidrittelmehrheit das Gesetz erneut beschließt.

(3) Wenn ein Drittel der Mitglieder des Landtags es beantragt, kann die Regierung eine von ihr eingebrachte, aber vom Landtag abgelehnte Gesetzesvorlage zur Volksabstimmung bringen.

(4) Der Antrag nach Absatz 2 und Absatz 3 ist innerhalb von zwei Wochen nach der Schlussabstimmung zu stellen. Die Regierung hat sich innerhalb von zehn Tagen nach Eingang des Antrags zu entscheiden, ob Sie die Volksabstimmung anordnen will.

(5) Bei der Volksabstimmung entscheidet die Mehrheit der abgegebenen gültigen Stimmen. Das Gesetz ist beschlossen, wenn mindestens ein Drittel der Stimmberechtigten zustimmt.

(6) Über Abgabengesetze, Besoldungsgesetze und das Staatshaushaltsgesetz findet keine Volksabstimmung statt.

Artikel 61

(1) Die Ermächtigung zum Erlass von Rechtsverordnungen kann nur durch Gesetz erteilt werden. Dabei müssen Inhalt, Zweck und Ausmaß der erteilten Ermächtigung bestimmt werden. Die Rechtsgrundlage ist in der Verordnung anzugeben.

(2) Die zur Ausführung der Gesetze erforderlichen Rechtsverordnungen und Verwaltungsvorschriften erlässt, soweit die Gesetze nichts anderes bestimmen, die Regierung.

Artikel 62

(1) Ist bei drohender Gefahr für den Bestand oder die freiheitliche demokratische Grundordnung des Landes oder für die lebensnotwendige Versorgung der Bevölkerung sowie bei einem Notstand infolge einer Naturkatastrophe oder besonders schweren Unglücksfalls der Landtag verhindert, sich alsbald zu versammeln, so nimmt ein Ausschuss des Landtags als Notparlament die Rechte des Landtags wahr. Die Verfassung darf durch ein von diesem Ausschuss beschlossenes Gesetz nicht geändert werden. Die Befugnis, dem Ministerpräsidenten das Vertrauen zu entziehen, steht dem Ausschuss nicht zu.

(2) Solange eine Gefahr für den Bestand oder die freiheitliche demokratische Grundordnung des Landes droht, finden durch das Volk vorzunehmende Wahlen und Abstimmungen nicht statt. Die Feststellung, dass Wahlen und Abstimmungen nicht stattfinden, trifft der Landtag mit einer Mehrheit von zwei Dritteln seiner Mitglieder. Ist der Landtag verhindert, sich alsbald zu versammeln, so trifft der in Absatz 1 Satz 1 genannte Ausschuss die Feststellung mit einer Mehrheit von zwei Dritteln seiner Mitglieder. Die verschobenen Wahlen und Abstimmungen sind innerhalb von sechs Monaten, nachdem der Landtag festgestellt hat, dass die Gefahr beendet ist, durchzuführen. Die Amtsdauer der in Betracht kommenden Personen und Körperschaften verlängert sich bis zum Ablauf des Tages der Neuwahl.

(3) Die Feststellung, dass der Landtag verhindert ist, sich alsbald zu versammeln, trifft der Präsident des Landtags.

Artikel 63

(1) Die verfassungsmäßig zustande gekommenen Gesetze werden durch den Ministerpräsidenten ausgefertigt und binnen Monatsfrist im Gesetzblatt des Landes verkündet. Sie werden vom Ministerpräsidenten ausgefertigt und mindestens der Hälfte der Minister unterzeichnet. Wenn der Landtag die Dringlichkeit beschließt, müssen sie sofort ausgefertigt und verkündet werden.

(2) Rechtsverordnungen werden von der Stelle, die sie erlässt, ausgefertigt und, soweit das Gesetz nichts anderes bestimmt, im Gesetzblatt verkündet.

(3) Gesetze nach Artikel 62 werden, falls eine rechtzeitige Verkündung im Gesetzblatt nicht möglich ist, auf andere Weise öffentlich bekanntgemacht. Die Verkündung im Gesetzblatt ist nachzuholen, sobald die Umstände es zulassen.

(4) Gesetze und Rechtsverordnungen sollen den Tag bestimmen, an dem sie in Kraft treten. Fehlt eine solche Bestimmung, so treten sie mit dem vierzehnten Tage nach Ablauf des Tages in Kraft, an dem das Gesetzblatt ausgegeben worden ist.

Artikel 64

(1) Die Verfassung kann durch Gesetz geändert werden. Ein Änderungsantrag darf den Grundsätzen des republikanischen, demokratischen und sozialen Rechtsstaats nicht widersprechen. Die Entscheidung, ob ein Änderungsantrag zulässig ist, trifft, auf Antrag der Regierung oder eines Viertels der Mitglieder des Landtags der Staatsgerichtshof.

(2) Die Verfassung kann vom Landtag geändert werden, wenn bei Anwesenheit von mindestens zwei Dritteln seiner Mitglieder eine Zweidrittelmehrheit, die jedoch mehr als die Hälfte seiner Mitglieder betragen muß, es beschließt.

(3) Die Verfassung kann durch Volksabstimmung geändert werden, wenn mehr als die Hälfte der Mitglieder des Landtags dies beantragt hat. Sie kann ferner durch eine Volksabstimmung nach Artikel 60 Abs. l geändert werden. Das verfassungsändernde Gesetz ist beschlossen, wenn die Mehrheit der Stimmberechtigten zustimmt.

(4) Ohne vorherige Änderung der Verfassung können Gesetze, welche Bestimmungen der Verfassung durchbrechen, nicht beschlossen werden.

GESCHÄFTSORDNUNG
DES LANDTAGS VON BADEN-WÜRTTEMBERG*

in der Fassung vom 1. Juni 1989 (GBl. S. 250),
zuletzt geändert durch Beschluss vom 27. Juni 2012
(GBl. S. 478)

Vorbemerkung

Um die Gleichberechtigung von Frauen und Männern auch in der Geschäftsordnung zum Ausdruck zu bringen, wird im Folgenden bei der erstmaligen Erwähnung eines Amtes oder einer Funktion in männlicher Form der Begriff durch eine Paarbildung von männlicher und weiblicher Form mit Schrägstrich ersetzt oder ausnahmsweise, wo es grammatikalisch geboten ist, dem Begriff die weibliche Form in Klammern angefügt. Im weiteren Text wird aus Gründen der sprachlichen Klarheit und Kürze anstelle der Paarformel nur noch die männliche Form für die entsprechenden Begriffe verwendet.

I. Einberufung und Konstituierung

§ 1
Einberufung

Der neugewählte Landtag wird aufgrund des Artikels 30 Abs. 3 der Verfassung einberufen.

§ 2
Erste Sitzung

(1) Die vom Landeswahlleiter/von der Landeswahlleiterin als gewählt festgestellten und durch eine Wahlurkunde ausgewiesenen Abgeordneten treten auf Einladung des ältesten Mitglieds spätestens am 16. Tage nach Beginn der Wahlperiode zur ersten Sitzung zusammen.

(2) Das älteste Mitglied (Alterspräsident/Alterspräsidentin) wird von dem Präsidenten/der Präsidentin des vorhergegangenen Landtags festgestellt.

(3) Mit dem Beginn der Sitzung gilt die Amtszeit des Präsidenten des vorhergegangenen Landtags als beendet.

§ 3
Leitung der ersten Sitzung

(1) Die erste Sitzung wird von dem Alterspräsidenten eröffnet und geleitet. Er führt die Geschäfte bis zur Übernahme des Amts durch den neu gewählten Präsidenten.

(2) Die Geschäfte werden, solange der Landtag nichts anderes be-schließt, nach den Bestimmungen der Geschäftsordnung des voran gegangenen Landtags geführt.

(3) Der Alterspräsident beruft zwei Abgeordnete zu vorläufigen Schriftführern.

(4) Der Landtag ist beschlussfähig, wenn mehr als die Hälfte seiner Mitglieder anwesend ist. Die Beschlussfähigkeit wird durch Namens-aufruf festgestellt.

§ 4
Wahl des Präsidiums und der Schriftführer/Schriftführerinnen

(1) Ist die Beschlussfähigkeit festgestellt, so wählt der Landtag aus seiner Mitte das Präsidium. Das Präsidium besteht aus 19 Abgeord-neten, die sich auf alle Fraktionen nach ihrem Zahlenverhältnis ver-teilen. Der Präsident und die stellvertretenden Präsidenten/Präsiden-tinnen gehören dem Präsidium von Amts wegen an.

(2) Der Präsident wird in geheimer Wahl gewählt. Vorschläge für die Wahl werden aus der Mitte des Hauses gemacht; ihre Zahl ist nicht beschränkt.

(3) Der Alterspräsident beruft fünf Mitglieder, die von den Abge-ordneten die Stimmzettel entgegennehmen und das Wahlergebnis feststellen.

(4) Als Präsident ist gewählt, wer mehr als die Hälfte der abgegebe-nen gültigen Stimmen erhalten hat. Nicht beschriebene Stimmzet-tel werden bei Feststellung der Beschlussfähigkeit, dagegen nicht bei Feststellung des Wahlergebnisses mitgezählt. Hat kein Vorge-schlagener mehr als die Hälfte der abgegebenen gültigen Stimmen erhalten, so kommen die beiden Abgeordneten mit den höchsten Stimmenzahlen in die engere Wahl. Ergibt sich bei dieser Wahl Stim-mengleichheit, so entscheidet das Los, das der Alterspräsident zieht.

(5) Erklärt sich der Gewählte auf die Anfrage des Alterspräsidenten zur Annahme des Präsidentenamtes bereit, so geht die Führung der Geschäfte sofort auf ihn über, lehnt er ab, so wird die Wahl wieder-holt.

(6) Die stellvertretenden Präsidenten werden in getrennten Wahlgän-gen nach demselben Verfahren wie der Präsident gewählt.

(7) Die weiteren Mitglieder des Präsidiums werden nach den Vor-schlägen der Fraktionen gewählt. Der Landtag wählt ferner für die Mitglieder des Präsidiums nach den Vorschlägen der Fraktionen ent-sprechend deren Zahlenverhältnis eine gleiche Zahl von Stellvertre-tern/Stellvertreterinnen.

(8) Der Landtag wählt nach den Vorschlägen der Fraktionen entsprechend deren Zahlenverhältnis 19 Schriftführer/Schriftführerinnen.

§ 5
Amtszeit des Präsidiums

Die Amtszeit des Präsidiums dauert bis zum Zusammentritt eines neu gewählten Landtags. Scheidet ein Mitglied vorzeitig aus, so wird nach den Bestimmungen des § 4 ein Nachfolger/eine Nachfolgerin gewählt.

II. Mitgliedschaft

§ 6
Wahlprüfung

(1) Die Entscheidungen des Landtags in Wahlprüfungssachen ergehen auf Vorschlag eines Wahlprüfungsausschusses.

(2) Wird die Entscheidung des Landtags angefochten, so übergibt der Präsident die Akten dem Staatsgerichtshof.

§ 7
Ersetzung ausscheidender Mitglieder

(1) Stellt der Staatsgerichtshof fest, dass die Wahl eines/einer Abgeordneten ungültig ist oder dass ein Abgeordneter seinen Sitz im Landtag verloren hat oder erlischt das Mandat eines Abgeordneten, so veranlasst der Präsident die Feststellung der zur Nachfolge berufenen Person.

(2) Ein Verzicht auf die Mitgliedschaft kann nur von einem Abgeordneten selbst schriftlich gegenüber dem Präsidenten erklärt werden. Über den Eingang der Verzichterklärung hat der Präsident ein Protokoll aufzunehmen.

§ 8
Abgeordnetenausweis

Die Abgeordneten erhalten einen vom Präsidenten ausgestellten Ausweis, der für die Dauer der Mitgliedschaft gilt.

§ 8a
Offenlegung beruflicher Verhältnisse

Die als Anlage 1 beigefügten Regeln über die Offenlegung der beruflichen Verhältnisse der Abgeordneten sind Bestandteil dieser Geschäftsordnung.

III. Führung der Geschäfte

§ 9
Aufgaben des Präsidenten/der Präsidentin

(1) Der Präsident vertritt den Landtag und führt seine Geschäfte. Er führt sein Amt unparteiisch und gerecht.

(2) Der Präsident beruft die Sitzungen des Landtags ein und leitet sie. Er wahrt die Würde und die Rechte des Landtags und fördert in Zusammenarbeit mit den Fraktionen seine Organisation und Arbeit. Er hält die Ordnung aufrecht. In den Räumen des Landtags übt er das Hausrecht und die Polizeigewalt aus.

(3) Der Präsident hat in allen Ausschüssen beratende Stimme.

(4) Der Präsident ernennt die Beamten/Beamtinnen, Angestellten und Hilfskräfte des Landtags nach den Gesetzen und den allgemeinen Verwaltungsvorschriften. Die Landtagsverwaltung untersteht seiner Leitung. Von ihm oder seinem/seiner Beauftragten werden alle erforderlichen Verträge abgeschlossen. Im Rahmen des Haushaltsplans weist der Präsident die Einnahmen und Ausgaben an.

§ 10
Verkehr mit der Regierung

(1) Der dienstliche Verkehr des Landtags mit der Regierung, dem Rechnungshof und dem/der Landesbeauftragten für den Datenschutz obliegt dem Präsidenten.

(2) Das Ergebnis der Wahl des Präsidiums, Änderungen in der Zusammensetzung des Landtags, Beschlüsse zu Regierungsvorlagen und sonstige Beschlüsse, die eine Stellungnahme der Regierung erfordern, werden ihr vom Präsidenten mitgeteilt.

§ 11
Vertretung des Präsidenten

(1) Ist der Präsident verhindert, so vertritt ihn der stellvertretende Präsident. Sind mehrere Stellvertreter gewählt, so vertreten diese den Präsidenten in der Reihenfolge ihrer Wahl nach § 4 der Geschäftsordnung. Der Stellvertreter übernimmt die Aufgaben des Präsidenten in vollem Umfang.

(2) Bei vorübergehender Vertretung des Präsidenten während einer Sitzung beschränkt sich die Aufgabe des Stellvertreters auf die Leitung der Verhandlungen. Diese Aufgabe geht, falls der Präsident und seine Stellvertreter verhindert sind, auf den anwesenden ältesten Abgeordneten über.

§ 12
Schriftführer

(1) In den Sitzungen des Landtags bilden der amtierende Präsident und zwei Schriftführer den Sitzungsvorstand. Die Schriftführer unterstützen den Präsidenten bei der Leitung der Verhandlungen. Sie führen insbesondere die Rednerliste und nehmen den Namensaufruf vor.

(2) Sind die Schriftführer zu einer Sitzung nicht in ausreichender Zahl erschienen, so wird ihr Dienst, soweit erforderlich, von Abgeordneten versehen, die der Präsident zu Stellvertretern beruft.

§ 13
Aufgaben des Präsidiums

(1) Das Präsidium unterstützt den Präsidenten bei der Führung der parlamentarischen Geschäfte und bei der Verwaltung. Der Arbeitsplan des Landtags wird vom Präsidium festgestellt. In parlamentarischen Angelegenheiten entscheidet das Präsidium grundsätzlich in der Form der Verständigung.

(2) Das Präsidium stellt die Voranschläge für den Haushaltsplan des Landtags fest.

§ 14
Sitzungen des Präsidiums

(1) Der Präsident beruft die Sitzungen des Präsidiums ein. Er setzt die Tagesordnung fest und leitet die Verhandlungen.

(2) Das Präsidium muss einberufen werden, wenn mindestens drei seiner Mitglieder oder zwei Fraktionen es verlangen. Das Präsidium kann beraten, wenn die Hälfte seiner Mitglieder anwesend ist.

(3) Der Direktor/Die Direktorin beim Landtag nimmt an den Sitzungen des Präsidiums teil. Er fertigt eine Niederschrift, die der Präsident unterzeichnet.

§ 15 gestrichen

§ 16 gestrichen

IV. Fraktionen

§ 17
Bildung der Fraktionen

(1) Fraktionen sind Vereinigungen von mindestens sechs Abgeordneten, die der gleichen Partei angehören.

(2) Abgeordnete, die keiner Fraktion angehören, können sich einer Fraktion als ständige Gäste anschließen. Diese Gäste zählen bei der Feststellung der Zahl der Mitglieder einer Fraktion mit.

(3) Die Bezeichnung einer Fraktion, der Name ihres/ihrer Vorsitzenden sowie die Namen ihrer Mitglieder und ständigen Gäste werden dem Präsidenten schriftlich mitgeteilt.

(4) Die Reihenfolge der Fraktionen richtet sich nach der Zahl ihrer Mitglieder und ständigen Gäste. Bei gleicher Stärke entscheidet über die Reihenfolge die höhere Gesamtstimmenzahl der entsprechenden Partei bei der Landtagswahl.

§ 17a
Feststellung des Stärkeverhältnisses der Fraktionen

(1) Bei der Besetzung des Präsidiums, der Ausschüsse sowie bei der Wahl der Ausschussvorsitzenden und ihrer Stellvertreter/Stellvertreterinnen ist für die Feststellung des Stärkeverhältnisses der Fraktionen das Höchstzahlverfahren nach Sainte-Laguë/Schepers zugrunde zu legen. Soweit in den Gremien und Funktionen nach Satz 1 nach Inkrafttreten dieser Geschäftsordnung eine Nachbesetzung erforderlich wird, ist weiterhin das Höchstzahlverfahren nach d'Hondt anzuwenden.

(2) Soweit nicht ausdrücklich etwas anderes bestimmt oder unter den Fraktionen vereinbart ist, werden bei der Neubesetzung sonstiger Gremien des Landtags sowie außerparlamentarischer Gremien die Fraktionen nach ihrer Mitgliederzahl beteiligt. Dabei ist das Höchstzahlverfahren nach Sainte-Laguë/Schepers zugrunde zu legen. Das Ergebnis einer entsprechenden Wahl ist unter Beachtung dieses Verteilungsschlüssels festzustellen. Absatz 1 Satz 2 gilt entsprechend.

V. Ausschüsse

§ 18
Bestellung

(1) Zur Vorbereitung seiner Verhandlungen bestellt der Landtag Ausschüsse für die Dauer der Wahlperiode.

(2) Der Landtag bestellt den Ständigen Ausschuss nach Artikel 36 der Verfassung und den Ausschuss nach Artikel 62 der Verfassung.

(3) Für bestimmte Aufgaben können Sonderausschüsse bestellt werden.

(4) Die Ausschüsse können zur Vorbereitung ihrer Beschlüsse Unterausschüsse einsetzen.

§ 19
Zahl der Ausschussmitglieder

(1) Die Zahl der Mitglieder eines jeden Ausschusses wird vom Landtag festgelegt.

(2) Die Ausschussmitglieder und eine bis zu dreifache Zahl von Stellvertretern/Stellvertreterinnen werden nach den Vorschlägen der Fraktionen gewählt. Der Landtag kann bei einzelnen Ausschüssen eine andere Zahl von Stellvertretern festlegen.

(3) Bei der Besetzung der Ausschüsse sowie bei der Wahl der Ausschussvorsitzenden und ihrer Stellvertreter werden die Fraktionen nach ihrer Mitgliederzahl beteiligt.

(4) Die Abgeordneten können an Sitzungen von Ausschüssen, denen sie nicht angehören, als Zuhörer/Zuhörerinnen teilnehmen. Dies gilt nicht für die nichtöffentlichen Sitzungen der Untersuchungsausschüsse und für Beratungen von Ausschüssen, die aus Gründen der Sicherheit des Staates vom Ausschuss für geheimhaltungsbedürftig erklärt werden.

§ 19a
Ständiger Ausschuss nach Artikel 36 der Verfassung

(1) Der Ständige Ausschuss nach Artikel 36 der Verfassung wird vom Vorsitzenden/von der Vorsitzenden einberufen. Der Vorsitzende ist hierzu verpflichtet, wenn ein Viertel der Mitglieder des Ausschusses oder zwei Fraktionen oder die Regierung es verlangen.

(2) Die Beratungen des Ausschusses sind öffentlich. Die Öffentlichkeit wird ausgeschlossen, wenn der Ausschuss es auf Antrag eines Abgeordneten oder eines Mitglieds der Regierung mit einer Mehrheit von zwei Dritteln der anwesenden Abgeordneten beschließt. Über den Antrag wird in nichtöffentlicher Sitzung entschieden. Über geheimhaltungsbedürftige Beratungsgegenstände kann nur in nichtöffentlicher Sitzung beraten werden. Über den Ausschluss der Öffentlichkeit entscheidet der Ausschuss in diesem Falle mit einfacher Mehrheit.

(3) Im Übrigen richtet sich das Verfahren des Ausschusses nach den für den Landtag geltenden Bestimmungen. Können bestimmte Rechte nach diesen Bestimmungen nur von einer Mehrzahl von Abgeordneten ausgeübt werden, so können sie im Ausschuss von zwei Abgeordneten ausgeübt werden; ist die Ausübung von Rechten einem bestimmten Anteil der Mitglieder des Landtags vorbehalten, so können diese Rechte von dem entsprechenden Anteil der Mitglieder des Ausschusses ausgeübt werden.

§ 19b
Ausschuss nach Artikel 62 der Verfassung (Notparlament)

(1) Der Ausschuss nach Artikel 62 der Verfassung besteht aus 19 Mitgliedern und der gleichen Zahl von Stellvertretern/Stellvertreterinnen.

(2) Die Mitglieder des Ausschusses und die Stellvertreter haben sicherzustellen, dass sie im Falle eines Notstands jederzeit erreichbar sind.

(3) Der/Die Vorsitzende teilt zu Beginn der Sitzung mit, ob die Feststellung nach Artikel 62 Abs. 3 der Verfassung getroffen ist.

(4) Die Beratungen des Ausschusses sind nichtöffentlich. § 19 Abs. 4 und § 29 finden bei nichtöffentlichen Sitzungen keine Anwendung. Der Ausschuss kann Personen, die ihm nicht angehören, die Teilnahme an nichtöffentlichen Sitzungen gestatten. Der Ausschuss verhandelt öffentlich, wenn dies mit einer Mehrheit von zwei Dritteln der anwesenden Abgeordneten beschlossen wird.

(5) § 19a Abs. 1 und 3 findet auf den Ausschuss nach Artikel 62 der Verfassung Anwendung. Gesetzentwürfe und alle sonstigen Vorlagen werden in einer Beratung erledigt. § 42 Abs. 2 ist nicht anzuwenden.

(6) Der Ausschuss lässt sich in der Regel einmal jährlich von der Regierung über ihre Planungen für den Notstandsfall unterrichten.

§ 20
Geschäftsordnung

Für die Ausschüsse gilt, soweit nichts anderes bestimmt ist, die Geschäftsordnung des Landtags sinngemäß.

§ 21
Konstituierung der Ausschüsse

(1) Das älteste Mitglied des Ausschusses beruft dessen erste Sitzung ohne Verzug ein, veranlasst und leitet die Wahl des/der Vorsitzenden und führt die Geschäfte bis zur Übernahme durch den Vorsitzenden.

(2) Der Vorsitzende veranlasst sofort die Wahl seines Stellvertreters/ seiner Stellvertreterin. Der Vorsitzende und sein Stellvertreter sollen nicht der gleichen Fraktion angehören.

§ 22
Einberufung, Leitung und Bekanntgabe von Ausschusssitzungen

(1) Die Mitglieder werden zu den Ausschusssitzungen in der Regel schriftlich eingeladen. Sie sind einzuladen, wenn ein Viertel der Mitglieder des Ausschusses oder zwei Fraktionen dies verlangen.

(2) Der Vorsitzende leitet die Ausschusssitzung. Ist außer dem Vorsitzenden auch dessen Stellvertreter verhindert, so leitet das anwesende älteste Ausschussmitglied die Verhandlungen.

(3) Ort, Zeit und Tagesordnung der Ausschusssitzungen werden dem Präsidenten, dem Ministerpräsidenten/der Ministerpräsidentin, den beteiligten Ministern/Ministerinnen, dem Präsidenten/der Präsidentin des Rechnungshofs und dem Landesbeauftragten für den Datenschutz schriftlich mitgeteilt.

§ 23
Feststellung der Anwesenheit

(1) Die an der Sitzung teilnehmenden Ausschussmitglieder zeichnen sich in die Anwesenheitsliste ein.

(2) Die Vertreter/Vertreterinnen der Regierung melden sich beim Vorsitzenden unter Nennung des Namens ihrer Dienststelle und Beifügung ihrer Amtsbezeichnung an und zeichnen sich in eine besondere Anwesenheitsliste ein.

§ 24
Beschlussfassung

(1) Der Ausschuss ist beschlussfähig, wenn mehr als die Hälfte seiner Mitglieder anwesend ist.

(2) Bei der Abstimmung entscheidet die einfache Mehrheit. Bei Stimmengleichheit gilt der Antrag als abgelehnt.

§ 25
Niederschriften

(1) Über die Ausschusssitzungen – ausgenommen diejenigen des Petitionsausschusses – werden in der Regel von den Landtagsstenografen/Landtagsstenografinnen Niederschriften gefertigt. Sie werden vom Vorsitzenden unterzeichnet.

(2) Die Niederschrift muss mindestens enthalten: die Tagesordnung, die Namen der anwesenden Ausschussmitglieder, der Regierungsvertreter und der zugezogenen Sachverständigen, die gestellten Anträge, die gefassten Beschlüsse und bei der Beratung von Gesetzentwürfen den wesentlichen Inhalt der gemachten Ausführungen.

(3) Bei der Beratung von Gesetzentwürfen sowie in Ausnahmefällen bei der Beratung von Gegenständen von besonderer Bedeutung und Tragweite kann der Ausschuss die Anfertigung eines Wortprotokolls beschließen.

(4) Der Präsident erlässt mit Zustimmung des Ständigen Ausschusses des Landtags Richtlinien über die Behandlung der Niederschriften.

§ 26
Grenzen der Tätigkeit

(1) Die Ausschüsse beschließen über Gegenstände, die ihnen durch gesetzliche Vorschrift, vom Landtag oder vom Präsidenten auf Grund der Geschäftsordnung oder eines Beschlusses des Landtags zur Behandlung überwiesen werden. Kann ein Auftrag von einem Ausschuss nicht erledigt werden, so gibt er ihn an den Landtag zurück.

(2) Die Ausschüsse sind zu baldiger Erledigung der ihnen überwiesenen Aufgaben verpflichtet. Auf Antrag einer Fraktion kann der Landtag einen Ausschuss verpflichten, über den Stand der Beratungen einen Zwischenbericht zu erstatten oder einem Ausschuss eine Frist für die Erledigung des Gegenstandes setzen. Die Beratung eines solchen Antrags oder des Zwischenberichts gilt nicht als Beratung im Sinne des § 42 Abs. 1.

(3) Die Ausschüsse können auch andere Fragen aus ihrem Geschäftsbereich beraten und dem Landtag zur Entscheidung vorlegen. Ein Ersuchen nach Satz 1 ist bis spätestens am dritten Tag vor der Sitzung an den Vorsitzenden des Ausschusses zu richten. Das Ersuchen bedarf der Unterstützung durch mindestens ein Viertel der Mitglieder des Ausschusses oder durch zwei Fraktionen. Bei der Aufstellung oder der Erweiterung der Tagesordnung ist darauf zu achten, dass die Beratung der überwiesenen Gegenstände im Sinne der Absätze 1 und 2 gewährleistet bleibt.

(4) Als vorbereitende Beschlussorgane des Landtags haben die Ausschüsse im Rahmen der ihnen überwiesenen Geschäfte das Recht und die Pflicht, dem Landtag bestimmte Beschlüsse zu empfehlen. Der Landtag kann mit einer Mehrheit von zwei Dritteln der abgegebenen Stimmen einen Ausschuss zur abschließenden Erledigung eines bestimmten Gegenstandes ermächtigen, soweit nach der Verfassung nicht eine Entscheidung des Landtags erforderlich ist.

§ 26a
Behandlung geheim zu haltender Prüfungsbemerkungen

Der Präsident übergibt Bemerkungen nach § 97 Abs. 4 der Landeshaushaltsordnung dem Vorsitzenden des für die Rechnungsprüfung zuständigen Unterausschusses oder des im Haushaltsplan bestimmten Ausschusses. Grundlage für die Entlastung der Regierung sind insoweit die Erklärungen des Ausschusses und des Rechnungshofs.

§ 27 [1)]
Berichterstattung

(1) Für jeden Beratungsgegenstand bestellt der Ausschuss einen/eine oder mehrere Berichterstatter/Berichterstatterinnen. Bei selbstständigen Anträgen soll der Berichterstatter nicht derselben Fraktion wie der oder die Antragsteller angehören.

(2) Der Bericht an den Landtag ist schriftlich zu erstatten. Der Ausschuss kann mündliche Berichterstattung beschließen.

(3) Der Bericht soll in möglichst knapper Fassung den Verlauf der Beratung im Ausschuss sowie die Anträge und die Beschlüsse sachlich und übersichtlich wiedergeben. Haben sich bei Ausschussverhandlungen bedeutsame gegensätzliche Auffassungen ergeben, so kann der Ausschuss die Erstattung eines Minderheitsberichts beschließen. Änderungsanträge, über die in den Ausschussberatungen entschieden worden ist, werden dem Ausschussbericht angeschlossen.

(4) Namen von Ausschussmitgliedern werden bei der Berichterstattung nur genannt, wenn es sich um Antragsteller/Antragstellerinnen handelt.

§ 28
Geschäftliche Behandlung

(1) Die Anträge werden vom Berichterstatter und vom Vorsitzenden unterzeichnet.

(2) Anträge und schriftliche Berichte des Ausschusses werden dem Präsidenten zugeleitet.

§ 29
Teilnahme mit beratender Stimme

Vom Zeitpunkt der Beratung eines Antrags ist der Antragsteller, bei Anträgen mit mehreren Unterschriften der Erstunterzeichner (die Erstunterzeichnerin), wenn er nicht Mitglied des Ausschusses ist, schriftlich zu benachrichtigen. Während der Behandlung seines Antrags hat er oder ein Abgeordneter, den er mit seiner Vertretung beauftragt, beratende Stimme.

§ 30
Zuziehung von Sachverständigen

(1) Der Ausschuss kann Sachverständige mit beratender Stimme zuziehen.

---

1) Zum Verfahren der Berichterstattung ist vom Ältestenrat folgende Regelung festgelegt: Bei Gesetzentwürfen und Haushaltsvorlagen (Haushaltsgesetz, Haushaltsplan, Nachtragshaushalte) erstellt der Stenografische Dienst über die Ausschussberatung ein Inhaltsprotokoll (vgl. § 25 Abs. 2 GeschO). Das Protokoll wird dem Berichterstatter als Grundlage für die Anfertigung des Berichts zur Verfügung gestellt. Die Schreibarbeiten für den Berichterstatter und sonstige technische Hilfen übernimmt das jeweilige Ausschussbüro. Bei den Ausschussberatungen über sonstige Beratungsgegenstände fertigt der Stenografische Dienst einen Berichtsentwurf. Der Bericht wird zur Unterschrift dem Berichterstatter zugeleitet, der für den Bericht verantwortlich zeichnet. Über die Ausschussberatung wird in solchen Fällen nur ein Ergebnisprotokoll erstellt. Jedoch kann der Ausschuss in Fällen von besonderer Bedeutung zu Beginn der Beratung die Anfertigung eines Inhaltsprotokolls beschließen. Der Bericht wird zusammen mit der Beschlussempfehlung des Ausschusses in einer Landtagsdrucksache veröffentlicht. Diese Grundsätze gelten entsprechend für den Bericht eines mitberatenden Ausschusses an den federführenden Ausschuss, sofern im federführenden Ausschuss nicht mündlich berichtet wird.

(2) Erwachsen aus der Zuziehung von Sachverständigen Kosten, die nicht nur Reisekosten innerhalb der Bundesrepublik umfassen, so ist vor der Bestellung die Zustimmung des Präsidenten einzuholen. Bei Meinungsverschiedenheiten entscheidet das Präsidium.

§ 31
Teilnahme von Ministern/Ministerinnen

Der Ausschuss kann die Anwesenheit eines jeden Mitglieds der Regierung verlangen.

§ 31a
Teilnahme von Mitgliedern des Rechnungshofs und des/der Landesbeauftragten für den Datenschutz

(1) Die Mitglieder des Rechnungshofs sowie der Landesbeauftragte für den Datenschutz haben im Rahmen ihrer gesetzlichen Aufgaben Zutritt zu den Sitzungen der Ausschüsse und können gehört werden.

(2) Die Ausschüsse können die Anwesenheit des Präsidenten des Rechnungshofs oder des zuständigen Mitglieds verlangen, wenn im Ausschuss Fragen behandelt werden, zu denen der Landtag nach § 88 Abs. 3 der Landeshaushaltsordnung eine gutachtliche Äußerung oder nach § 99 Satz 2 der Landeshaushaltsordnung einen Bericht verlangt hat. Entsprechend kann die Anwesenheit des Landesbeauftragten für den Datenschutz verlangt werden, wenn im Ausschuss der jährliche Tätigkeitsbericht oder Fragen behandelt werden, zu denen der Landtag nach § 16 Abs. 2 Satz 1 des Landesdatenschutzgesetzes ein Gutachten oder einen Bericht angefordert hat.

§ 31b
Teilnahme der Zusammenschlüsse der Gemeinden und Gemeindeverbände

(1) Die Zusammenschlüsse der Gemeinden und Gemeindeverbände haben, soweit ihre Anhörung nach der Verfassung oder auf Grund einer gesetzlichen Bestimmung geboten ist, Zutritt zu den Sitzungen der Ausschüsse und können gehört werden.

(2) Die Regelung des § 50 a Absatz 3 und 6 bleibt unberührt.

§ 32
Nichtöffentlichkeit der Ausschussberatungen

(1) Die Beratungen der Ausschüsse sind in der Regel nichtöffentlich. Öffentlich ist zu tagen

1. bei der Besprechung Großer Anfragen gemäß § 63a;

2. bei der Behandlung von Fraktionsanträgen ohne vorherige

Besprechung im Plenum nach § 54 Abs. 5, wenn das Präsidium dies beschließt;

3. wenn dies der Ausschuss mit Mehrheit beschließt oder auf Antrag von zwei Fraktionen.

(2) Die Ausschüsse können beschließen, öffentliche Anhörungen von Sachverständigen, Interessenvertretern und anderen Auskunftspersonen zur Information über einen Beratungsgegenstand durchzuführen. Mit einer Mehrheit von zwei Dritteln der anwesenden Abgeordneten kann bestimmt werden, dass die Anhörung nichtöffentlich stattfindet. Der Ausschuss kann in eine allgemeine Aussprache mit den Auskunftspersonen eintreten, soweit dies zur Klärung des Sachverhalts erforderlich ist.

(3) Über die Ausschussverhandlungen sind Mitteilungen in der Presse zulässig. Namen der Redner/Rednerinnen dürfen hierbei nicht genannt werden.

(4) Die Ausschüsse können für einen Beratungsgegenstand oder für Teile desselben im Interesse des öffentlichen Wohls einen Geheimhaltungsgrad beschließen.

(5) Der Präsident wird ermächtigt, mit Zustimmung des Ständigen Ausschusses des Landtags die Vorschriften, die für den Schutz der Geheimhaltung und für den Datenschutz erforderlich sind, zu erlassen.

VI. Untersuchungsausschüsse und Enquetekommissionen

§ 33
Einsetzungsantrag für Untersuchungsausschüsse

Anträge auf Einsetzung eines Untersuchungsausschusses bedürfen der Unterzeichnung durch fünf Abgeordnete oder durch eine Fraktion. Im Übrigen gelten die Vorschriften des Untersuchungsausschussgesetzes.

§ 34
Einsetzung, Zusammensetzung und Verfahren der Enquetekommissionen

(1) Zur Vorbereitung von Entscheidungen über umfangreiche und bedeutsame Sachverhalte kann der Landtag eine Enquetekommission einrichten. Er ist dazu verpflichtet, wenn dies von einem Viertel der Mitglieder des Landtags oder von zwei Fraktionen beantragt wird. Der Einsetzungsbeschluss muss den Auftrag der Kommission genau bestimmen.

(2) Der Enquetekommission können auch sachverständige Personen angehören, die nicht Mitglieder des Landtags sind.

(3) Der Landtag legt die Stärke der Kommission und den Anteil der Personen fest, die nicht dem Landtag angehören; ihre Zahl darf nicht überwiegen. Die Abgeordneten und eine gleiche Zahl von Stellvertretern/Stellvertreterinnen werden vom Landtag nach den Vorschlägen der Fraktionen gewählt, wobei die Fraktionen nach ihrem Stärkeverhältnis beteiligt werden. Die übrigen Mitglieder werden im Einvernehmen mit den Fraktionen vom Landtag gewählt; wird kein Einvernehmen erzielt, werden die Mitglieder von den Fraktionen im Verhältnis ihrer Stärke zur Wahl vorgeschlagen.

(4) Die Kommission wählt einen Vorsitzenden (eine Vorsitzende), der Abgeordneter sein muss. Im Übrigen finden die Vorschriften über die Ausschüsse sinngemäß Anwendung.

(5) Die Enquetekommission erstattet dem Landtag einen abschließenden schriftlichen Bericht. Der Landtag kann jederzeit einen Zwischenbericht verlangen.

§ 35 gestrichen

VII. Landtag und Regierung

§ 36
Auskunft und Akteneinsicht

Der Präsident ersucht die Regierung um die Auskünfte und die Akten, die der Landtag oder ein Ausschuss zur Erledigung seiner Aufgaben für erforderlich hält.

§ 37
Unterrichtung über die Erledigung der Landtagsbeschlüsse.

(1) Die Regierung berichtet dem Landtag innerhalb von sechs Monaten schriftlich über die Ausführung seiner Beschlüsse. Der Landtag kann eine andere Frist bestimmen.

(2) Binnen vier Wochen nach Verteilung der Mitteilung der Regierung an die Mitglieder des Landtags kann jeder Abgeordnete dem Präsidenten schriftlich zur Kenntnis bringen, dass bestimmte Beschlüsse des Landtags nicht als erledigt angesehen werden können oder dass die Auskünfte der Regierung unvollständig sind. Solche Beanstandungen werden der Regierung übermittelt.

(3) Die Antworten der Regierung werden dem Landtag bekannt gegeben; sie werden auf die Tagesordnung gesetzt, wenn eine Fraktion

oder zehn Abgeordnete binnen vier Wochen, nachdem die Antworten bekannt gegeben worden sind, es schriftlich verlangen.

(4) Berichte der Regierung nach § 114 Abs. 4 Satz 1 der Landeshaushaltsordnung werden vom Präsidenten dem zuständigen Ausschuss überwiesen. Der Ausschuss kann dem Landtag einen Antrag vorlegen, wenn er der Auffassung ist, dass Maßnahmen nicht zu dem beabsichtigten Erfolg geführt haben. Diese Befugnis steht dem Ausschuss auch dann zu, wenn die Regierung nicht zu dem vom Landtag bestimmten Termin berichtet hat.

§ 37a
Erfolgskontrolle bei Landtagsbeschlüssen

(1) Jeder Bericht nach § 37 Abs. 1 wird mit dem zugrunde liegenden Landtagsbeschluss verteilt.

(2) Jede Fraktion kann verlangen, dass ein solcher Bericht durch den Präsidenten dem zuständigen Ausschuss überwiesen wird. Der Ausschuss kann dem Landtag erneut eine Beschlussempfehlung zu der Angelegenheit vorlegen, wenn er den früheren Landtagsbeschluss nicht für erledigt hält.

(3) In gleicher Weise kann die erneute Befassung des Ausschusses verlangt und vom Ausschuss eine neue Empfehlung dem Plenum vorgelegt werden, wenn die Regierung zu einem Landtagsbeschluss nicht fristgerecht berichtet hat.

§ 38
Herbeirufung von Ministern

(1) Der Landtag kann die Anwesenheit eines jeden Mitglieds der Regierung verlangen.

(2) Der Antrag, ein Mitglied der Regierung herbeizurufen, bedarf der Unterstützung durch fünf Mitglieder.

VIII. Unterrichtung der Abgeordneten

§ 39
Arbeitsunterlagen

(1) Erstmals eintretende Abgeordnete erhalten je eine Ausgabe des Grundgesetzes, der Landesverfassung, der Geschäftsordnung und der Bestimmungen über die Entschädigung der Mitglieder des Landtags.

(2) Alle Drucksachen des Landtags werden an die Abgeordneten verteilt.

§ 40
Akteneinsicht und Aktenbenützung

(1) Jeder Abgeordnete ist berechtigt, alle Akten einzusehen, die sich beim Landtag oder einem Ausschuss befinden. Die Arbeiten des Landtags, seiner Ausschüsse, der Ausschussvorsitzenden und der Berichterstatter dürfen durch die Akteneinsicht nicht behindert werden.

(2) Zur Benützung außerhalb des Landtagsgebäudes werden Akten nur an die Vorsitzenden und Berichterstatter der Ausschüsse abgegeben. In besonderen Fällen kann der Präsident Ausnahmen zulassen.

(3) Für geheimhaltungsbedürftige Akten gelten die auf Grund von § 32 Absatz 5 erlassenen Vorschriften.

(4) Dritten ist die Einsicht in Akten des Landtags nur mit Genehmigung des Präsidenten gestattet.

§ 41
Informationsdienst

Der Informationsdienst des Landtags (Parlamentsarchiv, Parlamentsdokumentation, Parlamentsbibliothek und Datenverarbeitung) steht jedem Abgeordneten zur Verfügung. Die vom Präsidenten für die Benützung erlassenen Bestimmungen sind einzuhalten.

IX. Vorlagen

§ 42
Beratungsverfahren

(1) Gesetzentwürfe zur Änderung der Landesverfassung und Haushaltsvorlagen werden in drei Beratungen erledigt; sonstige Gesetzentwürfe werden in zwei Beratungen erledigt, sofern nicht der Landtag in Erster Lesung beschließt, drei Beratungen durchzuführen. Alle anderen Vorlagen und Anträge sowie Staatsverträge, soweit sie nicht der Zustimmung in der Form des Gesetzes bedürfen, werden in der Regel in einer Beratung erledigt.

(2) Die Beratung beginnt, wenn der Landtag nichts anderes beschließt, frühestens am dritten Tag nach Verteilung der Drucksachen an die Fraktionsgeschäftsstellen.

§ 43
Erste Beratung

(1) Bei der Ersten Beratung von Gesetzentwürfen, Haushaltsvorlagen und Staatsverträgen werden nur die Grundsätze der Vorlage besprochen.

(2) Änderungsanträge zu Gesetzentwürfen sind nicht vor Schluss der Ersten Beratung, zu Staatsverträgen überhaupt nicht zulässig.

(3) Am Schluss der Ersten Beratung beschließt der Landtag, ob die Angelegenheit einem Ausschuss überwiesen werden soll. In besonderen Fällen kann die Überweisung an mehrere Ausschüsse erfolgen, wobei ein Ausschuss als federführend zu bestimmen ist.

(4) In der Ersten Beratung findet keine andere Abstimmung statt.

§ 44
Verweisung an einen Ausschuss

(1) Regierungsvorlagen, die keiner Beschlussfassung bedürfen (Denkschriften, Nachweisungen u. ä.), kann der Präsident mit Zustimmung des Landtags an einen Ausschuss verweisen, ohne sie auf die Tagesordnung zu setzen. Gleiches gilt für Berichte und Gutachten des Rechnungshofs oder des Landesbeauftragten für den Datenschutz mit der Maßgabe, dass sie an den zuständigen Ausschuss überwiesen werden; der zuständige Ausschuss kann mit Zustimmung des Präsidenten die Stellungnahme anderer Ausschüsse zu einzelnen Teilen eines Berichts oder Gutachtens einholen. Anträge von Abgeordneten (§ 54 Abs. 1) zu Angelegenheiten, die in einem Bericht oder Gutachten des Rechnungshofs oder des Landesbeauftragten für den Datenschutz behandelt werden, werden während der Beratungen der Vorlage unmittelbar an den damit befassten Ausschuss überwiesen. § 29 findet entsprechend Anwendung.

(2) Anträge zu Haushaltsvorlagen von einzelnen Abgeordneten, die nicht dem Finanzausschuss angehören, werden unmittelbar an diesen Ausschuss überwiesen. § 29 findet entsprechend Anwendung.

(3) Ersuchen in Immunitätsangelegenheiten sind vom Präsidenten unmittelbar an den zuständigen Ausschuss zu überweisen.

§ 45
Zweite Beratung

(1) Die Zweite Beratung beginnt frühestens am zweiten Tag nach Schluss der Ersten Beratung oder, wenn eine Ausschussberatung stattgefunden hat, frühestens am zweiten Tag nach der Verteilung des Ausschussantrags.

(2) Es findet zuerst eine allgemeine Aussprache statt. Fand eine Ausschussberatung statt, so erhält vor der Einzelberatung auf dessen Verlangen zunächst der Berichterstatter das Wort; auf Verlangen ist ihm auch während der Beratung vor anderen Mitgliedern das Wort zu erteilen.

(3) [aufgehoben].

(4) Liegen Ausschussanträge vor, so bilden diese die Grundlage für die Zweite Beratung. Änderungsanträge können, solange die Beratung nicht geschlossen ist, von jedem Mitglied schriftlich gestellt werden. Sie werden, solange sie nicht vervielfältigt sind, vom Präsidenten verlesen.

(5) Die Zweite Beratung wird über jede Einzelbestimmung und über die Abschnittsüberschriften der Reihenfolge nach eröffnet und geschlossen. Nach Schluss der Beratung wird abgestimmt. Die Reihenfolge kann vom Landtag geändert, mehrere Einzelbestimmungen können verbunden oder Teile von Einzelbestimmungen getrennt zur Beratung und Abstimmung gestellt werden.

(6) Bei Ablehnung aller Teile einer Vorlage in der Zweiten Beratung findet keine weitere Beratung oder Abstimmung statt.

§ 46
Zusammenstellung der Beschlüsse

(1) Bei der Zweiten Beratung beschlossene Änderungen lässt der Präsident zusammenstellen und vervielfältigen.

(2) Die Beschlüsse der Zweiten Beratung bilden die Grundlage für die Dritte Beratung.

§ 47
Dritte Beratung

(1) Die Dritte Beratung wird frühestens zwei Tage nach Verteilung der in der Zweiten Beratung gefassten Beschlüsse oder, wenn die Vorlage aus der Zweiten Beratung unverändert hervorgegangen ist, frühestens am Tage nach der Zweiten Beratung vorgenommen. Sie beginnt mit einer Allgemeinen Aussprache über die Grundsätze der Vorlage.

(2) Änderungsanträge zur Dritten Beratung müssen von mindestens fünf Mitgliedern unterzeichnet, dem Präsidenten schriftlich eingereicht und vor der Abstimmung vervielfältigt und verteilt werden; Änderungsanträge zur Dritten Beratung des Haushaltsgesetzes oder eines Nachtragshaushaltsgesetzes müssen von einer Fraktion unterzeichnet sein. Über Änderungsanträge wird bei den einzelnen Bestimmungen abgestimmt.

§ 47a
Vereinfachtes Verfahren für Nachtragshaushaltsgesetze

(1) Der Präsident kann im Einvernehmen mit den Fraktionen den Entwurf eines Nachtragshaushaltsgesetzes unmittelbar an den Finanzausschuss überweisen. Dieser führt unverzüglich die Beratung der Vorlage durch.

(2) Liegt die Beschlussempfehlung des Ausschusses vor, so wird die Vorlage auf die Tagesordnung der nächsten Sitzung des Landtags

genommen. Auf die weitere Behandlung der Vorlage finden die Vorschriften der §§ 45 bis 47, 48 bis 50 entsprechend Anwendung.

(3) Vor der Einwilligung in über- und außerplanmäßige Ausgaben und Verpflichtungsermächtigungen, die nicht nach § 37 Abs. 1 der Landeshaushaltsordnung vom Erfordernis einer parlamentarischen Nachtragsbewilligung ausgenommen sind, fragt der Finanzminister/die Finanzministerin beim Präsidenten an, ob der Landtag rechtzeitig über eine Bewilligung in der Form eines Nachtragshaushalts entscheiden kann.

§ 48
Verweisung an einen Ausschuss

Eine Vorlage oder Teile einer solchen können bei der Dritten Beratung, auch soweit sie bereits erledigt sind, auf Antrag von mindestens zehn Mitgliedern durch Beschluss des Landtags an einen Ausschuss verwiesen oder zurückverwiesen werden, solange nicht über die letzte Einzelbestimmung abgestimmt ist.

§ 49
Schlussabstimmung

Am Schluss der letzten Beratung wird über die Vorlage im ganzen abgestimmt. Blieb die Vorlage unverändert, so kann die Schlussabstimmung sofort vorgenommen werden, wurden Änderungen beschlossen, so setzt der Präsident auf Antrag von fünf Mitgliedern die Schlussabstimmung bis zur Verteilung der gefassten Beschlüsse aus.

§ 49a
Entschließungen zu Gesetzentwürfen

(1) Entschließungsanträge zu Gesetzentwürfen müssen von mindestens fünf Abgeordneten oder einer Fraktion unterzeichnet sein.

(2) Über Entschließungsanträge wird in der Regel nach der Schlussabstimmung abgestimmt. Über Entschließungen zu Teilen des Haushaltsplans wird in der Regel während der Zweiten Beratung abgestimmt.

§ 50
Änderung der Fristen

Die Frist zwischen der Ersten und der Zweiten Beratung kann bei Feststellung der Tagesordnung durch Beschluss des Landtags verkürzt werden. Gleiches gilt für die Frist zwischen Zweiter und Dritter Beratung eines Nachtragshaushaltsgesetzes. Andere Fristen können, wenn fünf Abgeordnete widersprechen, nicht verkürzt oder aufgehoben werden. Drei Beratungen können nur dann in einer Sitzung vorgenommen werden, wenn kein Abgeordneter widerspricht. Der Widerspruch gegen die Dritte Beratung kann noch bei ihrem Aufruf angebracht werden.

§ 50 a
Anhörung zu Gesetzentwürfen

(1) Ist bei einem Gesetzentwurf der Regierung eine Anhörung nach der Verfassung oder aufgrund einer gesetzlichen Bestimmung geboten, so findet die Erste Beratung erst statt, wenn der Landtag über das Ergebnis der Anhörung unterrichtet worden ist.

(2) Ist bei einem Gesetzentwurf von Abgeordneten eine Anhörung nach der Verfassung oder aufgrund einer gesetzlichen Bestimmung geboten, so entscheidet der Präsident im Einvernehmen mit den Antragstellern, in welcher Form die Anhörung vorzunehmen ist, und unterrichtet den Landtag über das Anhörungsergebnis; in Ausnahmefällen kann der Präsident im Einvernehmen mit dem Präsidium die Entscheidung über die Durchführung der Anhörung zurückstellen. Die Ausschussberatung beginnt in der Regel erst, wenn das Ergebnis der Anhörung dem Landtag vorliegt.

(3) Ein Ausschuss kann zusätzlich zu einer Anhörung nach Absatz 1 oder Absatz 2 eine mündliche oder schriftliche Anhörung durchführen. In jedem Fall ist den Zusammenschlüssen der Gemeinden und Gemeindeverbände auf Verlangen Gelegenheit zur mündlichen Stellungnahme vor dem Ausschuss zu geben, wenn ein Gesetzentwurf beraten wird, bei dem nach der Verfassung eine Anhörung geboten ist; dies gilt unabhängig davon, ob bereits eine schriftliche Stellungnahme erfolgt ist. Diese Anhörung findet in der Regel nichtöffentlich statt. § 32 Abs. 1 bleibt unberührt.

(4) Wird ein Gesetzentwurf, zu dem bereits eine Anhörung nach Absatz 1 oder Absatz 2 stattgefunden hat, im Laufe der Gesetzesberatungen wesentlich verändert, so ist eine erneute Anhörung vorzunehmen, sofern die vorgesehene Regelung nicht bereits Gegenstand einer früheren Anhörung war. Die Anhörung ist auf Ersuchen des Landtags oder eines Ausschusses von der Regierung oder von einem Ausschuss mündlich oder schriftlich durchzuführen.

(5) Führt ein Ausschuss eine mündliche Anhörung durch, so findet § 32 Abs. 2 Anwendung.

(6) Die Vertreter der Zusammenschlüsse der Gemeinden und Gemeindeverbände haben bei Gesetzesberatungen in wesentlichen Fragen der Finanzverteilung zwischen Land und Kommunen Zutritt zu den nichtöffentlichen Ausschusssitzungen und werden gehört.

§ 50 b
Verfahren nach Artikel 82 Abs. 2 der Verfassung

Hat die Regierung gemäß Artikel 82 Abs. 2 Satz 1 der Verfassung die Aussetzung der Beschlussfassung verlangt, so kann die Beschlussfassung frühestens nach Verteilung der Stellungnahme der Regierung oder, falls diese nicht oder nicht fristgerecht eingeht, sechs Wochen nach Zugang des Aussetzungsverlangens beim Präsidenten erfolgen; im erstgenannten Falle gilt § 42 Abs.2 entsprechend.

§ 50 c
Gesetzgebungsverfahren des Landtags im Notstand

Bezeichnet die Regierung einen Gesetzentwurf wegen eines Notstands im Sinne des Artikels 62 Abs. 1 Satz 1 der Verfassung als dringlich, so beruft der Präsident den Landtag unverzüglich ein. Der dringliche Gesetzentwurf wird in einer Beratung erledigt. Die Beratung kann zum Zweck der Beratung in einem Ausschuss unterbrochen werden.

§ 50 d
Volksbegehren

(1) Die durch Volksbegehren eingebrachte Vorlage wird durch unveränderte Annahme oder durch Ablehnung erledigt. Beschließt der Landtag eine Änderung der Vorlage, so ist das Volksbegehren abgelehnt. Die geänderte Vorlage ist der eigene Gesetzentwurf des Landtags im Sinne des Artikels 60 Abs. 1 Satz 2 der Verfassung.

(2) Die durch Volksbegehren eingebrachte Vorlage wird entsprechend den Vorschriften dieses Abschnitts behandelt.

(3) Die durch Volksbegehren eingebrachte Vorlage wird in der Regel innerhalb von drei Monaten nach der Unterbreitung erledigt.

§ 51
Unerledigte Gegenstände

Am Ende der Wahlperiode oder im Fall der Auflösung des Landtags gelten alle Vorlagen, Anträge und Anfragen als erledigt. Dies gilt nicht für Regierungsvorlagen, die keiner Beschlussfassung bedürfen, für Berichte und Gutachten des Rechnungshofs, für Regierungsvorlagen im Entlastungsverfahren und zu Berichten und Gutachten des Rechnungshofs sowie für Berichte und Gutachten des Landesbeauftragten für den Datenschutz. Petitionen müssen vom neu gewählten Landtag weiterbehandelt werden. Die Beratung einer durch Volksbegehren eingebrachten Vorlage, die dem Landtag von der Regierung unterbreitet und nicht erledigt worden ist, wird vom neu gewählten Landtag neu aufgenommen.

X. Anträge von Abgeordneten

§ 52
Form der Anträge

(1) Anträge von Abgeordneten werden beim Präsidenten schriftlich eingebracht. Sie beginnen mit den Worten: „Der Landtag wolle beschließen" und werden so gefasst, wie sie zum Beschluss erhoben werden sollen.

(2) Anträge können, soweit in dieser Geschäftsordnung nichts anderes bestimmt ist, von jedem Abgeordneten gestellt werden.

(3) Gegen den Willen des Antragstellers können Anträge, die nicht lediglich ein Berichtsersuchen enthalten und den Fraktionen spätestens eine Woche vor der Sitzung mitgeteilt worden sind, nicht für erledigt erklärt oder der Regierung als Material überwiesen werden. Der Widerspruch kann vom Erstunterzeichner oder von einem von ihm beauftragten Abgeordneten vor Beginn der Abstimmung eingelegt werden.

(4) Die Ausschüsse können zu unselbstständigen Anträgen (Änderungsanträge zu überwiesenen Beratungsgegenständen) nur beschließen, einen solchen Antrag anzunehmen oder abzulehnen. Eine Erledigterklärung oder Materialüberweisung an die Regierung ist nicht zulässig; Absatz 3 findet keine Anwendung.

§ 53
Gesetzentwürfe

(1) Ein Antrag, der einen Gesetzentwurf enthält, bedarf der Unterzeichnung durch acht Abgeordnete oder durch eine Fraktion.

(2) Gesetzentwürfe sind mit einer Begründung zu versehen.

§ 54
Selbstständige Anträge, die keinen Gesetzentwurf enthalten

(1) Selbstständige Anträge, die keinen Gesetzentwurf enthalten, bedürfen der Unterzeichnung durch fünf Abgeordnete oder durch eine Fraktion[1]. Sie sind in der Regel schriftlich zu begründen.

(2) Hält der Präsident einen Antrag für unzulässig, legt er ihn zunächst dem Präsidium mit seinen begründeten Bedenken vor. Über die Zulässigkeit entscheidet das Präsidium. Die Antragsteller können gegen die Entscheidung des Präsidiums einen Beschluss des Landtags über die Zulässigkeit verlangen.

---

[1] Berichtsanträge sollen i. d. R. nicht mehr als 10 Berichtspunkte enthalten (vgl. Richtschnurbeschluss des Landtags vom 19. Juni 2002 zu Drs. 13/1004 Abschnitt II Ziffer 2).

(3) Anträge zu Angelegenheiten, für die die Regierung unmittelbar oder mittelbar verantwortlich ist, leitet der Präsident der Regierung zu, die innerhalb von drei Wochen zu dem Antrag Stellung nimmt[1]. Die Stellungnahme der Regierung wird vom Präsidenten dem Erstunterzeichner übermittelt und als Drucksache verteilt. Verlangt einer der Antragsteller oder eine Fraktion nicht innerhalb von drei Wochen – gerechnet vom Ausgabedatum der Drucksache – gegenüber dem Präsidenten eine Weiterbehandlung des Antrags, so gilt der Antrag als durch die Stellungnahme der Regierung erledigt.

(4) Anträge, die nicht nach Absatz 3 erledigt sind, werden vom Präsidenten dem zuständigen Ausschuss überwiesen. Anträge, zu denen die Regierung innerhalb von drei Wochen keine Stellungnahme abgegeben hat, überweist der Präsident auf Verlangen eines der Antragsteller dem zuständigen Ausschuss. Die Ausschussanträge werden mindestens einmal monatlich in eine Sammeldrucksache aufgenommen und auf die Tagesordnung einer Sitzung des Landtags gesetzt. Grundlage der Beschlussfassung des Landtags ist der Antrag des Ausschusses. Ausschussanträge können an den Ausschuss zurückverwiesen oder an einen anderen Ausschuss verwiesen werden.

(5) Anträge, die von einer Fraktion gestellt sind, werden in den Fällen des Absatzes 4 Satz 1 und 2 auf Verlangen dieser Fraktion ohne vorherige Behandlung in einem Ausschuss auf die Tagesordnung einer Sitzung des Landtags gesetzt.

(6) Anträge im Sinne der Absätze 1, 2 und 5 sind auch selbstständige Entschließungsanträge.

§ 55
Misstrauensanträge

Ein Antrag, dem Ministerpräsidenten das Vertrauen zu entziehen, bedarf der Unterstützung durch ein Viertel der Mitglieder des Landtags oder durch zwei Fraktionen. Er kann nur in der Weise gestellt werden, dass dem Landtag ein namentlich benannter Kandidat (Kandidatin) als Nachfolger zur Wahl vorgeschlagen wird. Anträge, die diesen Voraussetzungen nicht entsprechen, werden nicht auf die Tagesordnung einer Sitzung des Landtags gesetzt.

§ 56
Antrag auf Entlassung eines Ministers

Ein Antrag auf Entlassung eines Ministers bedarf der Unterstützung durch ein Viertel der Mitglieder des Landtags oder durch zwei Fraktionen.

---

1) Diese Anträge werden zusammen mit der Stellungnahme der Regierung gedruckt (Beschluss des Ältestenrates vom 28. Januar 1982).

§ 57
Dringliche Anträge

(1) Dringliche Anträge werden auf die Tagesordnung der nächsten Sitzung gesetzt.

(2) Dringlich sind Anträge,

1. die Immunität eines Abgeordneten aufzuheben,

2. dem Ministerpräsidenten das Vertrauen zu entziehen,

3. einen Minister zu entlassen,

4. einen Untersuchungsausschuss einzusetzen.

(3) Andere Anträge können vom Präsidium durch einmütigen Beschluss oder vom Landtag für dringlich erklärt werden. Dies gilt nicht für Anträge zu Angelegenheiten, die in Form eines Antrags oder einer Großen Anfrage bereits Gegenstand der Beratungen im Landtag sind, sofern nicht inzwischen neue wesentliche Tatsachen, welche die Dringlichkeit begründen, eingetreten sind. Voraussetzung für die Dringlicherklärung eines Antrags ist, dass im üblichen Verfahren (§ 54) eine rechtzeitige Entscheidung des Landtags über einen solchen Antrag nicht erreichbar ist. Stellt das Präsidium die Dringlichkeit fest, sind die Anträge in der nächsten Sitzung zu behandeln. Werden die Anträge durch den Landtag für dringlich erklärt, sind sie in der gleichen Sitzung zu behandeln. § 42 Absatz 2 findet keine Anwendung.

(4) Anträge, deren Dringlicherklärung beantragt wird, leitet der Präsident der Regierung unverzüglich zur Stellungnahme gemäß § 54 Abs. 3 zu. Wird die Dringlichkeit vom Präsidium oder vom Landtag vor Ablauf der Drei-Wochen-Frist festgestellt, sieht die Regierung von einer schriftlichen Stellungnahme zu dem Antrag ab.

XI. Anfragen und Aktuelle Debatte

§ 58
Fragestunde

(1) Jeder Abgeordnete ist berechtigt, kurze Mündliche Anfragen an die Regierung zu richten, die von der Regierung möglichst kurz beantwortet werden sollen. Hierzu soll je nach Bedarf, mindestens jedoch einmal im Monat, eine Stunde eines vom Präsidium vorzuschlagenden Sitzungstages zur Verfügung stehen. Die Fragestunde findet im Anschluss an die Mittagspause des betreffenden Sitzungstages statt, bei mehreren Sitzungstagen einer Sitzungswoche am zweiten Sitzungstag.

(2) Die Einzelheiten des Verfahrens der Fragestunde sind in den als Anlage 2 beigefügten Richtlinien geregelt.

§ 58 a
Regierungsbefragung

(1) Bei mehreren Sitzungstagen in einer Plenarsitzungswoche findet am ersten Tag im Anschluss an die Mittagspause eine Befragung der Landesregierung statt. Die Abgeordneten können Fragen von aktuellem Interesse an die Landesregierung im Rahmen ihrer Verantwortlichkeit richten.

(2) Die Befragung dauert in der Regel 60 Minuten.

(3) Die Einzelheiten des Verfahrens der Regierungsbefragung sind in den als Anlage 3 beigefügten Richtlinien geregelt.

§ 59
Aktuelle Debatte

(1) Eine Fraktion kann über ein bestimmt bezeichnetes Thema von allgemeinem Interesse, für dessen Erörterung ein aktueller Anlass besteht oder das von grundsätzlicher politischer Bedeutung für das Land ist, für die nächste Plenarsitzungswoche eine Aussprache beantragen (Aktuelle Debatte). Der Antrag ist schriftlich beim Präsidenten einzureichen, der ihn unverzüglich den Fraktionen und der Regierung zur Kenntnis bringt. Ist ein Thema in Form eines Antrags oder einer Großen Anfrage bereits Gegenstand der Beratungen im Landtag und sind seitdem keine neuen wesentlichen Tatsachen eingetreten, ist der Antrag nicht zulässig. Ein Antrag auf Aktuelle Debatte, der für die nächste Plenarsitzungswoche nicht zum Zuge gekommen ist, gilt als erledigt.

(2) Der Präsident setzt den Besprechungsgegenstand nach Maßgabe von § 78 Abs. 1 auf eine Tagesordnung in der nächsten Plenarsitzungswoche, wenn er den Antrag für zulässig hält. Hält der Präsident den Antrag nicht für zulässig, entscheidet das Präsidium unverzüglich über die Zulässigkeit des Antrags. Die Antragsteller können gegen die Entscheidung des Präsidiums einen Beschluss des Landtags über die Zulässigkeit verlangen. Erklärt das Präsidium den Antrag für zulässig, ist er gemäß Satz 1 zu behandeln. Erklärt der Landtag den Antrag für zulässig, ist er in der gleichen Plenarsitzungswoche zu behandeln, sofern er nach § 78 Abs. 1 zum Zuge kommt.

(3) Der Antrag nach Absatz 1 ist bis spätestens Montag, 12:00 Uhr, vor der folgenden Plenarsitzung zu stellen.

§ 60
Dauer und Redezeit

(1) Die Aktuelle Debatte dauert 40 Minuten, wobei die Redezeit der Mitglieder der Regierung und ihrer Beauftragten nicht mitgerechnet wird. Der Landtag kann eine Dauer von bis zu 80 Minuten be-

schließen; Satz 1 Halbsatz 2 gilt entsprechend. Die Gesamtdauer der Aussprache soll im Regelfall 50 Minuten nicht überschreiten; bei verlängerter Debattenzeit (Satz 2) soll die entsprechende Gesamtdauer der Aussprache von bis zu 100 Minuten nicht überschritten werden.

(2) Die Aussprache wird durch Erklärungen der Fraktionen eingeleitet, für welche jede Fraktion für ihren jeweiligen Sprecher/ihre jeweilige Sprecherin in der Regel eine Redezeit von bis zu fünf Minuten und bei einer Dauer der Aktuellen Debatte von mehr als 40 Minuten eine Redezeit von bis zu 15 Minuten erhalten kann. Im Übrigen beträgt die Redezeit fünf Minuten.

(3) Die Mitglieder der Regierung und ihre Beauftragten sollen sich an die gemäß Absatz 2 für die Fraktionen festgelegten Redezeiten halten. Der Präsident soll die Redezeiten der Fraktionen verlängern, wenn die Regierungsvertreter 50 Prozent der Gesamtredezeit der Fraktionen überschreiten.

(4) Die Aussprache ist in freier Rede zu führen. Das Vorlesen von Reden darf nicht genehmigt werden.

(5) Anträge zur Sache können nicht gestellt werden.

§ 61[1)]
Kleine Anfragen

(1) Jedes Mitglied kann an die Regierung schriftliche Anfragen richten.

(2) Die Anfragen müssen knapp und scharf umrissen die Tatsachen anführen, über die Auskunft gewünscht wird; sie dürfen höchstens zehn Fragen umfassen und nur eine kurze Begründung enthalten. Anfragen, die diesen Vorschriften nicht entsprechen, gibt der Präsident zurück.

(3) Der Präsident leitet die Anfrage sofort der Regierung zur schriftlichen Beantwortung zu. Die Antwort ergeht an den Präsidenten, der sie dem Fragesteller/der Fragestellerin übermittelt.

(4) Anfrage und Antwort werden vervielfältigt und den Abgeordneten zur Kenntnis gebracht.

(5) Wird eine Antwort nicht binnen drei Wochen – gerechnet vom Absendedatum des Landtags – erteilt, so setzt der Präsident die Anfrage zur mündlichen Beantwortung auf die Tagesordnung der nächsten Sitzung und erteilt dem Fragesteller zur Verlesung das Wort. Wird die Anfrage mündlich beantwortet und erscheint dem Fragesteller die Antwort nicht ausreichend, so kann er ergänzende Fragen stellen. Eine Besprechung der Antwort findet nicht statt.

[1)] Die Kleine Anfrage wird zusammen mit der Antwort der Regierung gedruckt (Beschluss des Ältestenrats vom 28. Januar 1982).

(6) Erfolgt eine mündliche Beantwortung der Anfrage nach ihrer Verlesung nicht, so tritt der Landtag auf Antrag von fünf Abgeordneten in eine Besprechung der Anfrage ein.

(7) Bei einer Anfrage von offenbar lokaler Bedeutung soll der Präsident dem Abgeordneten empfehlen, eine briefliche Anfrage an das zuständige Ministerium zu richten.

§ 61a
Abgeordnetenbriefe an Ministerien

(1) Schreiben von Abgeordneten an Ministerien sind wie Kleine Anfragen innerhalb von drei Wochen zu beantworten. Ist dies nicht möglich, so wird innerhalb dieser Frist eine Zwischenantwort erteilt.

(2) Hat der Unterzeichner/die Unterzeichnerin des Schreibens innerhalb von drei Wochen nach Eingang beim Ministerium keine Antwort erhalten und auch einer Fristverlängerung nicht zugestimmt, so kann er beim Landtag die Aufnahme dieses Schreibens auf die Tagesordnung der nächsten Plenarsitzung beantragen, und zwar bis spätestens 12.00 Uhr am Montag der Plenarsitzungswoche. Der Unterzeichner hat bei Aufruf im Plenum Gelegenheit, den Minister nach den Gründen der Nichtbeantwortung zu befragen, wenn das Schreiben zu diesem Zeitpunkt noch nicht beantwortet ist.

§ 62
Einbringung von Großen Anfragen

(1) In Angelegenheiten von erheblicher politischer Bedeutung können Große Anfragen an die Regierung gerichtet werden.

(2) Große Anfragen sind dem Präsidenten schriftlich einzureichen. Sie müssen kurz und bestimmt gefasst und von einer Fraktion oder von mindestens fünfzehn Abgeordneten unterzeichnet sein.[1] Sie sollen schriftlich begründet werden.

(3) Hält der Präsident eine Große Anfrage nicht für zulässig, legt er sie dem Präsidium mit seinen begründeten Bedenken vor. Über die Zulässigkeit entscheidet das Präsidium. Die Fragesteller können gegen die Entscheidung des Präsidiums einen Beschluss des Landtags über die Zulässigkeit verlangen.

§ 63
Behandlung von Großen Anfragen

(1) Der Präsident teilt der Regierung die Große Anfrage zur schriftlichen Beantwortung mit.

---

1) Große Anfragen sollen in der Regel nicht mehr als 25 Einzelfragen enthalten (vgl. Richtschnurbeschluss des Landtags vom 19. Juni 2002 zu Drs. 13/1004 Abschnitt II Ziffer 1).

(2) Nach Eingang der schriftlichen Antwort wird die Große Anfrage zur Besprechung auf die Tagesordnung gesetzt, wenn dies von einer Fraktion oder von mindestens fünfzehn Abgeordneten innerhalb von zwei Monaten – gerechnet vom Ausgabedatum der Drucksache – verlangt wird.

(3) Beantwortet die Regierung die Große Anfrage nicht binnen sechs Wochen nach der Zustellung, so wird die Große Anfrage zur Besprechung auf die Tagesordnung der nächsten Sitzung gesetzt.

(4) Bei der Besprechung steht einem der Unterzeichner der Großen Anfrage das Schlusswort zu.

§ 63a
Besprechung Großer Anfragen in Ausschüssen

(1) Unter den Voraussetzungen des § 63 Abs. 2 und 3 kann das Präsidium im Einvernehmen mit den Fragestellern festlegen, dass die Große Anfrage anstelle des Plenums in einem von ihm zu bestimmenden Ausschuss besprochen wird.

(2) Der Ausschuss führt die Besprechung der Großen Anfrage in öffentlicher Sitzung durch. Die Sitzung findet in der Regel im Plenarsaal statt. Presse, Rundfunk sowie sonstige Zuhörer haben wie bei Plenarsitzungen Zutritt. Bei Störungen von Zuhörern kann der Vorsitzende die gegebenen Ordnungsmaßnahmen ergreifen.

(3) Die Besprechung einer Großen Anfrage geht in der Tagesordnung anderen Beratungsgegenständen vor, die vom Ausschuss in nichtöffentlicher Sitzung zu behandeln sind. Über die Besprechung wird ein Wortprotokoll angefertigt. Auf die Überprüfung der Niederschrift findet § 102 Anwendung mit der Maßgabe, dass die Zuständigkeiten des Präsidenten vom Vorsitzenden wahrgenommen werden.

(4) § 29 findet entsprechend Anwendung mit der Maßgabe, dass der Erstunterzeichner der Großen Anfrage, wenn er nicht Mitglied des Ausschusses ist, oder ein mit seiner Vertretung beauftragter Abgeordneter mit beratender Stimme an der Besprechung teilnehmen und das Schlusswort beanspruchen kann. Ist die Große Anfrage von einer Fraktion unterzeichnet, so bestimmt diese, welches Mitglied die Rechte nach Satz 1 für die Fraktion wahrnimmt.

(5) Anträge nach § 64 müssen spätestens während der Sitzung, in welcher die Große Anfrage im Ausschuss besprochen wird, eingebracht werden. Der Präsident überweist die Anträge an den vom Präsidium bestimmten Ausschuss. Handelt es sich um Anträge von Fraktionen, ist die Beratung öffentlich durchzuführen, wenn das Präsidium dies beschließt; im Übrigen kann der Ausschuss die Beratung der Anträge auf eine spätere Sitzung verschieben, die nichtöffentlich durchzuführen ist. Der Ausschuss legt dem Landtag eine Beschlussempfehlung

vor. Dem Landtag ist ein Bericht vorzulegen, sofern die Anträge in nichtöffentlicher Sitzung beraten worden sind. Absatz 4 gilt entsprechend für die Teilnahme des Erstunterzeichners eines Antrags bzw. eines von ihm beauftragten Abgeordneten.

(6) Das Präsidium regelt im übrigen die Einzelheiten des Verfahrens.

§ 64[1)]
Anträge zu Großen Anfragen

Bei der Besprechung können Anträge zur Großen Anfrage gestellt werden. Sie bedürfen der Unterstützung durch eine Fraktion oder durch mindestens fünfzehn Abgeordnete.

XII. Petitionen

§ 65
Petitionsausschuss nach Artikel 35a der Verfassung

Der Landtag bestellt zur Behandlung der an ihn gerichteten Bitten und Beschwerden (Petitionen) nach Artikel 2 Absatz 1 der Landesverfassung und Artikel 17 des Grundgesetzes einen Petitionsausschuss.

§ 66
Petitionen von zwangsweise untergebrachten Personen

Petitionen von Personen, die sich in Straf- oder Untersuchungshaft befinden oder sonst zwangsweise untergebracht sind, sind nach Maßgabe einer von der Landesregierung zu erlassenden Anordnung ungeöffnet dem Landtag zuzuleiten. Dies gilt auch für den mit der Petition zusammenhängenden Schriftverkehr des Petenten/der Petentin mit dem Petitionsausschuss.

§ 67
Verfahren im Landtag und im Petitionsausschuss

(1) Der Präsident leitet die Petitionen dem Petitionsausschuss zu, soweit sie nicht nach § 70 behandelt werden. Zuschriften, die nicht Bitten und Beschwerden im Sinne von Artikel 2 Absatz 1 der Landesverfassung und Artikel 17 des Grundgesetzes sind, können vom Landtag durch Kenntnisnahme erledigt werden.

---

1) Zur Vorbereitung der Ausschussberatung geben die Ministerien eine schriftliche Stellungnahme zu Anträgen auf Große Anfragen ab, wenn dies von den Antragstellern im Plenum oder in öffentlicher Ausschusssitzung (falls die Besprechung der Großen Anfrage im Ausschuss stattfindet) verlangt wird. Ferner können die Ausschüsse die Einholung einer schriftlichen Stellungnahme beschließen.

(2) Der Ausschuss weist eine Petition zurück, wenn sie

1. nach Inhalt und Form eine strafbare Handlung des Einsenders/ der Einsenderin darstellt oder zum Ziele hat;

2. Gegenstände behandelt, für die das Land unzuständig ist; Petitionen, die in den Zuständigkeitsbereich des Deutschen Bundestages oder eines anderen Landesparlaments fallen, werden an die zuständige Stelle abgegeben;

3. einen rechtswidrigen Eingriff in die Gerichtsbarkeit fordert, insbesondere in ein schwebendes Gerichtsverfahren eingreift; ein solcher Eingriff liegt jedoch nicht vor, wenn der Petent lediglich verlangt, dass eine Behörde sich in einem Gerichtsverfahren in bestimmter Weise verhält, oder wenn die Petition bei gerichtlich bestätigten Ermessensentscheidungen von einer Behörde eine Überprüfung oder Änderung der Entscheidung verlangt;

4. den Inhalt einer früheren Petition, über die der Landtag bereits Beschluss gefasst hat, ohne wesentliches neues Vorbringen wiederholt.

Der Petent erhält vom Vorsitzenden des Ausschusses eine Mitteilung über die Zurückweisung.

(3) Der Petitionsausschuss kann die Stellungnahme anderer Ausschüsse des Landtags einholen.

(4) Unbeschadet der Befugnisse nach dem Gesetz über den Petitionsausschuss des Landtags können der Petitionsausschuss oder eine vom Ausschuss gebildete Kommission jederzeit die zur Aufklärung des Sachverhalts erforderlichen Maßnahmen ergreifen, insbesondere eine Ortsbesichtigung vornehmen. Im Einvernehmen mit dem Ausschussvorsitzenden kann auch der Berichterstatter eine Ortsbesichtigung vornehmen. Bei Ortsbesichtigungen ist die Regierung vorher zu benachrichtigen.

(5) Die Regierung gibt die Stellungnahme zu Petitionen, um die sie der Petitionsausschuss ersucht, innerhalb von zwei Monaten ab. Der Vorsitzende des Ausschusses kann im Einzelfall eine andere Frist bestimmen.

(6) Bevor der Petitionsausschuss dem Landtag empfiehlt, eine Petition der Regierung zur Berücksichtigung oder Veranlassung näher bezeichneter bestimmter Maßnahmen zu überweisen (§ 68 Abs. 2 Nr. 2), gibt er der Regierung Gelegenheit, sich hierzu im Ausschuss zu äußern. Will die Regierung einem dahin gehenden Beschluss des Landtags nicht entsprechen, so hat sie durch den zuständigen Minister, bei dessen Verhinderung durch den politischen Staatssekretär (die politische Staatssekretärin) oder, wo dem Minister ein solcher nicht beigegeben ist, durch den Ministerialdirektor (die Ministerialdirektorin), vor dem Ausschuss die Gründe für ihre Haltung darzule-

gen. Widerspricht die Regierung nicht auf diese Weise im Ausschuss, verpflichtet sie sich, die Ausführung des Beschlusses des Landtags nachträglich nicht mehr abzulehnen.

§ 68
Entscheidung und Benachrichtigung

(1) Der Petitionsausschuss legt dem Landtag in angemessener Frist zu der Petition einen bestimmten Antrag mit einem Bericht vor. Die Anträge werden zusammen mit den Berichten in eine Sammeldrucksache aufgenommen und auf die Tagesordnung einer Sitzung des Landtags gesetzt. Anträge auf Entscheidungen nach Absatz 2 Nr. 2 sind mit den Berichten an den Anfang einer Sammeldrucksache zu setzen.

(2) Der Landtag entscheidet in der Regel wie folgt:

1. Die Petition wird, nachdem ihr durch entsprechende Maßnahmen abgeholfen wurde, oder durch den Beschluss des Landtags zu einem anderen Gegenstand für erledigt erklärt.

2. Die Petition wird der Regierung zur Kenntnisnahme, als Material, zur Erwägung, zur Berücksichtigung oder zur Veranlassung näher bezeichneter bestimmter Maßnahmen überwiesen.

3. Der Petition kann nicht abgeholfen werden.

4. Die Petition wird als zur Bearbeitung im Landtag ungeeignet zurückgewiesen.

5. Dem Petenten wird anheim gegeben, zunächst den Rechtsweg auszuschöpfen.

(3) Wird die Petition der Regierung zur Erwägung, zur Berücksichtigung oder zur Veranlassung einer bestimmten Maßnahme überwiesen, so berichtet sie schriftlich innerhalb von zwei Monaten, was sie aufgrund der überwiesenen Petition veranlasst hat. Der Landtag kann eine andere Frist festsetzen. Lässt sich der Beschluss des Landtags nicht innerhalb von zwei Monaten oder der vom Landtag bestimmten Frist erledigen, so kann der Vorsitzende des Petitionsausschusses die Frist verlängern, wenn die Regierung rechtzeitig vor Fristablauf die Gründe darlegt, die einer fristgemäßen Erledigung entgegenstehen. Die Berichte der Regierung werden vom Präsidenten dem Petitionsausschuss überwiesen, der dem Landtag hierzu einen Antrag vorlegen kann. Der Petitionsausschuss kann eine Petition erneut beraten und dem Landtag einen Antrag vorlegen, wenn die Regierung den Bericht nicht fristgemäß vorlegt.

(4) Über die Erledigung der Petition wird der Petent, bei mehreren Unterzeichnern der erste, vom Vorsitzenden des Petitionsausschusses unterrichtet. In den Fällen des § 66 ist die Anstalt gleichzeitig zu unterrichten, soweit ein berechtigtes Interesse der Anstalt besteht.

§ 69
Mündlicher Bericht des Petitionsausschusses

Der Petitionsausschuss erstattet dem Landtag mindestens einmal im Jahr einen mündlichen Bericht über seine Tätigkeit.

§ 70
Regelung für andere Ausschüsse

(1) Betrifft eine Petition einen Gegenstand, der zur Zeit ihres Eingangs in einem anderen Ausschuss behandelt wird, so leitet sie der Präsident diesem Ausschuss zu. Sofern es einer Aufklärung des Sachverhalts mit den Mitteln des Gesetzes über den Petitionsausschuss des Landtags offensichtlich nicht bedarf, kann der Präsident auch in sonstigen Fällen die Petition einem fachlich zuständigen Ausschuss zuleiten.

(2) Für das Verfahren gelten § 67 Abs. 2 und 3 sowie § 68 Abs. 2 entsprechend. Über die Erledigung der Petition wird der Petent, bei mehreren Unterzeichnern der erste, vom Präsidenten unterrichtet.

XIII. Sitzungsordnung

§ 71
Allgemeines

Sitzungsperiode ist die Wahlperiode des Landtags.

§ 72
Zutritt zum Sitzungssaal

Während der Sitzungen des Landtags haben nur Abgeordnete und Mitglieder der Regierung zum Sitzungssaal Zutritt, ferner der Präsident des Rechnungshofs und der Landesbeauftragte für den Datenschutz im Rahmen ihrer gesetzlichen Aufgaben. Über die Zulassung von Bediensteten des Landtags entscheidet der Präsident, über die Zulassung von anderen Bediensteten das zuständige Mitglied der Regierung sowie gegebenenfalls der Präsident des Rechnungshofs oder der Landesdatenschutzbeauftragte.

§ 73
Teilnahme an den Arbeiten des Landtags

Die Abgeordneten sind verpflichtet, an den Arbeiten des Landtags teilzunehmen.

§ 74
Teilnahme an den Sitzungen des Landtags

(1) Verhinderte Mitglieder haben den Präsidenten rechtzeitig, spätestens bis zum Beginn der Sitzung, zu unterrichten. Liegen Umstände vor, die eine rechtzeitige Unterrichtung ausschließen, so erfolgt die Benachrichtigung des Präsidenten, sobald es die Umstände gestatten.

(2) Abgeordnete, die eine Sitzung vorzeitig verlassen, machen dem Präsidenten hiervon Mitteilung.

§ 75
Urlaub

Urlaub bis zu vier Wochen erteilt der Präsident, für längere Zeit der Landtag. Urlaub auf unbestimmte Zeit wird nicht erteilt.

§ 76
Anwesenheitsliste

(1) In jeder Sitzung liegt eine Anwesenheitsliste auf.

(2) Übersieht ein Abgeordneter die Eintragung, so gilt seine Anwesenheit als nachgewiesen, wenn sie aus dem Sitzungsbericht festgestellt werden kann.

§ 77
Verfahren

(1) Vor Eintritt in die Tagesordnung werden die Urlaubsgesuche erledigt.

(2) Der Präsident unterrichtet den Landtag über die Eingänge.

(3) Vor Schluss jeder Sitzung schlägt der Präsident den Zeitpunkt der nächsten Sitzung vor. Widerspricht ein Abgeordneter, so entscheidet der Landtag.

(4) Selbstständig setzt der Präsident Zeit und Tagesordnung der nächsten Sitzung fest, wenn der Landtag ihn dazu ermächtigt oder wegen Beschlussunfähigkeit oder aus anderen Gründen nicht entscheiden kann.

(5) In unaufschiebbaren Fällen kann der Präsident unter Bekanntgabe der Tagesordnung eine Sitzung einberufen. Ist eine schriftliche Einladung nicht möglich, so kann die Einladung auf anderem Wege erfolgen.

§ 78
Tagesordnung

(1) Die Beratungsgegenstände sollen in der Tagesordnung nach der Bedeutung, der Aktualität und unter Berücksichtigung des Sachzusammenhangs geordnet werden. Kommt ein Einvernehmen im Präsidium nicht zustande, so gilt für die Aufstellung der Tagesordnung

durch das Präsidium die nachstehende Reihenfolge: Aktuelle Debatte, Dringliche Anträge nach § 57 Abs. 2, Gesetzentwürfe, Fraktionsanträge (einschließlich sonstiger Dringlicher Anträge), Große Anfragen, sonstige Anträge und Vorlagen, Kleine Anfragen. Abweichend hiervon kann bei Plenarsitzungen, die an zwei aufeinander folgenden Tagen stattfinden, jede Fraktion verlangen, dass eine Aktuelle Debatte, eine bestimmte eigene Initiative oder eine bestimmte Regierungs- oder sonstige nicht aus der Mitte des Landtags eingebrachte Vorlage an einem der Tage behandelt wird; dafür stehen die Punkte 1 und 2 der Tagesordnung zur Verfügung. Die Ausübung des Wahlrechts erfolgt in wechselndem Turnus unter den Fraktionen.

(2) Die Tagesordnung wird vom Präsidium festgestellt, sofern sie nicht gemäß § 77 Abs. 4 und 5 vom Präsidenten festgesetzt wird.

(3) Die Tagesordnung wird den Abgeordneten und der Regierung übersandt.

(4) Der Landtag kann, soweit nichts anderes bestimmt ist, auf Antrag einer Fraktion oder auf Vorschlag des Präsidenten die Tagesordnung zu Sitzungsbeginn erweitern, die Reihenfolge der Tagesordnung ändern, Gegenstände absetzen oder gleichartige oder verwandte Gegenstände gemeinsam behandeln. Gegenstände, die nicht auf der festgestellten oder vom Landtag erweiterten Tagesordnung stehen, können nicht beraten werden, wenn fünf Abgeordnete widersprechen. Für Dringliche Anträge gilt § 57.

(5) Wird für denselben Tag eine weitere Sitzung anberaumt, so gibt der Präsident Zeit und Tagesordnung mündlich bekannt.

§ 79
Schluss der Sitzung

Eine Sitzung kann vor Erledigung der Tagesordnung auf Antrag von fünf Abgeordneten geschlossen werden.

§ 80
Beschlussfähigkeit

(1) Wird die Beschlussfähigkeit vor einer Abstimmung oder Wahl bezweifelt und vom Präsidenten weder bejaht noch verneint, so wird sie durch Namensaufruf festgestellt. Der Präsident kann die Abstimmung oder Wahl kurze Zeit aussetzen.

(2) Nach Feststellung der Beschlussunfähigkeit hebt der Präsident die Sitzung auf und gibt Zeit und Tagesordnung der nächsten Sitzung bekannt.

(3) Ergibt sich die Beschlussunfähigkeit bei einer Abstimmung oder Wahl, so wird die Abstimmung oder die Wahl in einer der nächsten Sitzungen wiederholt. Ein Antrag auf namentliche Abstimmung bleibt in Kraft.

§ 81
Eröffnung der Beratung

(1) Der Präsident eröffnet und schließt die Beratung über die einzelnen Gegenstände nach der Reihenfolge der Tagesordnung.

(2) Nimmt ein Mitglied der Regierung oder ein von ihm Bevollmächtigter/eine von ihm Bevollmächtigte außerhalb der Tagesordnung das Wort, so findet eine Besprechung statt, wenn mindestens zehn Abgeordnete dies verlangen.

§ 82
Wortmeldungen, Worterteilung und Reihenfolge der Redner/Rednerinnen

(1) Abgeordnete und Regierungsvertreter, die sich an der Beratung beteiligen wollen, melden sich beim Präsidenten zum Wort. Es wird eine Rednerliste geführt. Der Präsident erteilt das Wort.

(2) Der Präsident bestimmt die Reihenfolge der Redner/Rednerinnen. Hierbei sollen die Sorge für eine sachgemäße Erledigung und zweckmäßige Gestaltung der Beratung sowie die Rücksicht auf die Stärke der Fraktionen maßgebend sein. Bei der Besprechung von Anfragen und der Beratung von selbständigen Anträgen soll der erste Redner nach der Begründung des Antrags oder der Anfrage nicht derselben Fraktion angehören wie der Antragsteller. Dem Berichterstatter steht das erste und das letzte Wort zu.

(3) Regierungsvertreter müssen auf ihr Verlangen jederzeit gehört werden. Der Präsident des Rechnungshofs und der Landesbeauftragte für den Datenschutz erhalten zu ihren Jahresberichten im Landtag das Wort.

(4) Ergreift der Ministerpräsident zu Beginn oder im Verlauf einer Aussprache das Wort, so muss anschließend den Vorsitzenden der Oppositionsfraktionen auf ihr Verlangen das Wort erteilt werden. Wird von diesem Recht Gebrauch gemacht, so können danach auch die Vorsitzenden der anderen Fraktionen das Wort verlangen. Ist der Vorsitzende einer Fraktion an der Teilnahme an der Sitzung verhindert, kann sein Stellvertreter nach Maßgabe der vorstehenden Sätze das Wort verlangen.

(5) Will sich der Präsident als Redner an der Beratung beteiligen, so gibt er für die Dauer dieser Beratung den Vorsitz an seinen Stellvertreter ab.

(6) Die Redner richten ihre Ausführungen ausschließlich an den Landtag.

(7) [aufgehoben].

(8) In Immunitätsangelegenheiten soll der betroffene Abgeordnete im Landtag das Wort zur Sache nicht ergreifen.

§ 82 a
Zwischenfrage, Zwischenbemerkung (Kurzintervention)

(1) Zwischenfragen an den Redner können von Abgeordneten über die Saalmikrofone gestellt werden. Wer eine Zwischenfrage stellen will, begibt sich zu einem Saalmikrofon und wartet ab, bis der Präsident den Redner gefragt hat, ob er eine Zwischenfrage zulässt. Wenn der Redner bejaht, erteilt der Präsident das Wort zur Zwischenfrage. Eine Zwischenfrage muss sich auf den Verhandlungsgegenstand beziehen und darf bei einer Fraktionsredezeit von fünf Minuten zwei Minuten, im Übrigen drei Minuten nicht überschreiten. Die Dauer der Frage wird nicht auf die Redezeit angerechnet. Der Präsident kann die Redezeit entsprechend der Inanspruchnahme für das Eingehen auf die Frage verlängern.

(2) Für Zwischenbemerkungen von Abgeordneten gilt Absatz 1 entsprechend.

§ 82 b
Persönliche Erklärungen

(1) Zu persönlichen Erklärungen erteilt der Präsident auf Verlangen am Ende der Beratung das Wort.

(2) Persönliche Erklärungen dürfen nur die Zurückweisung eines persönlichen Angriffs oder die Berichtigung einer unrichtigen Wiedergabe von Ausführungen zum Gegenstand haben.

(3) Wird die Beratung durch Vertagung unterbrochen, so erteilt der Präsident das Wort zu einer persönlichen Erklärung nach dem Vertagungsbeschluss.

§ 82 c
Sachliche Richtigstellung

Zu einer sachlichen Richtigstellung erteilt der Präsident am Ende der Beratung oder vor Schluss der Sitzung außerhalb der Tagesordnung das Wort.

§ 83 [1)]
Reden und Berichte

Die Redner sollen grundsätzlich in freiem Vortrag sprechen. Sie können hierbei Aufzeichnungen benutzen.

---

1) Erklärungen vom Platz des Redners: Kurze Erklärungen können vom Platz des Redners bzw. von der Regierungsbank aus über das Tischmikrofon abgegeben werden. Diese Absicht kann bereits bei der Wortmeldung angekündigt werden, die in der üblichen Weise bei einem Schriftführer erfolgt. Auch Reden vom Platz aus werden auf die festgelegten Redezeiten angerechnet (Beschluss des Ältestenrats vom 22. Oktober 1981).

§ 83a
Rededauer

(1) Das Präsidium kann Redezeiten für die Fraktionen und für die einzelnen Redner festlegen oder die Beratungsdauer eines Gegenstandes begrenzen. Legt das Präsidium zu den Beratungen des Staatshaushaltsgesetzes und der Einzelpläne zum Staatshaushaltsplan für die Aussprache Redezeiten für die Fraktionen fest, kann es zusätzlich für die Behandlung dazu gestellter Änderungsanträge weitere Fraktionsredezeiten festlegen. Der Landtag kann auf Antrag einer Fraktion oder auf Vorschlag des Präsidenten der Beschlüsse des Präsidiums ändern. Der Präsident soll die Redezeiten der Fraktionen verlängern, wenn die Regierungsvertreter in einer Aussprache, in der Redezeiten für die Fraktionen festgelegt sind, 50 Prozent der Gesamtredezeit der Fraktionen überschreiten.

(2) Bei der Festlegung von Redezeiten wird allen Fraktionen grundsätzlich die gleiche Grundredezeit eingeräumt. Die Grundredezeit soll so bemessen werden, dass jede Fraktion ausreichend Gelegenheit hat, ihren Standpunkt darzulegen. Auf Verlangen einer Fraktion ist eine Zusatzredezeit einzuräumen, die dem Stärkeverhältnis der Fraktionen entspricht. Die Zusatzredezeit einer Fraktion darf 50 vom Hundert ihrer Grundredezeit nicht überschreiten.

(3) An eine Regierungserklärung und an eine kurzfristige Information durch die Regierung schließt sich in der Regel die Aussprache darüber an. Zur Vorbereitung darauf soll den Fraktionen 48 Stunden vor der maßgeblichen Plenarsitzung der Inhalt der Regierungserklärung oder der Information vertraulich zur Verfügung gestellt werden. Die Aussprache wird stets von einem Oppositionsredner in wechselndem Turnus eröffnet. Im Übrigen gilt § 82 Absatz 2 Satz 2 entsprechend.

§ 84
Bemerkungen zur Geschäftsordnung

Zur Geschäftsordnung wird das Wort auf Verlangen außerhalb der Reihenfolge erteilt. Bemerkungen zur Geschäftsordnung müssen sich auf die geschäftliche Behandlung des zur Beratung stehenden Gegenstandes oder auf die Anwendung der Geschäftsordnung beschränken. Sie dürfen die Dauer von fünf Minuten nicht überschreiten.

§ 85
Schluss der Beratung

(1) Schluss der Beratung kann beantragt werden, wenn alle Fraktionen zur Darlegung ihres Standpunkts Gelegenheit hatten. Über den Antrag wird ohne Aussprache abgestimmt. Vor der Abstimmung wird die Rednerliste bekanntgegeben.

(2) Wird der Antrag auf Schluss der Beratung abgelehnt, so kann er, wenn mindestens ein weiteres Mitglied gesprochen hat, erneut gestellt werden.

§ 86
Wiedereröffnung der Beratung

Nimmt nach Schluss der Beratung noch ein Regierungsvertreter das Wort, so ist die Beratung wieder eröffnet.

§ 87
Übergang zur Tagesordnung

(1) Übergang zur Tagesordnung kann bis zur Abstimmung jederzeit beantragt werden. Über den Antrag wird vor Änderungsanträgen abgestimmt.

(2) Zu Regierungsvorlagen kann Übergang zur Tagesordnung nicht beantragt werden.

§ 88
[aufgehoben].

§ 89
[aufgehoben].

§ 90
Verweisung zur Sache

Ein Redner, der vom Verhandlungsgegenstand abweicht, wird vom Präsidenten zur Sache verwiesen.

§ 91
Ordnungsruf, Wortentziehung

(1) Verletzt ein Abgeordneter die Ordnung, so erteilt ihm der Präsident unter Nennung des Namens einen Ordnungsruf.

(2) Bei gröblicher Verletzung der Ordnung kann der Präsident einem Redner das Wort entziehen.

(3) Ist ein Redner während einer Rede dreimal zur Sache verwiesen oder zur Ordnung gerufen und beim zweiten Male durch den Präsidenten auf die Folgen einer dritten Verweisung zur Sache oder eines dritten Ordnungsrufs hingewiesen worden, so muss ihm der Präsident das Wort entziehen.

(4) Nach der Wortentziehung wird dem Redner das Wort vor Erledigung des zur Beratung stehenden Gegenstandes nicht mehr erteilt.

§ 92
Ausschluss von der Sitzung

(1) Der Präsident kann einen Abgeordneten von der Sitzung ausschließen, wenn eine Ordnungsmaßnahme nach § 91 wegen der
Schwere der Ordnungsverletzung nicht ausreicht. Der Präsident fordert den Abgeordneten auf, den Sitzungssaal unverzüglich zu verlassen. Leistet der Abgeordnete dieser Aufforderung nicht Folge, so wird
die Sitzung unterbrochen. Der Abgeordnete ist damit ohne Weiteres
für die nächsten drei Sitzungstage von der Sitzung ausgeschlossen;
der Präsident stellt dies bei Wiedereintritt in die Sitzung fest.

(2) In besonders schweren Fällen kann der Präsident im Einvernehmen mit dem Präsidium feststellen, dass der Ausschluss für mehrere
Sitzungstage, höchstens jedoch für zehn Sitzungstage wirksam ist.
Dasselbe gilt beim erneuten Ausschluss eines Abgeordneten, der
sich innerhalb derselben Wahlperiode des Landtags bereits einmal
den Ausschluss von der Sitzung zugezogen hat. Der Präsident gibt
vor dem Ende der Sitzung bekannt, für wie viele Sitzungstage der
Abgeordnete ausgeschlossen ist.

(3) Ein ausgeschlossener Abgeordneter darf vor Ablauf des Sitzungstages, für welchen der Ausschluss gilt, auch an keiner Ausschusssitzung teilnehmen. Bei einem Ausschluss für mehrere Sitzungstage ist
der Ablauf des letzten Sitzungstages maßgebend.

(4) Während des in Absatz 3 bezeichneten Zeitraums hat der Abgeordnete keinen Anspruch auf Sitzungstagegeld.

§ 93
Einspruch gegen Ordnungsmaßnahmen

(1) Gegen den Ordnungsruf, die Wortentziehung und den Ausschluss
von der Sitzung kann der Abgeordnete bis zum Beginn der nächsten
Sitzung beim Präsidenten schriftlich Einspruch einlegen. Über den
Einspruch entscheidet der Landtag in dieser Sitzung ohne Beratung.
Der Einspruch hat keine aufschiebende Wirkung.

(2) Ordnungsmaßnahmen sowie der Anlass hierzu werden nicht besprochen.

§ 94
Unterbrechung der Sitzung

Bei grober oder anhaltender Störung kann der Präsident die Sitzung
unterbrechen oder aufheben. Kann sich der Präsident kein Gehör ver-
schaffen, so verlässt er den Präsidentenstuhl; die Sitzung ist dadurch
auf eine halbe Stunde unterbrochen.

§ 95
Weitere Ordnungsmaßnahmen

(1) Sitzungsteilnehmer/Sitzungsteilnehmerinnen, die nicht Mitglieder des Landtags sind, und Zuhörer unterstehen der Ordnungsgewalt des Präsidenten.

(2) Den Zuhörern sind Zeichen des Beifalls und der Missbilligung sowie sonstige laute Äußerungen untersagt. Zuhörer, die hiergegen verstoßen oder die Ordnung in anderer Weise verletzen, können auf Anordnung des Präsidenten entfernt werden. Bei störender Unruhe kann der Präsident den Zuhörerraum räumen lassen.

XIV. Abstimmung

§ 96
Fragestellung

(1) Nach Schluss der Beratung stellt der Präsident die Fragen, über die der Landtag zu entscheiden hat. Sie werden so gefasst, dass sie mit „Ja" oder mit „Nein" beantwortet werden können. Über Fassung und Reihenfolge der gestellten Fragen kann zur Geschäftsordnung das Wort verlangt werden. Wird den Vorschlägen des Präsidenten widersprochen, so entscheidet der Landtag.

(2) Über mehrere Teile eines Antrags kann getrennt abgestimmt werden. Die Entscheidung trifft der Landtag.

(3) Widerspricht ein Antragsteller der getrennten Abstimmung über einen Antrag, so muss über diesen im Ganzen abgestimmt werden.

(4) Über Anträge, die von Abgeordneten während der Beratung gestellt werden, kann erst abgestimmt werden, wenn sie vervielfältigt den Abgeordneten vorliegen.

(5) Bei der Abstimmung über Beschlussempfehlungen der Ausschüsse, die in Sammeldrucksachen zusammengeführt werden, stellt der Präsident die Zustimmung entsprechend dem Abstimmungsverhalten im Ausschuss fest, sofern kein anderes Abstimmungsverhalten angekündigt oder keine Einzelabstimmung begehrt wird.

§ 97
Abstimmungsregeln

(1) Abgestimmt wird in der Regel durch Erheben von den Sitzen oder durch Handzeichen. Ist der Präsident oder ein Schriftführer über das Ergebnis der Abstimmung im Zweifel, wird die Abstimmung wiederholt. Ergibt auch diese Abstimmung keine Klarheit, wird das Ergebnis durch Namensaufruf festgestellt.

(2) Stimmengleichheit verneint die Frage.

(3) Stimmenthaltungen werden mitgezählt bei Feststellung der Beschlussfähigkeit, nicht aber bei Berechnung der Mehrheit.

(4) Vom Beginn der Aufforderung zur Abstimmung bis zur Bekanntgabe des Ergebnisses wird ein Antrag nicht mehr zugelassen und das Wort nicht erteilt.

(5) Über Anträge zur Geschäftsordnung wird vor Anträgen zur Sache, über den Geschäftsordnungsantrag, welcher der Weiterbehandlung des Gegenstandes am meisten widerspricht, vor anderen Geschäftsordnungsanträgen und über einen Schlussantrag vor einem Antrag auf Vertagung abgestimmt.

(6) Bei mehreren Anträgen wird über den Antrag, der von der Vorlage, dem Ausschussantrag, einem sonstigen Antrag zur Sache oder von dem Ansuchen einer Eingabe am weitesten abweicht, bei Zahlenunterschieden über die höhere Zahl, zuerst abgestimmt.

(7) Ein Änderungsantrag zu einem Änderungsantrag ist zulässig, soweit er im Einzelnen eine Veränderung von dessen Wortlaut anstrebt und nicht lediglich das Begehren eines im gleichen Sachzusammenhang bereits gestellten Antrags wiederholt.

§ 97a
Wahlen

(1) Bei Wahlen findet geheime Abstimmung statt. Zur Abgabe der Stimmzettel werden die Abgeordneten mit Namen aufgerufen. Der Landtag bestimmt, welche besonderen Vorkehrungen zur Gewährleistung der geheimen Durchführung der Wahl zu treffen sind.

(2) Wenn kein Abgeordneter widerspricht, kann durch Hand zeichen abgestimmt werden. Dies gilt nicht bei Wahlen, für welche in der Verfassung, durch Gesetz oder in dieser Geschäftsordnung geheime Abstimmung vorgeschrieben ist. Eine namentliche Abstimmung ist nicht zulässig.

(3) Die Mitglieder des Staatsgerichtshofs, der Präsident/die Präsidentin des Staatsgerichtshofs und sein ständiger Stellvertreter/seine ständige Stellvertreterin werden ohne Aussprache in geheimer Abstimmung gewählt. Entsprechendes gilt für die Erteilung der Zustimmung zur Ernennung des Präsidenten und des Vizepräsidenten/der Vizepräsidentin des Rechnungshofs sowie des Landesbeauftragten für den Datenschutz.

§ 98
Bestimmung von Behördensitzen

(1) Ist in einem Gesetzentwurf über den Sitz einer Landesbehörde zu entscheiden, so erfolgt die Auswahl, wenn mehr als zwei Vorschläge für den Sitz der Behörde gemacht werden, erstmals und einmalig in der abschließenden Beratung nach beendeter Einzelabstimmung,

aber vor der Schlussabstimmung über das Gesetz.

(2) Der Landtag wählt mit Namenstimmzetteln, auf die der jeweils gewünschte Ort zu schreiben ist. Gewählt ist der Ort, der die Mehrheit der abgegebenen gültigen Stimmen erhält. Ergibt sich keine solche Mehrheit, dann werden in einem zweiten Wahlgang die beiden Orte zur Wahl gestellt, die im ersten Wahlgang die höchste Stimmenzahl erhalten haben. Gewählt ist dann der Ort, auf den sich durch Abgabe von Namenstimmzetteln die größte Zahl der abgegebenen gültigen Stimmen vereinigt. Bei Stimmengleichheit entscheidet das vom Präsidenten zu ziehende Los.

(3) Die Bestimmungen des Absatzes 2 sind entsprechend anzuwenden, wenn die Auswahl des Sitzes einer Landesbehörde bei der Beratung eines Antrags, der keinen Gesetzentwurf enthält, vorgenommen wird.

§ 99
Namentliche Abstimmung

(1) Eine namentliche Abstimmung findet statt, wenn ein entsprechender Antrag durch fünf Abgeordnete unterstützt wird.

(2) Über Verfassungsänderungen muss in der Schlussabstimmung namentlich abgestimmt werden.

(3) Eine namentliche Abstimmung ist nicht zulässig

a)   bei Festsetzung von Zeit und Tagesordnung der Sitzung

b)   bei Anträgen auf Vertagung der Sitzung oder der Beratung eines Gegenstandes oder auf Abkürzung der Fristen oder auf getrennte Abstimmung,

c)   bei Anträgen auf Festsetzung der Mitgliederzahl eines Ausschusses,

d)   bei Anträgen auf Überweisung an einen Ausschuss

e)   bei der Entscheidung über Einsprüche gegen Ordnungsmaßnahmen.

(4) Bei der namentlichen Abstimmung werden die Abgeordneten einzeln aufgerufen. Bei jeder Abstimmung wird nach Buchstabenfolge abgewechselt.

(5) Beim Aufruf ihrer Namen antworten die Abgeordneten mit „Ja" oder „Nein" oder „Stimmenthaltung". Ergeben sich Zweifel, ob und wie ein Abgeordneter abgestimmt hat, so wird er vom Präsidenten unter Namensnennung gefragt. Erfolgt keine Antwort, so stellt der Präsident fest, dass sich der Abgeordnete an der Abstimmung nicht beteiligt. Irrtümlich abgegebene Stimmen können bis zum Schluss der Abstimmung berichtigt werden.

(6) Das Ergebnis der Abstimmung wird durch die Schriftführer festgestellt und vom Präsidenten verkündet.

(7) Wird die Richtigkeit von einem Abgeordneten bezweifelt, so erfolgt sofort eine Nachprüfung durch die Schriftführer und den Präsidenten.

(8) Nach Schluss der Sitzung, in der die Abstimmung vorgenommen wurde, kann das Ergebnis nicht mehr angefochten werden.

§ 100
Erklärungen zur Abstimmung

(1) Jeder Abgeordnete ist berechtigt, nach Bekanntgabe des Ergebnisses einer Abstimmung seine Abstimmung kurz zu begründen. Dies gilt nicht, wenn ohne Aussprache abzustimmen ist.

(2) Erklärungen einer Fraktion zur Abstimmung sind zulässig.

(3) Erklärungen zur Abstimmung dürfen die Dauer von fünf Minuten nicht überschreiten.

(4) Persönliche Erklärungen und sachliche Richtigstellungen erfolgen, wenn sich an die Beratung eines Gegenstandes eine Abstimmung an schließt, vor der Abstimmung. §§ 82 b und 82 c bleiben unberührt.

XV. Sitzungsberichte und Drucksachen

§ 101
Sitzungsbericht

Über jede Sitzung wird ein wörtlicher Sitzungsbericht gefertigt.

§ 102
Überprüfung der Niederschrift

(1) Jeder Redner erhält eine Niederschrift seiner Ausführungen zur Prüfung auf ihre Richtigkeit. Gibt er die Niederschrift nicht innerhalb der vom Präsidenten festgesetzten Frist zurück, so gilt sie als genehmigt.

(2) Berichtigungen dürfen den Sinn einer Rede nicht ändern. Über Korrekturen, die mit dieser Bestimmung nicht im Einklang stehen, wird der Präsident von der Landtagsverwaltung unterrichtet. Er bespricht sich mit dem Abgeordneten und entscheidet, wenn die Besprechung zu keiner Verständigung führt, darüber, in welcher Fassung die Niederschrift in den Sitzungsbericht aufzunehmen ist.

(3) Ausführungen eines Abgeordneten, dem das Wort nicht erteilt wurde, werden in den Sitzungsbericht nicht aufgenommen. Ein Abgeordneter kann eine Rede, für welche ihm das Wort hätte erteilt werden können, mit Zustimmung des Präsidenten zur Aufnahme in den Sitzungsbericht übergeben, wenn der Verzicht auf Worterteilung

der sachgemäßen Erledigung der Tagesordnung dient. Die Erklärung muss dem Präsidenten vor Schluss der Sitzung schriftlich übergeben werden. Sie wird im Sitzungsbericht am Ende der Niederschrift über den Tagesordnungspunkt abgedruckt und als Erklärung zum Protokoll kenntlich gemacht.

(4) Niederschriften dürfen vor Anerkennung ihrer Richtigkeit ohne Zustimmung des Redners nur dem Präsidenten zur Einsicht überlassen werden.

§ 103
Drucklegung

(1) Die Vorlagen, Anträge und Sitzungsberichte werden gedruckt.

(2) Fand eine nichtöffentliche Sitzung statt, so bedarf es zur Drucklegung und Veröffentlichung des Sitzungsberichts der Zustimmung einer Zweidrittelmehrheit.

XVI. Geschäftsordnungsfragen

§ 104
Auslegung der Geschäftsordnung

(1) Die Auslegung der Geschäftsordnung im Einzelfall obliegt dem Präsidenten.

(2) Eine grundsätzliche, über den Einzelfall hinausgehende Auslegung der Geschäftsordnung kann der Landtag nur aufgrund eines von mindestens fünf Abgeordneten eingebrachten und vom zuständigen Ausschuss geprüften Antrags beschließen.

§ 105
Abweichungen von der Geschäftsordnung

(1) Einzelne Abweichungen von der Geschäftsordnung kann der Landtag mit einer Mehrheit von zwei Dritteln der Abstimmenden beschließen.

(2) Auf Verlangen von fünf Abgeordneten geht der Beschlussfassung eine Prüfung durch den zuständigen Ausschuss voraus.

§ 106
Rechte des für die Geschäftsordnung zuständigen Ausschusses

Der Ständige Ausschuss kann Fragen, die sich auf die Geschäftsführung des Landtags und seiner Ausschüsse beziehen, erörtern und dem Landtag oder dem Präsidenten darüber Vorschläge machen.

§ 107
Änderungen der Geschäftsordnung

Eine Änderung der Geschäftsordnung kann der Landtag nur auf Grund einer von fünf Abgeordneten eingebrachten und von dem für die Geschäftsordnung zuständigen Ausschuss geprüften Vorlage mit einer Mehrheit von zwei Dritteln der anwesenden Abgeordneten beschließen.

XVII. Schlussbestimmung

§ 108
Inkrafttreten[1]

Diese Geschäftsordnung tritt am 21. Oktober 1965 in Kraft.

Anlage 1

Regeln über die Offenlegung der beruflichen Verhältnisse der Abgeordneten

I. Die Abgeordneten haben zur Aufnahme in das Handbuch des Landtags anzugeben:

1. Die gegenwärtig ausgeübten Berufe, und zwar

    a) unselbstständige Tätigkeit unter Angabe des Arbeitgebers (mit Branche), der eigenen Funktion bzw. dienstlichen Stellung,

    b) selbstständige Gewerbetreibende: Art des Gewerbes unter Angabe der Firma,

    c) freie Berufe, sonstige selbstständige Berufe: Angabe des Berufszweiges,

    d) Angabe des Schwerpunktes der beruflichen Tätigkeit bei mehreren ausgeübten Berufen.

    Anzugeben sind auch Berufe, deren Ausübung im Hinblick auf die Mandatsübernahme ruht.

2. Vergütete und ehrenamtliche Tätigkeiten als Mitglied eines Vorstandes, Aufsichtsrats, Verwaltungsrats, sonstigen Organs oder Beirats einer Gesellschaft, Genossenschaft oder eines in einer anderen Rechtsform betriebenen Unternehmens.

3. Vergütete und ehrenamtliche Funktionen in Berufsverbänden, Wirtschaftsvereinigungen, sonstigen Interessenverbänden oder ähnlichen Organisationen auf Landes- oder Bundesebene.

---

1) Diese Vorschrift betrifft das Inkrafttreten der Geschäftsordnung in der damals gültigen Fassung.

II. Die Abgeordneten haben dem Präsidenten anzuzeigen:

1. Entgeltliche Tätigkeiten der Beratung, Vertretung fremder Interessen, Erstattung von Gutachten, publizistische und Vortragstätigkeit, soweit diese Tätigkeiten nicht im Rahmen des ausgeübten Berufes liegen. Tätigkeiten der Erstattung von Gutachten, publizistische und Vortragstätigkeit sind nur anzuzeigen, wenn die Einnahmen hieraus die vom Präsidium auf Vorschlag des Präsidenten festgelegten Höchstbeträge übersteigen.[1]

2. Zuwendungen, die ihnen als Kandidat/Kandidatin für eine Landtagswahl oder als Mitglied des Landtags für ihre Tätigkeit zur Verfügung gestellt werden, soweit diese Zuwendungen von einem Spender/einer Spenderin innerhalb eines Jahres die Höchstbeträge, die jährlich vom Präsidium auf Vorschlag des Präsidenten festgelegt werden, übersteigen.[2] Zuwendungen sind, soweit sie in einem Kalenderjahr einzeln oder bei mehreren Spenden desselben Spenders zusammen den Wert von 10 225 Euro übersteigen, vom Präsidenten unter Angabe ihrer Höhe und Herkunft zu veröffentlichen.

Die Abgeordneten haben über alle Zuwendungen zu den vorgenannten Zwecken gesondert Rechnung zu führen. Die Annahme von Entgelten oder Gegenleistungen für ein bestimmtes Verhalten als Abgeordneter ist unzulässig.

III. Wirkt ein Abgeordneter in einem Ausschuss an der Beratung oder Abstimmung über einen Gegenstand mit, an welchem er selbst oder ein anderer, für den er gegen Entgelt tätig ist, ein unmittelbares wirtschaftliches Interesse hat, so hat er diese Interessenverknüpfung zuvor im Ausschuss offenzulegen, soweit sie sich nicht aus den Angaben im Handbuch ergibt.

IV. Hinweise auf die Mitgliedschaft im Landtag in beruflichen oder geschäftlichen Angelegenheiten sind zu unterlassen.

V. In Zweifelsfragen ist der Abgeordnete verpflichtet, durch Rückfragen beim Präsidenten sich über die Auslegung der Bestimmungen zu vergewissern.

VI. Wird der Vorwurf erhoben, dass ein Abgeordneter gegen diese Offenlegungsregeln verstoßen hat, so hat der Präsident gemeinsam mit den stellvertretenden Präsidenten den Sachverhalt aufzuklären und den betroffenen Abgeordneten anzuhören. Der Abgeordnete kann selbst die Aufklärung eines gegen ihn erhobenen Vorwurfs verlangen; das Verlangen muss ausreichend begründet sein. Ergeben sich Anhaltspunkte für einen Verstoß, so hat der Präsident der Fraktion, der der betreffende Abgeordnete angehört, Gelegenheit

---

1) 511 Euro im Einzelfall und 5113 Euro jährlich.
2) 1 534 Euro je Spender pro Jahr.

zur Stellungnahme zu geben. Das von den Präsidenten festgestellte Ergebnis der Überprüfung wird den Fraktionen mitgeteilt.

Anlage 2

Richtlinien für die Fragestunde

1. Jeder Abgeordnete ist berechtigt, kurze mündliche Anfragen an die Regierung zu richten. Die Anfragen sind dem Präsidenten schriftlich einzureichen.

2. Ein Abgeordneter darf zu einer Fragestunde nicht mehr als zwei Mündliche Anfragen einreichen.

3. Die Fragestunde darf 60 Minuten nicht überschreiten.

4. Zulässig sind Einzelfragen über Angelegenheiten, für die die Landesregierung unmittelbar oder mittelbar verantwortlich ist, sofern sie nicht schon Gegenstand der Beratungen im Landtag sind.

5. Die Anfragen dürfen nicht mehr als zwei konkrete Fragen enthalten, müssen kurz gefasst sein und eine kurze Beantwortung ermöglichen.

6. Anfragen, die den Nummern 1 bis 5 nicht entsprechen, gibt der Präsident zurück.

7. Die Anfragen müssen spätestens am dritten Arbeitstag vor dem Tag, an dem die Fragestunde stattfindet, bis 12 Uhr beim Präsidenten eingereicht werden.

8. Anfragen, die in der Fragestunde nicht mehr beantwortet werden können, werden von der Landesregierung schriftlich beantwortet.

9. Jeder Abgeordnete kann bei Einreichung seiner Anfragen erklären, dass er mit schriftlicher Beantwortung einverstanden ist.

   Zusatzfragen zu schriftlichen Antworten sind nicht zulässig. Es bleibt dem Abgeordneten überlassen, diese Fragen als selbstständige Anfragen zur nächsten Fragestunde einzubringen.

10. Der Fragesteller ist berechtigt, wenn die Anfrage mündlich beantwortet wird, bis zu zwei Zusatzfragen zu stellen. Bei den Zusatzfragen darf es sich nur um eine einzelne, nicht unterteilte Frage handeln. Zusatzfragen dürfen keine Feststellungen oder Wertungen enthalten.

11. Der Präsident kann weitere Zusatzfragen durch andere Mitglieder des Hauses zulassen; Ziffer 10 gilt entsprechend. Die ordnungsgemäße Abwicklung der Fragestunde darf dadurch nicht gefährdet werden.

12. Zusatzfragen müssen in einem unmittelbaren Zusammenhang mit der Hauptfrage stehen.

13. Anfragen, bei denen sich der Fragesteller mit schriftlicher Beantwortung einverstanden erklärt hat, werden in den Sitzungsbericht zusammen mit der schriftlich erteilten Antwort aufgenommen. Die Anfragen und die schriftlich erteilten Antworten erscheinen in dem Sitzungsbericht an der Stelle, an der sie erscheinen würden, wenn die Anfrage mündlich beantwortet wäre.

Anlage 3

Richtlinien für die Regierungsbefragung

1. Den Fragen können zu deren Verständnis kurze Bemerkungen vorangestellt werden.

2. Die Fragen dürfen einschließlich der Bemerkungen nicht mehr als drei Minuten dauern und müssen kurze Antworten bis höchstens fünf Minuten ermöglichen.

3. Zur Vorbereitung der Regierungsbefragung teilt der Staatssekretär im Staatsministerium unmittelbar nach der Kabinettssitzung dem Präsidenten des Landtags die zentralen Themen der Kabinettssitzung mit.

4. Bis 17:00 Uhr am Tag vor der Regierungsbefragung benennen die Fraktionen ein Ministerium, aus dessen Geschäftsbereich zu einem Thema Fragen gestellt werden, sowie das Thema.

5. Bei jeder neuen Regierungsbefragung wird unter den Fraktionen mit der Benennung der Themen turnusmäßig gewechselt. Die Fraktion, die ein Thema benannt hat, stellt hierzu die erste Frage. Im Übrigen erteilt der Präsident das Wort unter Berücksichtigung von § 82 Absatz 2 der Geschäftsordnung.

6. Die Befragung zu einem Thema soll nicht länger als 30 Minuten dauern. Im Rahmen der verbleibenden Zeit können weitere Fragen von aktuellem Interesse zu Angelegenheiten, für die die Regierung verantwortlich ist, gestellt werden.

LANDESREGIERUNG

Ministerpräsident
Winfried Kretschmann (GRÜNE), MdL
70184 Stuttgart, Richard-Wagner-Straße 15
Telefon (0711) 2153-0, Telefax (0711) 2153-340
E-mail: poststelle@stm.bwl.de

Stellv. Ministerpräsident und Minister für Finanzen und Wirtschaft
Dr. Nils Schmid (SPD), MdL
70173 Stuttgart, Schlossplatz 4
Telefon (0711) 279-0, Telefax (0711) 279-3893
E-Mail: poststelle@mfw.bwl.de

Ministerin im Staatsministerium
Silke Krebs (GRÜNE)
70184 Stuttgart, Richard-Wagner-Straße 15
Telefon (0711) 2153-0, Telefax (0711) 2153-340
E-Mail: poststelle@stm.bwl.de

Minister für Bundesrat, Europa und internationale Angelegenheiten
Peter Friedrich (SPD)
70184 Stuttgart, Richard-Wagner-Straße 15
Telefon (0711) 2153-0, Telefax (0711) 2153-340
E-Mail: poststelle@stm.bwl.de

Innenminister
Reinhold Gall (SPD), MdL
70173 Stuttgart, Dorotheenstraße 6
Telefon (0711) 231-4, Telefax (0711) 231-5000
E-Mail: poststelle@im.bwl.de

Minister für Umwelt, Klima und Energiewirtschaft
Franz Untersteller (GRÜNE), MdL
70182 Stuttgart, Kernerplatz 9
Telefon (0711) 126-0, Telefax (0711) 126-2881
E-Mail: poststelle@um.bwl.de

Ministerin für Kultus, Jugend und Sport
Gabriele Warminski-Leitheußer (SPD)
70173 Stuttgart, Schlossplatz 4
Telefon (0711) 279-0, Telefax (0711) 279-2810
E-Mail: poststelle@km.kv.bwl.de

Minister für Ländlichen Raum und Verbraucherschutz
Alexander Bonde (GRÜNE)
70182 Stuttgart, Kernerplatz 10
Telefon (0711) 126-0, Telefax (0711) 126-2255
E-Mail: poststelle@mlr.bwl.de

Justizminister
Rainer Stickelberger (SPD), MdL
70173 Stuttgart, Schillerplatz 4
Telefon (0711) 279-0, Telefax (0711) 279-2264
E-Mail: poststelle@jum.bwl.de

Ministerin für Wissenschaft, Forschung und Kunst
Theresia Bauer (GRÜNE), MdL
70173 Stuttgart, Königstraße 46
Telefon (0711) 279-0, Telefax (0711) 279-3080
E-Mail: poststelle@mwk.bwl.de

Minister für Verkehr und Infrastruktur
Winfried Hermann (GRÜNE)
70178 Stuttgart, Hauptstätter Straße 67
Telefon (0711) 231-4, Telefax (0711) 231-5819
E-Mail: poststelle@mvi.bwl.de

Ministerin für Arbeit und Sozialordnung,
Familie, Frauen und Senioren
Katrin Altpeter (SPD), MdL
70174 Stuttgart, Schellingstraße 15
Telefon (0711) 123-0, Telefax (0711) 123-3999
E-Mail: poststelle@sm.bwl.de

Ministerin für Integration
Bilkay Öney (SPD)
70173 Stuttgart, Thouretstraße 2
Telefon (0711) 33503-0, Telefax (0711) 33503-444
E-Mail: poststelle@intm.bwl.de

Staatssekretärin im Ministerium für Verkehr und Infrastruktur
Dr. Gisela Splett (GRÜNE), MdL
70178 Stuttgart, Hauptstätter Straße 67
Telefon (0711) 231-4, Telefax (0711) 231-5819
E-Mail: poststelle@mvi.bwl.de

Staatsrätin für Zivilgesellschaft und Bürgerbeteiligung
Gisela Erler (GRÜNE)
70184 Stuttgart, Richard-Wagner-Straße 15
Telefon (0711) 2153-0, Telefax (0711) 2153-340
E-Mail: poststelle@stm.bwl.de

Politische Staatssekretäre:

im Ministerium für Kultus, Jugend und Sport
  Dr. Frank Mentrup (SPD), MdL
im Ministerium für Wissenschaft, Forschung und Kunst
  Jürgen Walter (GRÜNE), MdL
im Ministerium für Finanzen und Wirtschaft
  Ingo Rust (SPD), MdL

Beamteter Staatssekretär:

Staatssekretär im Staatsministerium und Chef der Staatskanzlei
Klaus-Peter Murawski

MITGLIEDER DER LANDESREGIERUNG OHNE LANDTAGSMANDAT

BONDE

BONDE, Alexander
Minister für Ländlichen Raum
und Verbraucherschutz

Ministerium für Ländlichen Raum
und Verbraucherschutz
des Landes Baden-Württemberg
Kernerplatz 10
70182 Stuttgart
Telefon 0711 126-0
Telefax 0711 126-2255
E-Mail: poststelle@mlr.bwl.de
Internet:
www.mlr.baden-wuerttemberg.de
BÜNDNIS 90/DIE GRÜNEN

Persönliche Angaben:
Geboren am 12. Januar 1975 in Freiburg im Breisgau; evangelisch; verheiratet, drei Kinder.

Ausbildung, Berufslaufbahn, berufliche Funktionen:
1993 High-School Diploma an der Kahuku High School in Hawaii (USA), 1995 Abitur am Theodor-Heuss-Gymnasium in Freiburg. Ab 1996 Studium der Rechtswissenschaft an der Albert-Ludwigs-Universität Freiburg, ab 1999 Studium zum Diplom-Verwaltungswirt (FH) an der Fachhochschule für öffentliche Verwaltung des Landes Baden-Württemberg in Kehl (ohne Abschluss). 2001 bis 2002 Persönlicher Referent in der Landtagsfraktion Bündnis 90/Die Grünen Baden-Württemberg.
Seit Mai 2011 Minister für Ländlichen Raum und Verbraucherschutz des Landes Baden-Württemberg; stellvertretendes Mitglied des Bundesrates.

Politische Funktionen:
Mitglied im Landesvorstand von Bündnis 90/Die Grünen Baden-Württemberg. 2002 bis 2011 Mitglied des Bundestages für den Wahlkreis Emmendingen, 2002 bis 2008 ordentliches Mitglied im Haushalts- und im Verteidigungsausschuss, 2008 bis 2011 haushaltspolitischen Sprecher, Obmann im Haushaltsausschuss und stellvertretendes Mitglied im Agrarausschuss und im Verteidigungsausschuss.

Sonstige Funktionen und Mitgliedschaften:
Präsident des Tourismusverbandes Baden-Württemberg.

ERLER, Gisela
Staatsrätin für Zivilgesellschaft und Bürgerbeteiligung

Staatsministerium
des Landes Baden-Württemberg
Richard-Wagner-Straße 15
70184 Stuttgart
Telefon 0711 2153-445
Telefax 0711 2153-484
E-Mail: gisela.erler@stm.bwl.de
Internet:
www.stm.baden-wuerttemberg.de
BÜNDNIS 90/DIE GRÜNEN

Persönliche Angaben:
Geboren am 9. Mai 1946 in Biberach an der Riß; verheiratet, zwei
Kinder.

Ausbildung, Berufslaufbahn, berufliche Funktionen:
1952 bis 1954 Volksschule Tuttlingen (Grundschule), 1954 bis 1956
Volksschule Pforzheim (Grundschule), 1956 bis 1965 Reuchlingym-
nasium Pforzheim. 1965 bis 1974 Studium der Germanistik, Lingu-
istik und Soziologie in Bonn und München, 1974 M. A. Soziologie
„ausgezeichnet". 1974 bis 1991 Wissenschaftliche Referentin am
Deutschen Jugend-Institut München, 1992 bis 2008 Geschäftsführerin der pme Familienservice GmbH als Unternehmerin.
Seit Mai 2011 Staatsrätin für Zivilgesellschaft und Bürgerbeteiligung
im Staatsministerium des Landes Baden-Württemberg; stellvertretendes Mitglied des Bundesrates.

Sonstige Funktionen und Mitgliedschaften:
Seit 1983 Mitglied bei den Grünen. 2004 bis 2011 Mitgliederversammlung der Heinrich-Böll-Stiftung, 2008 bis 2011 Hochschulrätin
der Hochschule für Angewandte Wissenschaften (HAW) Hamburg,
2004 bis 2011 Mitglied der Jury des USable-Wettbewerbs der Körber-
Stiftung. 2006 Elisabeth-Selbert-Preis der hessischen Landesregierung.

FRIEDRICH, Peter
Minister für Bundesrat, Europa und
internationale Angelegenheiten

Staatsministerium
des Landes Baden-Württemberg
Richard-Wagner-Straße 15
70184 Stuttgart
Telefon 0711 2153-0
Telefax 0711 2153-340
E-Mail: peter.friedrich@stm.bwl.de
Internet:
www.stm.baden-wuerttemberg.de

SPD

Persönliche Angaben:
Geboren am 6. Mai 1972 in Karlsruhe; konfessionslos; verheiratet,
zwei Kinder.

Ausbildung, Berufslaufbahn, berufliche Funktionen:
Studium an der Universität Konstanz, Diplom-Verwaltungswissen-
schaftler. 2001 Wissenschaftlicher Mitarbeiter bei der Lernagentur
Bodensee impuls GmbH, 2004 Projektleiter für EU-Förderung, trans-
lake GmbH Konstanz.
Seit Mai 2011 Minister für Bundesrat, Europa und internationale Angelegenheiten des Landes Baden-Württemberg; Mitglied des Bundesrates, seit Mai 2011 Vorsitzender des Bundesratsausschusses für
Fragen der Europäischen Union.

Politische Funktionen:
1990 Eintritt in die SPD, 1992 stellvertretender Landesvorsitzender
der Jusos Baden-Württemberg, 1997 Landesvorsitzender der Jusos
Baden-Württemberg, 1999 Mitglied des SPD-Landesvorstandes, seit
2003 Mitglied des Landespräsidiums, seit 2004 Kreisvorsitzender des
SPD-Kreisverbandes Konstanz, 2009 bis 2011 Generalsekretär der
SPD Baden-Württemberg, seit 2009 Mitglied im SPD-Parteivorstand.
2005 bis 2011 Mitglied des Deutschen Bundestages, dort Mitglied im
Gesundheitsausschuss und Sprecher der jungen Abgeordneten der
SPD „Youngsters", ab 2009 Mitglied im Ausschuss für Wirtschaft und
Technologie, Mittelstandsbeauftragter der SPD-Fraktion, ab 2011
Obmann der SPD in der Enquete Kommission „Wachstum, Wohl-
stand, Lebensqualität".

HERMANN, Winfried
Minister für Verkehr und Infrastruktur

Ministerium für Verkehr und
Infrastruktur des Landes
Baden-Württemberg
Hauptstätter Straße 67
70178 Stuttgart
Telefon 0711 231-5800
Telefax 0711 231-5819
E-Mail: poststelle@mvi.bwl.de
Internet:
www.mvi.baden-wuerttemberg.de
BÜNDNIS 90/DIE GRÜNEN

Persönliche Angaben:
Geboren am 19. Juli 1952 in Rottenburg am Neckar; verheiratet, eine
Tochter.

Ausbildung, Berufslaufbahn, berufliche Funktionen:
Abitur am Eugen-Bolz-Gymnasium. 1972/73 Zivildienst in einem
Kinderheim. 1973 bis 1979 Studium der Fächer Deutsch, Politik und
Sport in Tübingen, Staatsexamen. 1979 bis 1984 Referendariat und
Schuldienst am Gymnasium, Stuttgart. 1989 bis 1998 Fachbereichs-
leiter an der Volkshochschule Stuttgart für Gesundheit und Umwelt.
Seit Mai 2011 Minister für Verkehr und Infrastruktur des Landes
Baden-Württemberg; Mitglied des Bundesrates.

Politische Funktionen:
1992 bis 1997 Landesvorsitzender der GRÜNEN in Baden-Württemberg. 1984 bis 1988 Mitglied des Landtages von Baden-Württemberg.
Mitglied des Bundestages 1998 bis Mai 2011, November 2009 bis
Mai 2011 Vorsitzender des Ausschuses für Verkehr, Bau und Stadtentwicklung.

KREBS, Silke
Ministerin im Staatsministerium

Staatsministerium
des Landes Baden-Württemberg
Richard-Wagner-Straße 15
70184 Stuttgart
Telefon 0711 2153-0
Telefax 0711 2153-340
E-Mail: silke.krebs@stm.bwl.de
Internet:
www.stm.baden-wuerttemberg.de
BÜNDNIS 90/DIE GRÜNEN

Persönliche Angaben:
Geboren am 23. März 1966 in Aschaffenburg; eine Tochter.

Ausbildung, Berufslaufbahn, berufliche Funktionen:
Grundschule, Abitur in Göppingen. Studium der Mineralogie an der
Albert-Ludwigs-Universität Freiburg. 1997 bis 2001 Ausbildung und
Tätigkeit als Bürokauffrau bei den Freiburger Stadtwerken, 2001 bis
2008 Leitung von Freiburger Wahlkreisbüros der grünen Landtags-
abgeordneten, 2008 bis 2009 Vorstandsreferentin der Landtagsfrak-
tion BÜNDNIS 90/DIE GRÜNEN.
Seit Mai 2011 Ministerin im Staatsministerium des Landes Baden-
Württemberg; stellvertretendes Mitglied des Bundesrates.

Politische Funktionen:
2001 bis 2008 Vorstandsmitglied im Kreisvorstand der Grünen in
Freiburg, seit 2005 Mitglied im Landesvorstand der Grünen Baden-
Württemberg, 2009 bis 2011 Landesvorsitzende.

Sonstige Funktionen und Mitgliedschaften:
Früher ehrenamtliches Vorstandsmitglied bei Wildwasser Freiburg
e. V. und ehrenamtliches Vorstandsmitglied bei der Jugendberatung
Freiburg e. V.

ÖNEY, Bilkay
Ministerin für Integration

Ministerium für Integration
des Landes Baden-Württemberg
Thouretstraße 2
70173 Stuttgart
Telefon 0711 33503-0
Telefax 0711 33503-444
E-Mail: poststelle@intm.bwl.de
Internet:
www.integrationsministerium-bw.de

SPD

Persönliche Angaben:
Geboren am 23. Juni 1970 in Malatya (Türkei).

Ausbildung, Berufslaufbahn, berufliche Funktionen:
Carl-Friedrich-von-Siemens-Gymnasium. Studium der BWL und Medienberatung an der TU Berlin, Abschluss Diplom-Kauffrau. Tätigkeiten als Bankangestellte, Redaktionsassistentin, Assistentin der Geschäftsführung, Pressesprecherin, Redakteurin und Moderatorin bei einer Fernsehanstalt.
Seit Mai 2011 Ministerin für Integration des Landes Baden-Württemberg; stellvertretendes Mitglied des Bundesrates.

Politische Funktionen:
Mitglied des Abgeordnetenhauses von Berlin Oktober 2006 bis Mai 2011, dort zuletzt Mitglied im Innenausschuss, im Rechtsausschuss und im Ausschuss für Verfassungsschutz.

WARMINSKI-LEITHEUSSER, Gabriele
Ministerin für Kultus, Jugend und Sport

Ministerium für Kultus, Jugend und Sport
des Landes Baden-Württemberg
Schlossplatz 4
70173 Stuttgart
Telefon 0711 279-2500
Telefax 0711 279-2550
E-Mail: poststelle@km.kv.bwl.de
Internet: www.kultusportal-bw.de

SPD

Persönliche Angaben:
Geboren am 26. Februar 1963 in Waltrop; verheiratet.

Ausbildung, Berufslaufbahn, berufliche Funktionen:
1982 Abitur am Theodor-Heuss-Gymnasium in Waltrop. 1982 bis 1985
Ausbildung für den gehobenen nichttechnischen Dienst bei der Kreis-
verwaltung Recklinghausen (Diplomverwaltungswirtin), 1985 bis 1991
Sachbearbeiterin. 1986 bis 1994 Studium der Rechtswissenschaften an der
Ruhr-Universität Bochum, erste juristische Staatsprüfung, 1995 bis 1997
Referendariat am Landgericht Bochum, zweite juristische Staatsprüfung.
1997 bis 1998 Juristische Co-Dezernentin im Baudezernat beim Landkreis
Lüchow-Dannenberg, Leiterin des Tiefbauamtes; 1998 bis 2000 Juristische
Co-Dezernentin im Sozialdezernat, Leiterin des Büros des Landrates und
Leiterin der Koordinierungsstelle für die Gorlebener Anlagen. 2000 bis
2005 Dezernentin für Familie und Jugend sowie Gesundheit und Verbrau-
cherschutz bei der Kreisverwaltung Unna, 2005 bis 2008 Dezernentin für
Arbeit und Soziales, Kultur und Medien. Ab März 2008 Bürgermeisterin
für Bildung, Jugend, Sport und Gesundheit der Stadt Mannheim.
Seit Mai 2011 Ministerin für Kultus, Jugend und Sport des Landes Baden-
Württemberg; stellvertretendes Mitglied des Bundesrates.

Politische Funktionen:
1979 Eintritt in die SPD, aktive Juso im Unterbezirk Recklinghausen; 1992
Austritt aus der SPD wegen der Zustimmung zur Abschaffung des unein-
geschränkten Grundrechts auf Asyl; 1999 Wiedereintritt in die SPD im
Unterbezirk Uelzen, seit 2010 Mitglied im Landesvorstand der SPD Baden-
Württemberg; Mitglied im Arbeitskreis Soziales des Bundesverbandes der
Sozialdemokratischen Gemeinschaft für Kommunalpolitik (SGK). 2008
bis 2011 Mitglied im Bildungs- und Gesundheitsausschuss des Deutschen
Städtetags sowie im Bildungs- und Gesundheitsausschuss des Städtetags
Baden-Württemberg.

Sonstige Funktionen und Mitgliedschaften:
Seit 1984 Mitglied bei ÖTV, jetzt ver.di, ehrenamtliches Engagement in der
Kulturpolitischen Gesellschaft, in der Rheuma-Liga Baden-Württemberg,
im Förderverein Nationaltheater Mannheim und im Förderverein Sicherheit in Mannheim, Unterstützerin der Global Marshall Plan Foundation.

ABKÜRZUNGSVERZEICHNIS

ai	amnesty international
AOK	Allgemeine Ortskrankenkasse
ASB	Arbeiter-Samariter-Bund
AStA	Allgemeiner Studentenausschuss
AWO	Arbeiter-Wohlfahrt
BUND	Bund für Umwelt und Naturschutz Deutschland
BW	Baden-Württemberg
CDA	Christlich Demokratische Arbeitnehmerschaft
CDU	Christlich Demokratische Union Deutschlands
DLRG	Deutsche Lebensrettungs-Gesellschaft
DRK	Deutsches Rotes Kreuz
EKD	Evangelische Kirche Deutschlands
EU	Europa Union
ev.	evangelisch
FDP/DVP	Freie Demokratische Partei/Demokratische Volkspartei
FH	Fachhochschule
FU	Freie Universität Berlin
GEW	Gewerkschaft Erziehung und Wissenschaft
GRÜNE	Bündnis 90/Die Grünen
HzL	Hohenzollerische Landesbahn AG
IG	Industriegewerkschaft
IHK	Industrie- und Handelskammer
Ing.	Ingenieur
JU	Junge Union
jur.	juristisch
kath.	katholisch
kaufm.	kaufmännisch
KPV	Kommunalpolitische Vereinigung
MdB	Mitglied des Deutschen Bundestages
MdL	Mitglied des Landtages von Baden-Württemberg
Mitgl.	Mitglied
NVBW	Nahverkehrsgesellschaft Baden-Württemberg
OB	Oberbürgermeister
OLG	Oberlandesgericht
PH	Pädagogische Hochschule
pol.	politisch
Präs.	Präsident
RCDS	Ring Christlich Demokratischer Studenten
Reg.Präs.	Regierungspräsident
REP	DIE REPUBLIKANER
SDS	Sozialistischer Deutscher Studentenbund
selbst.	selbstständig
SGK	Sozialdemokratische Gemeinschaft für Kommunalpolitik
SPD	Sozialdemokratische Partei Deutschlands
stellv.	stellvertretender
SWR	Südwestrundfunk
SWEG	Südwestdeutsche Verkehrs-AG
TU	Technische Universität
Univ.	Universität
VDI	Verband Deutscher Ingenieure
Verb.	Verband
ver.di	Vereinte Dienstleistungsgewerkschaft e.V.
verh.	verheiratet
Vers.	Versammlung
versch.	verschiedene
Vors.	Vorsitzender
Vorst.	Vorstand
wiss.	wissenschaftlich